中央高校基本科研业务费专项资金资助
(supported by the Fundamental Research Funds for the Central Univ
习近平尊师重教观的生成逻辑与实践路径研究(项目批准号：SWU2109237)

张凌洋　◎著

现代
课堂教学技能研究

西南大学出版社

图书在版编目(CIP)数据

现代课堂教学技能研究 / 张凌洋著. -- 重庆：西南大学出版社, 2023.12
 ISBN 978-7-5697-2146-1

Ⅰ.①现… Ⅱ.①张… Ⅲ.①课堂教学 - 教学研究 Ⅳ.①G424.21

中国国家版本馆 CIP 数据核字(2023)第 234939 号

现代课堂教学技能研究
XIANDAI KETANG JIAOXUE JINENG YANJIU

张凌洋　著

责任编辑：唐　诗　向集遂
责任校对：邓　慧
封面设计：闰江文化
排　　版：江礼群
出版发行：西南大学出版社（原西南师范大学出版社）
　　　　　网　　址：http://www.xdcbs.com
　　　　　地　　址：重庆市北碚区天生路2号
　　　　　邮　　编：400715
　　　　　电　　话：023-68868624
经　　销：全国新华书店
印　　刷：广安四通印务有限责任公司
成品尺寸：185 mm × 260 mm
印　　张：14.5
字　　数：310千字
版　　次：2023年12月　第1版
印　　次：2023年12月　第1次印刷
书　　号：ISBN 978-7-5697-2146-1
定　　价：58.00元

前 言
PREFACE

随着新时代教师队伍建设与改革的持续推进,课堂教学技能愈发成为新时代教师专业发展中重要组成部分。《中共中央 国务院关于全面深化新时代教师队伍建设改革的意见》中明确指出:"以实践为导向优化教师教育课程体系,强化'钢笔字、毛笔字、粉笔字和普通话'等教学基本功和教学技能训练。"在新时代,为更好贯彻落实立德树人根本任务,主动适应教育领域的深刻变革,培养德智体美劳全面发展的社会主义建设者和接班人,课堂教学技能的发展已成为教师专业发展的必然。对课堂教学技能展开研究,也是新时代教师队伍实现高质量发展的理论需求。

在现代教育领域,课堂教学技能无论是在类型,或是在具体要求,抑或是在具体实践上,均产生了较大变化。尤其是随着一些新兴教学理念的提出,传统课堂教学技能更是面临着较大挑战。课堂教学技能需顺应时代的发展和教育领域的变革而做出回应,方能使广大教师真正完成现代社会教育教学的目标与要求。本书立足新时代教育事业的发展和教师专业发展所需,从教学环节、教学设计、教学方法、课堂类型、现代教育技术、教学素养、课堂教学艺术等方面对课堂教学技能展开分析。

本书认为,"学"与"教"在教学过程中实为一体,因而对课堂教学技能的研究不能单一地将"学生"或"教师"作为关注对象,而应在"学"与"教"的融合中对其展开探讨。按照这样的观点,本研究在教学环节、教学设计、教学方法、课堂类型、现代教育技术、教学素养、课堂教学艺术等方面的探索中,既体现了对学生需求的关照,也体现了对教师自身能力提升的要求;既有对课堂教学技能一般理论的阐释,也有对各类技能"是什么""如何用"的探索,以期构成对现代课堂教学技能的完整解析。此外,本书还认为,对于现代课堂教学技能的探索,不能囿于"方法"层面的思考,还应将目光投向课堂教学技能的最高境界——课堂教学艺术。课堂教学不仅是一种创造性的劳动，更是一门培养人的艺术，它是现代教育场域中教师教学技能提高和发展的目的与归宿。这亦是本书的重要观点之一。

本书受教育部产学研项目"全面发展理念下历史教学法的改革与创新对提高学生人文素养影响的研究"的资助，本书的完成参考、借鉴了大量前人的优秀研究成果，本书的最终出版也得到了西南大学出版社的大力支持，在此一并致以衷心的感谢！

由于作者水平有限，本书难免存在不妥之处，敬请同行专家和广大读者批评指正！

作者

2023年10月

目 录
CONTENTS

第一章 导 论 ·········001
第一节 现代课堂教学一般理论 ·········001
第二节 现代课堂教学技能概述 ·········007

第二章 各教学环节的现代课堂教学技能 ·········014
第一节 导入环节的技能 ·········014
第二节 过渡环节的技能 ·········022
第三节 结课环节的技能 ·········026

第三章 现代课堂教学技能的教学设计论 ·········032
第一节 如何分析教学设计 ·········032
第二节 如何设计课堂教学目标 ·········044
第三节 如何设计教学策略 ·········049

第四章 现代课堂教学技能的方法论 ·········054
第一节 课堂教学中的讲授 ·········054
第二节 课堂教学中的问答 ·········062
第三节 课堂教学中的演示 ·········078

第五章　不同课型中的现代课堂教学技能 …………………………… 096

第一节 实验课教学技能 ………………………………………… 096
第二节 活动课教学技能 ………………………………………… 103
第三节 探究课教学技能 ………………………………………… 112

第六章　现代课堂教学技能中现代教育技术的应用 ……………… 127

第一节 计算机多媒体在教学中的运用技能 …………………… 127
第二节 计算机多媒体课件创作 ………………………………… 137

第七章　现代课堂教学技能的教学素养论 ………………………… 140

第一节 课堂教学体态 …………………………………………… 140
第二节 课堂教学语言 …………………………………………… 147
第三节 课堂教学板书 …………………………………………… 156
第四节 课堂教学管理 …………………………………………… 173

第八章　课堂教学艺术论 ……………………………………………… 192

第一节 课堂教学艺术概述 ……………………………………… 192
第二节 课堂教学艺术的表征形式 ……………………………… 202
第三节 课堂教学艺术的形成 …………………………………… 216

参考文献 ………………………………………………………………… 222

第一章

导 论

课堂教学是学校教育重要的体现形式和中心工作。自班级教学制产生以来,学校教育中一切有目的、有计划、有组织的教学工作都需要通过课堂教学来实现。教师作为课堂教学的执行者,其课堂教学技能水平将直接影响中小学学校教育中各科目的教学质量。特别是在现代教师教育领域,随着教师专业发展的提出,教师的课堂教学技能受到了更高的关注。现代教师应充分认识到自身教学能力的重要性,并不断通过学习来得到提升。

第一节 现代课堂教学一般理论

一、教学组织形式的产生与发展

教学活动是在一定的组织形式下完成的教学组织形式,随着社会历史的进步而不断发展变化,在这个发展过程中教学从产生到成为一个独立的过程是通过不同的组织形式来实现的。

(一)古代学校的教学组织形式

原始社会时期,由于社会生产力水平低下和文化生活贫乏,教育活动没有从劳动中独立出来,没有出现专门的教学场所和专职的教学人员。当时,教育活动主要在生产劳动和社会生活中进行,教育同生产劳动紧密相连,教学与生活融为一体。其年轻一代一方面是在生产劳动和社会生活中通过对成人的模仿来学习,另一方面也靠成年人传授知识和劳动技能来习得。最初的教学形式是父母教子,师傅带徒,依靠口耳相传的方式传递生产、生活的经验。因此,在原始社会尚未形成严格意义上的教学组织形式。

奴隶社会由于大规模地利用奴隶劳动,开始使用铁器等金属工具,社会生产力比原始社会前进了一大步,科学、文化、艺术也有较大发展,出现脑力劳动和体力劳动的分工和对立。教育从社会生活和生产劳动中分离出来,出现了学校这样的专门教育机构。古代世界文明的主要发源地中国、埃及、希腊等国的学校已开始使用个别教学的形式。个别教学的特征是学习年限、教学时间不定,教学不分年级、不分学科。

中国的个别教学出现较早,持续的时间较长。中国的私学大师孔子首开个别教学之风,他办学规模较大,学生众多。这些学生年龄、知识水平各不相同,没有明确的学习年限,而且来去自由。但"夫子教学,各因其材各施其教",他根据学生的实际水平和个性特点,施以个别教学。学生同样问仁、问孝、问政,孔子的回答往往是难易、深浅、详略、繁简各不相同。

古埃及、古印度、古希腊等文明古国的学校也盛行个别教学,如苏格拉底、柏拉图、亚里士多德等人都是著名的私学大师。当时设立的各种学园,也采用个别教学形式授课。

随着封建社会持续稳定的发展,受教育者的人数和范围不断扩大,知识经验的积累和学校教育内容的增多,促使学校必须改变低效率的个别教学形式,寻求一种较高效率的教学形式。加之印刷术的发明和运用,解决了师生统一教材的问题。于是,一种新的教学组织形式——班组教学开始兴起。班组教学存在于我国的宋、元、明、清各代书院和各类官学的教学活动中,也存在于欧洲中世纪末期的学校教育中。其基本特点是:教师同时教一组学生;由数名教师分工负责班组的教学工作;班组学生有某些共同活动;学生学习的课程有一定的顺序。在这种班组教学组织形式中,集体学习已占一定的比例,分科教学初具雏形,课程、修业年限也初步确定。因此,班组教学组织形式是个别教学向班级教学制过渡的中间环节,为班级教学制的产生奠定了基础。

(二)班级教学制(或称课堂教学)的形成与发展

班级教学制产生于近代资本主义兴起的时代。它适应于资本主义生产发展的需要,为各国普及义务教育,扩大教育规模,提高教学效率和教育质量提供了较有效的形式。班级教学以固定的班级为组织,把年龄、知识水平大致相同的一群学生编成一个班级,由教师按照固定的课程表和统一的进度并主要以课堂讲授的方式,对学生进行教学。所以,也称作课堂教学。课堂教学制是西方各国在教育实践中基于班组教学形式而逐步发展起来的。捷克教育家夸美纽斯(Jan Amos Komenský)总结了当时的教育实践经验,在《大教学论》中从理论上对班级教学进行了较系统的论述,从而确定了班级教学制的轮廓。其主要表现在:(1)确立了学年的概念;(2)确立了招生和毕业时间;(3)规定了上课和休息时间;(4)规定了每节课的要求和教学方法;(5)确立了班级组织;(6)将课堂教学分为提问考查已学知识、讲解学习新教材并练习巩固两个环节。总之,夸美纽斯对班级教学制进行了统一教材、统一教学时间和空间、统一教学要求的研究,后经各国教育实践,班级教学制(课堂教学)成为学校教学的主要教学组织形式,并得到广泛应用和发展。

德国教育家赫尔巴特(Johann Friedrich Herbart)在夸美纽斯的研究基础上提出班级教学过程的形式阶段理论,从而使课堂教学基本定型。他从统觉论的角度出发,研究了课堂教学的形式和阶段,把教学建立在心理学的基础之上,实现了教学与心理的有机结合。他把教学过程划分为"明了、联想、系统和方法"四个阶段,经其后继者发展为"预备、提示、联系、总结和应用"五个阶段,被称为"五阶段教学法"。这在欧美及世界各地被广泛推广、运用,极大地推动了课堂教学的发展。

在我国,京师同文馆(1862年成立)最早采用班级教学。"癸卯学制"对其加以肯定,并在全国推行。

赫尔巴特及其学派片面强调书本知识的传授,轻视实践经验,后来遭到进步主义教育学派的批判。从19世纪末期开始,一些资本主义国家工业生产水平有了很大发展,社会生产力得到进一步提高。这就要求培养新型人才和新型劳动者。美国教育家杜威(John Dewey)以实用主义哲学为指导,力图在方法上改造传统教育,提出"儿童中心"和"做中学"的教学理论。杜威所要求的教学形式是活动教学,让儿童在制作的活动中学习,而不是静坐在课堂中听教师系统讲授。后来出现了设计教学法、道尔顿制、文纳特卡制等一些注重学生兴趣、追求教学个别化的教学组织形式。杜威及其进步主义教育学派的主张,对于改变传统班级教学中脱离学生实际的弊端有着积极的意义。但是,这种片面强调以活动为中心的教学形式,否定了系统的文化科学知识的传授,忽视教师的主导作用,导致了教育质量的下降。

二战以后,科学技术高度发展,人类的知识不仅在原有学科领域里越来越丰富,而且不断开拓着新的知识领域。如何培养学生的能力,发展智力,以适应瞬息万变的科学技术发展的需要,成为各国学校教育中非常关注的问题。世界各国先后多次进行教育改革,其中关于教学组织形式的改革是一个重要内容。苏联基本上坚持和发展了班级教学;西方国家在教学组织形式上推陈出新,对教学的个别化形式做出大胆尝试,先后出现了分组教学制、不分级制、特朗普制(灵活的课程表制)、活动课时制、开放教学、小队教学、程序教学、选课制等新的教学形式。总的看来,世界各国教学组织形式正向着多元化、综合化、个别化发展,而班级教学以其能够多快好省地培养人才的优势,在许多国家仍是基本的教学组织形式。

新中国成立以后，我国基本上坚持了班级教学制，虽然在此期间我国教育工作者根据中国的实际情况，对复式教学和现场教学颇有研究，同时在个别教学方面也进行了研究并取得一定的成果，但是，以班级为基础的课堂教学组织形式仍占主导地位。

二、课堂教学过程基本理论

课堂教学过程是指课堂教学活动的实际展开过程，是课堂教学活动在时间序列上的逻辑安排，是课堂教学活动在单位时间内展开的步骤、阶段和环节。从人类教育实践开始到20世纪50年代以前，人们对课堂教学过程阶段的理论研究基本上可以概括为两大范型：一是以传递知识经验为特征，另一种是以探究启发、解决问题为特征。其中，第一种是这一发展进程中的主流。之后，出现了多样化的发展，诸如着眼于探究创造的阶段理论、着眼于信息加工的阶段理论和着眼于情意交往的阶段理论等。

（一）知识传递型的课堂教学阶段理论

在人类教学活动历史中，西方的昆体良（约35—95年）首先提出了"模仿—理论—练习"这样三个顺序递进的教学阶段理论。到文艺复兴时期，捷克的夸美纽斯以其遵循自然、重视直观的教学主张在《大教学论》中提出了"感觉—记忆—理解—判断"教学阶段理论。他认为，接受知识必须从感觉开始，通过想象达到记忆，然后再通过归纳个别去理解一般，最后在理解的基础上做出判断，使知识得以牢固掌握。直到赫尔巴特提出"明了—联想—系统—方法"教学阶段理论，西方教学过程阶段理论才日臻完善。后来，席勒（1817—1882年）将赫氏的教学过程阶段中的"明了"细分为分析和综合。莱因（1847—1882年）将教学的过程和顺序固定为"准备—呈现—联想—概括—应用"五个步骤，即所谓"赫尔巴特派五阶段"理论。这被19世纪末20世纪初欧美的教师们广泛接受，成为一套固定的课堂教学模式。美国教育家莫里逊（1875—1945年）于20世纪30年代提出了"单元设计"教学理论，其课堂教学过程是"试探—提示—类比—组织—记诵"五个阶段，与"赫尔巴特派五阶段"理论大致相同。

19世纪中期俄国教育家乌申斯基根据其对生理学和心理学的研究，强调教学必须适应儿童的年龄特征，把教学过程分为两个阶段。第一阶段是儿童在教师领导下观察事物或现象，从而构成一般概念；第二阶段是儿童对已获得的知识进行概括和巩固。

20世纪四五十年代一些教育学家运用马克思主义观点纷纷提出了有关课堂教学过程阶段的理论。其中以凯洛夫（N.A.Kaiipob）提出的"组织教学—检查家庭作业—告诉新课题目和目的—讲述新教材—巩固新教材—布置家庭作业"教学过程的模式影响最大，该模式对我国的影响也非常深刻，可以说，我国至今也尚未完全摆脱这种影响。

(二)探究启发型的课堂教学过程理论

上述知识经验传递型的课堂教学过程理论对世界教育发展影响至深,但是,在东西方教学过程阶段理论中也同时迸发出探究启发型的教学过程理论的火花。

我国古代教育家孔子和孟子等都曾对探究启发型教学过程理论提出过独到的见解。《礼记·学记》中也有"君子之教,喻也。道而弗牵,强而弗抑,开而弗达"等精辟的论述。

古希腊教育家苏格拉底的"产婆术"教学法所反映的正是他在对话、讨论或辩论中启迪心智、引发真理的教学理论。

如果说知识传递型教学过程理论由赫尔巴特得以基本确立,那么,探究启发型教学过程阶段理论的形成则始于杜威的"思维五步教学法"。杜威是"现代教育"的代表人物,他对"传统教育"集大成者赫尔巴特的教育理论提出了强烈的抨击。其"思维五步教学法"的主要内容是:①学生必须感到困难,最好是他在自己参与的活动中感到困难,这样,就产生了使活动继续下去的问题。②学生一旦遇到了问题,他就必须加以探究并努力解决问题。③在彻底地调查和分析了情境之后,学生就要搜集资料,以明确怎样使自己开始时的活动得以重新继续下去,或者将其改造成一个更合适的形式。④学生将根据假设从自己的资料中推出相关的含义。⑤学生把看来最能达到目的的假设付诸实践,并验证这个假设是否正确。这是与"赫尔巴特派五步教学法"大相径庭的。赫尔巴特及其学派明显倾向于以教师为中心,书本为中心,课堂为中心,强调的是问题解决的结果的确定性;而杜威的主张则是以儿童为中心,鼓励学生从做中学,突出培养学生解决问题的能力,强调教学过程阶段展开的结果的不确定性。

(三)着眼于情意交往的课堂教学过程理论

20世纪50年代以来,着眼于知识传递的课堂教学过程理论继续得到完善,并且仍强有力地影响着课堂教学实践,但是,教学过程阶段理论的发展也出现了多样化的特色。这种多样性的发展可以归纳为着眼于探究创造、信息加工及情意交往三个方面。前两者与知识传递型和探究启发型虽然着眼点有所不同,但它们所主要关心的是教学中的认知层面。美国人本主义教育思潮代表者罗杰斯激烈抨击传统教育,提出了着眼于情意交往的课堂教学过程理论——非指导性教学。他认为应该把学生自我发展潜力的意向、体验自我和他人情绪情感的敏感性视为学习的动力。教师的角色是一个可供学生合理利用的灵活的学习资源、一位真诚善良的帮助者、一位潜能开发的促进者、一位让学生做出独立思考和自主决策的咨询者。教学过程应创造一种无威胁性的融洽气氛,师生之间、学生之间积极交往,充分合作,共同承担责任、分享权利,形成一种课堂的"群体动力"。非指导性教学有五个步骤:①确定情境。教师鼓励学生自由表达情感。②探索问题。教师鼓励学生界定问题,接纳并澄清其情感,以明晰与探讨问题。③发展洞察。学生继续讨论问题,教师给予支持,使学生逐渐感受到自己的经验的新意义,发现新的因果关系。④计划与决策。学生针对问题进行计划与决策,教师只是相对地提出哪些决策较为可行。⑤统整。学生报告其所采取的行动,发展进一步的洞察,开展更积极的行动。

始于20世纪60年代的"开放教育"也属此类。其教学步骤为:学习准备—建立气氛—诊断学习—个别指导—评价。近年来,美国流行的"合作学习"也体现了情意交往教学思想。其教学过程的阶段是:教师提示新教材—小组讨论与练习—分组检查或全班汇报—总结。

我国有些地区也做过这方面尝试,如"小组六步导学法",其操作流程是:决策—导引—观察—调整—评价—接续。又如,根据保加利亚洛扎诺夫的"暗示教学"理论,有人尝试的暗示教学步骤为:组织教学—放松练习—检查复习—讲授新教材—巩固新教材—课堂练习—课堂讨论—课堂小结—布置课外作业。

着眼于情意交往的教学理论从某种程度上弥补了传统教学理论中对学生的非认知心理品质关注不够的缺陷,把学习中的动机、需要、兴趣、意向、态度、价值观念等心理品质的陶冶纳入教学过程之中。重视课堂中的人际交往与群体互动,改变了"教师讲、学生听;教师辅导、学生练习"的被动刻板程序,课堂上有张有弛、动静搭配,突出了教师运用教育机制创造积极投入、共同参与、轻松愉快的学习气氛。

课堂教学组织形式在不断地发展与变革,新的课堂教学过程的理论也层出不穷、精彩纷呈,由于我国国情所致,以班级教学制的课堂教学组织形式仍然在我国发挥着重要的作用,课堂教学过程的理论和课堂教学实践也没有完全摆脱传统的模式。当前,我们所追求的课堂要关注学生知识和能力的培养,因为这是学生成长的要素;要关注学生情感态度和价值观的形成,因为这是学生健康成长的要素;要关注学生心智的培养和灵魂的塑造,因为这是学生持续成长的要素。[①]有鉴于此,诸多教育工作者正在积极地改革,探索新的理论,寻求切合我国实际情况的课堂教学过程模式。本教材所探讨的课堂教学技能就是针对我国目前处于既没有完全摆脱传统课堂教学组织形式和课堂教学过程模式,同时又处于正在探索和改革中的实际情况而展开研究的。

---

①杨云生.颠覆与重建:课堂文化建设的探索与实践[M].杭州:浙江大学出版社,2016:20-25.

第二节　现代课堂教学技能概述

一、课堂教学技能的基本概念

课堂教学过程中,教师总是为实现一定的教育目的、完成一定的教学任务而执教。为此,教师将通过一系列的教学行为来实现和完成其教学目的。教师采用的行为方式,虽然可能因教学任务、教学内容、教学对象和教师的知识水平、专业能力、个人习惯以及各方面客观条件不同而表现为多种差异,但由于人们长期的教学实践,也已经形成了一些基本的操作规程和方法要领。教师掌握这些基本的操作规程和方法要领运用于课堂教学过程之中,便形成一定的教学技能。

教学技能包含三个层面的意义。

其一,技术层面。主要是指基本的操作规程和方法要领。如,电工在作业时必须遵循一定的操作规定和程序,同时其作业方法也有基本的要领,否则将会出现危险事故而且不能完成任务,我们将这些操作规程和方法要领称为电工技术。技术所包含的既有直接针对工作内容的活动或动作的方法,也有针对工具或物资设备的活动或动作的方法。前者是软方法,后者是硬方法。课堂教学技能也同样包括技术层面,有的侧重于软方法,如教学设计、导入、提问,有的侧重于硬方法,如实验教学、多媒体设备的使用。事实上,任何完整的课堂教学及课堂教学技能应用都不可能是软方法和硬方法截然分开的,其虽有所侧重,但其水乳交融则更为显著和重要。总之,课堂教学技能的技术层面主要是针对教学过程中客观化的操作规程、方式方法而言的,是从众多的教学行为经验和一定的教育理论中概括抽象出来的要求和要领,教师可以通过学习而掌握并在教学中应用。

其二,能力层面。主要是指教师对技术层面的操作规程、方式方法、要求要领的主观掌握和应用,并形成熟练的教学能力的行为方式。很显然,能力层面所强调的是教师如何以自己的行为经验和体悟去掌握、应用技术层面的操作规程、方式方法、要求要领,其侧重点在于教师的掌握和应用,使之化为自己的教学行为方式。这对于教师来说至为重要。

其三,创造性和艺术化运用技术层面。这是指教师在掌握并能熟练运用各种教学技能且已形成一定的教学行为方式的基础上,进一步总结和积累教学经验,提升综合素质和教育修养,达到创造性和艺术化地运用教学技术,从而形成独特的个人风格的教学境界。这是课堂教学技能的最高境界,虽然不是每一个教师都能轻易达到,但却是每一个教师所应该追求的目标。我们把这个层面称为课堂教学艺术。基于上述认识,我们认为,课堂教学技能是教师为了完成教学任务、促进学生身心发展,掌握教学技术并应用于以课堂为核心的教学过程、形成教学能力的教学行为方式。在此基础上创造性和艺术化地运用教学技能的课堂教学艺术是课堂教学技能的最高境界。

二、课堂教学技能的基本特点

分析各种课堂教学技能,我们将其特点归纳为以下几个方面。

(一)可操作性

课堂教学技能不同于一般的抽象理论,学习和掌握了这些技能,就可以直接运用于课堂教学实践,解决教学中的实际问题,提高教学效果。

(二)灵活性

尽管课堂教学技能有着一般规律,任何一种技能都有一般的操作规程和方法要领,但在具体的教学条件下,往往因教学对象的不同、教学内容的不同以及教师的个性差异等因素影响,每一种技能的运用都不可能是模式化和千篇一律的。所以,教师对于所学习和掌握的教学技能切不可机械搬用、简单模仿。

(三)整体性

总体上看,各种课堂教学技能构成了一个完整而紧密联系的统一体,教师在课堂教学过程中,需要将各种教学技能有效地组合运用,单纯而完全孤立地使用某一种教学技能,对提高教学效果难以奏效。

(四)科学性与艺术性相结合

虽然课堂教学技能需要遵循学生身心发展特点等一系列教学规律。但其最高境界却是艺术化地运用各种技能于教学之中。前者是基础,后者是升华。没有前者,后者将会表现出极端的随意性。没有后者,整个教学将会表现出工厂车间式的机械性。只有当课堂教学技能的科学性与艺术性有机结合、浑然一体的时候,教师的课堂教学才会出神入化,"随心所欲不逾矩",达到优秀的教学效果,产生极高的审美价值。

三、本研究对现代课堂教学技能的基本分类

由于教育过程的复杂性和研究者们的不同视角,课堂教学技能的分类尚无统一标准。有的基于课的类型而划分,有的基于课的结构而划分,有的基于教师的职业能力要求而划分,有的基于不同学科的教学特点而划分,有的基于技术、艺术等教学境界层面而划分,有的基于直接教学和课堂组织管理等方面而划分,凡此种种,不一而足。本书基于众多学科教师和不同层次教师学习的共同需要,基于培养和提升教师素质的需要、基于课堂教学组织形式和教学过程模式改革与发展的实际情况,基于信息化和数字化社会发展、教师教学方式变革的趋势,对课堂教学技能做出这样的划分。

在此,需要特别指出的是现代技术层面的课堂教学技能和课堂教学艺术的重要性。就现代技术层面的课堂教学技能而言,新的教育技术目前已广泛应用于教学过程,新的教学媒体将成为教育工作的重要生产工具。因此,现代课堂教学技能理应包括现代教学媒体的运用技能,每一个教师都应该学习和掌握这些技能。虽然,信息化和数字化技术条件下的现代教学媒体与目前的课堂教学组织形式不尽一致,目前的以学科为中心的班级教学组织形式不可能完全意义上适宜于运用信息化和数字化技术条件下的现代教学媒体。但是,我们可以认为,现代教育技术的产生与应用正是促进教学组织形式改革与发展的积极动因。因而,本教材列专章介绍和探讨现代教学媒体的运用技能,也不仅旨在使教师能够学习现代教育技术、掌握现代教学媒体运用技能,适应信息化和数字化技术发展,而且,更在于使教师能够有意识地通过对现代教育技术的掌握和运用来促进教学组织形式的改革与发展。

课堂教学艺术是课堂教学的最高境界。教师掌握了基本的课堂教学技术,能够熟练地运用于教学过程,这只达到课堂教学的操作层面,其境界也仅限于实用价值,并不能将之称为艺术。任何出色的教师都不会满足和停留于此,而是努力追求达到最佳的教学境界。这样的教学境界便是课堂教学艺术所要探讨的内容。课堂教学艺术是通过短期和一般训练所难以达到的。它是教师长期教学经验的积累,教师的综合素质和教育修养不断提升,在熟练运用和综合驾驭各种教学技术的基础上,创造性和艺术化地进行课堂教学时所达到的一种具有较高审美价值和个人风格的教学境界。鉴于这样的认识,我们认为课堂教学艺术主要不是通过直接学习而获得,其形成的方式虽然不排除外界因素的影响,但主要还是通过教师个人的长期修养而形成。因此,本研究以此为出发点来探讨课堂教学艺术问题。

四、课堂教学技能的训练

技能获得必然有一个训练过程。这对于准备做教师的人来说至为重要,对于在职教师的业务能力的提高也有不可忽视的作用。因此,我们必须树立通过训练获得技能的思想和信念。

(一)课堂教学技能训练的目标

有目标才能使训练沿着预定的方向进行,达到最佳的训练效果。

第一,通过训练,巩固课堂教学技能的有关知识和理论。教学技能的掌握和提高,离不开有关的理论学习,因此,训练前首先要有足够的理论知识的储备,通过训练加深理解并牢固掌握。

第二,通过训练,掌握并熟悉各种课堂教学技能。在课堂教学技能训练中,首先要了解、掌握相应的课堂教学技能,还要进一步做到对各种课堂教学技能能够灵活运用,达到熟练化的程度。

第三,通过训练,增强训练意识,掌握训练方法,在实践中创新和发展。课堂教学技能通过训练增强教师在教学中的技能意识,掌握课堂教学技能的操作规程及训练方法,有目的地培养教师的创新意识,使教师能够不断探索,不断丰富和发展各种教学技能。

第四,通过训练,最终形成教学能力和个人教学风格。所有的训练,最终都是为了使教师将各种教学技术转化为个人的实际教学能力,再通过教师自身的经验积累,提高修养,创造性和艺术化地运用各种教学技能,形成个人独特的教学风格。

(二)课堂教学技能训练的方法

课堂教学技能训练的方法,国内外普遍流行和采用的方法主要有微格教学法、实习教学技能训练法和实践训练与个人修养法三类。

1.微格教学法

微格教学法(又称微型教学法)于20世纪60年代初产生于美国,是为了培养准备做教师的人员和提高在职教师的教学能力,借助现代化的视听工具训练教师的教学技能的一种方法。后来,微格教学法在多个国家中成为师范教育和教师培训的专门课程。目前,在培训医生、护士、社会工作者、社区工作者、飞行员、航行调度员、项目工程师、商人、企业管理人员、广播电视节目主持人和播音员等操作性较强的职业人员甚至政治家时也都开始使用微格教学方法。微格教学法是通过压缩教学过程,使各种教学现象集中,让被训练者在典型的教学实践中开展真实的教学活动,从而掌握教学技能。

其主要过程是:首先让少数学习者(一般为5—10人)组成"微型课堂"。被训练者用较短的时间(一般为5—10分钟)开展一定内容的教学活动。其间,使用音像设备对教学过程进行记录,然后进行讨论、分析和评价。其流程如图1-1所示。

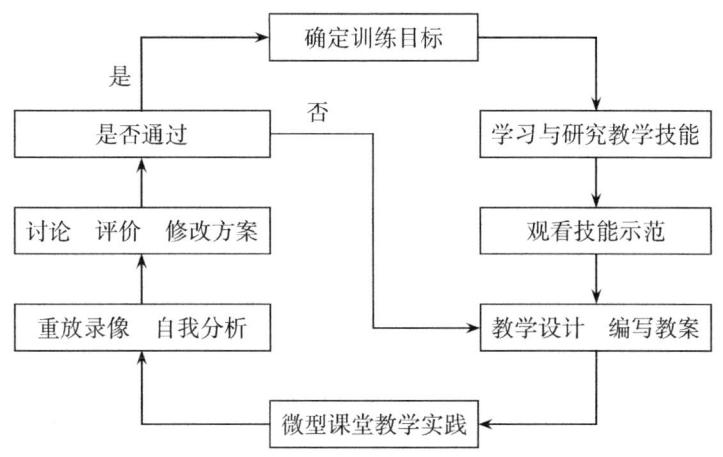

图1-1 微型教学程序示意图

(1)确定训练目标

在微型教学开始前,首先要确定训练目标。目标要具体、明确,切实可行。一般说来,通过训练,对每一项教学技能,不仅要了解它的理论和方法,而且要掌握它的操作和实施要求,并尽可能熟练,以形成技巧。

(2)学习和研究教学技能

为了确保教学技能的训练效果,在实施训练前,要认真学习和研究有关的教学技能。其主要内容有:教学设计,教学媒体的设计与制作,教学技能的分类与应用,课堂教学观察记录与教学评价方法等。除对一般理论和知识的学习外,尤其要重视具体技能的学习。具体技能的学习,在训练过程中更具有指导意义。在学习和研究中,要具体深入,不可草率。同时还要坚持实用性、针对性的原则,使学习和研究对开展微型教学、训练教学技能确实有效。

(3)提供教学技能的示范

通过现代化的教学手段,我们可以向被训练者提供各种教学技能实施的样板,使学习者有所模仿,获得直观的印象。在示范过程中,要有恰到好处的说明和解释,以提高学习者的学习效率。在实施本环节时,最重要的是样板的选择和展示必须具有典型性,具有可模仿性。

(4)编写教案

教案的编写是微型教学中的重要工作。因为微型教学的教案与其他普通教案不同,其十分重视对被训练者编写教案的指导工作。微型教学的教案的主要内容如表1-1。

表1-1 微型教学教案

培训技能			
课题名称		年　级	
姓　　名		时　间	
教学目标			
时间分配			
教师教学行为			
教学技能			
学生学习行为			
备　　注			

A.教学目标。在制订教学目标时,要力求具体、明确,具有较强的可操作性,以便于实施和评价。

B.时间分配。在训练前,预先对教学的各个环节和行为进行合理的时间分配,以控制整个教学过程。

C.教师教学行为。指在实际的教学活动中,授课者的各种行为,如讲解、提问、演示、举例等,要按照整个教学过程的顺序填写。

D.教学技能。将教学实践中所应用的主要教学技能填写清楚,便于被训练者有计划地实施各种教学技能,也便于训练指导者据此进行评价。

E.学生学习行为。指在教学设计时预想学生的学习活动情况,包括听课、回答问题、小组讨论等。针对各种可能出现的情况制订相应的对策。

F.备注。将教学中应用的教学设备及其他应注意的问题加以注明,以便提前做好准备。

(5)教学技能实践

A.微型课堂的人员组成。微型课堂由被训练者(扮演教师角色)、被训练者的同学(扮演学生角色)、指导教师、评价人员(可由指导教师和学生担任)和摄像设备的操作人员组成。

B.教学实践。在微型课堂上被训练者进行一段教学内容的教学,实践一两项教学技能,时间一般为10分钟左右。在上微型课之前,被训练者要做一简短说明,明确所训练的技能、教学内容、教学设计思想和所要达到的目标。

C.声像记录。一般用视听设备对被训练者的教学行为和学习者的学习行为进行记录,以便及时反馈,如果没有上述条件,也可以用录音、照相、文字记录等方法,但效果较差。

(6)重放录像,自我分析

教学活动结束后,重放录像,让被训练者分析评价自己的教学情况。通过自我剖析,找出成功与不足,检查是否按照预定的计划进行,是否达到了预定的目标。

(7)讨论评价,修改教案

指导教师、评价人员根据听课的情况进行客观公正的评价。评价以总结优点为主,树立被训练者的信心,同时也要指出缺点,以便改进。最后评价人员填写报告书,给出具体的评价结果。被训练者根据自我评价与讨论评价中所指出的问题修改教案,使技能得以提高和完善。

(8)再实践

经过评价,已经达到基本要求的可进入下一技能的学习,练习新的教学技能。未达到要求的则需重新进行教学设计,准备再实践。

2.实习教学技能训练法

这是通过教学实习来训练教学技能的方法。在使用此种方法时,要事先制订好训练目标和计划,最后要有分析评价。具体的环节可以参照微格教学的有关步骤来进行。这种训练方法,由于教学面对的是真正的学生,训练的效果会更好一些。但这种方法必须要有完善的组织管理和严格的教师指导,否则将会因松散无序而难以保证训练效果。

3.实践训练与个人修养法

这种方法是结合日常的教学实践而进行教学技能训练,较适合在职教师的教学技能训练和提高。教师的教学技能训练非一日之功,除了要在专门学习期间进行训练外,参加工作之后,训练也不能停止,只有持之以恒才能逐步提高。正如前述,要成为一名优秀而出色的教师,其课堂教学技能水平不能只停留于操作层面的熟练程度,还应该逐渐形成个人独特的教学风格,能够创造性和艺术化地运用各种教学技能。这仅靠机械训练难以实现。唯一的方法是不断实践,不断学习,不断总结经验,提高自己的综合素质和教育修养。

第二章

各教学环节的现代课堂教学技能

课堂教学是一个复杂的系统工程,它由一个个相互联系、前后衔接的环节有机构成。随着现代教学理论对学生动机和兴趣的重视,以及对教学目标和教学评价的关注,课堂教学的核心环节更加精细化。一般来说,课的类型不同,其教学环节的组成也各不相同。但是,无论何种课型,课堂教学的开展均由几个核心的环节组成。每个环节都是相对独立的,各自发挥着独特的作用,各个环节之间又存在着有机联系,相互衔接,共同组成一个完整的课堂教学过程。

第一节 导入环节的技能

对于任何科目的教师而言,能用最有效的方式、用最短的时间来组织教学,以引导学生集中精力开始新知识的学习,是他们在教学活动中所追求的教学效果。而想要达到这一效果,导入的作用不可忽视。专业水平较高的教师都十分重视每堂课的导入阶段,良好的导入往往能为课堂教学的顺利进行奠定良好的基础。因此,为使学生获得良好的学习效果,教师必须具有良好的导入能力。

一、导入的作用

导入,是课堂上正式教学的启动,是课堂教学开始之时,教师有意识、有目的地引导学生进入新的学习状态的教学组织行为,是教师和学生在此过程中所有教与学活动的通称,是为即将开展的教学活动而进行的必不可少的学生心理和生理上的唤醒。[1]

---

[1] 郭芬云.课的导入与结束策略[M].北京:北京师范大学出版社,2010:9.

导入新课,是课堂教学的起始环节。有经验的教师都非常重视这一重要环节。贴切、精练、新颖、富有启发性的导入,不仅可以使学生集中注意力,诱发思维,激发求知欲,为下一阶段的教学创造条件,还可使教学收到事半功倍的效果。因此,设计好一节课的导入,是教师应掌握并熟练运用的基本技能之一。

(一)明确学习任务,提高学生注意力

作为维持心理活动正常进行的一种积极的伴随状态,注意可以使学生在上课时把自己的心理活动始终指向并集中于学习活动。教师准确、巧妙地导入新课,不仅可以使学生的注意力从课前的活动转移到新的学习活动上来,而且还能使注意力集中并保持下去,以顺利地完成这堂课的学习。如果说按照注意规律,上课开始时,学生的注意以有意注意为主,那么教师精彩的导入则使学生的有意注意与无意注意巧妙地结合起来,使课堂教学更加生动,使学生能在张弛有度的气氛中学习。教师恰当地导入新课,用简练的语言或科学的实验、直观的演示等揭示教学内容的重点或难点,使学生在学习新课的开始,就能把握教材的重点,明确学习的任务,思维很快被导入到正确的轨道上来。这一步骤的目的在于使学生初步了解教材,获得感性认识,为下一步深入全面学习打下基础。很多教师在导入新课时,常常直接地或间接地让学生明确学习目的,从而激发其学习的内在动机,使其有意识地控制和调节自己的学习活动。

(二)激发学生学习兴趣

兴趣是人们积极探究某种事物或进行某种活动的心理倾向和动力,并伴有强烈的情绪色彩。因此,教师利用各种手段,正确、巧妙地导入新课,能使学生产生浓厚的学习兴趣和强烈的求知欲望,激发起学生积极的情绪,使之主动愉快地进行学习。教师在导入新课中应针对学生的身心特点和学习内容,精心设计好课的开头部分,使这节课一开始便能紧紧地抓住学生的注意力,使他们兴趣盎然,精神振奋。

(三)激活学生思维,挖掘潜力

思维是人们进行学习必不可少的心理活动,是智力的核心部分,生动而富有启发性的开讲,可以点燃学生思维的火花,启发学生从不同的角度富有创见地思考问题,探索问题,培养学生思维的灵活性和创造性。因此,导入新课就成了挖掘潜力,启迪思维的重要一环。

(四)加强新旧知识的联结,促进知识结构的形成

学生已有的知识结构是新知识学习的基础。设计自然的导入方式,可以帮助学生

发现新旧知识的联结点,这既有利于学生用已有知识结构同化新的知识内容,也有利于新知识内容对旧有知识结构的改造,实现认知过程中的顺应,从而促进新的知识结构的形成。

二、导入设计的思路

导入新课的设计应从教学目标出发,深入钻研教学内容,分析学生认知特点,使学生明确其学习目的和教学内容,启发其学习的积极性和主动性,以便更好地理解和掌握知识。导入的设计必须具有合理的内部结构。典型的导入设计常常有以下五个方面的思路。

(一)集中注意

注意是一种特殊的心理活动,它虽然不是一种独立的心理过程,但是,任何心理过程的发生和进行都离不开注意的伴随。因此,要想使学生的兴奋中心转入课堂教学,先要抑制那些与教学无关的心理活动,使学生的注意力迅速投入到新的学习活动中来,并使之得到保持,这是导入新课的首要任务。

(二)引起兴趣

兴趣是人们认识需要的表现,与学习动机和求知欲直接相关。当一个人对学习产生兴趣时,便会积极主动、心情愉快地投入到学习活动中去。因此,设计导入的目的就是用各种方法手段把学生的这种内部积极性调动起来。

(三)激发思维

思维是一种高级的认识活动。引起学生兴趣的目的是使学生进入活跃的思维状态积极地进行学习。当学生通过初步的感知对学习产生浓厚的探究兴趣之时,教师就要通过问题、矛盾或现象诱发学生的思维,使学生的思维尽快启动和活跃起来,这是导入的关键,也是导入的难点。

(四)明确目标

当学生的积极性调动起来,思维处于活跃状态时,教师就要适时地讲明学习的目标和作用,这样才能把学生的内部动机充分调动起来,自觉地控制和调节自己的学习活动。

（五）进入新课

通过导入自然地进入新课，使已有的知识结构与新课之间建立有机的联系，充分发挥导入的作用。

三、导入的类型

"教有法，但无定法"，新课的导入也是如此。教师可以根据教学内容，结合学生求知欲强，活泼好动，富于想象等心理特点，精心编制导言、设计导入活动以调动学生学习的积极性。由于教学内容不同，教学对象各异，加之教育者创造性地融进科学性、教育性、思想性、艺术性等因素，就使得导入的方法更加灵活多样，生动有趣。常见的导入方法可以根据其基本特点的不同分为以下几个类型。

（一）以强调知识之间内在联系为主的方法

这类方法主要有直接导入法、审题导入法、衔接导入法和类比导入法等形式。

1.直接导入法

这种方法是指上课伊始，教师开门见山、直接点题，说明本节课的教学任务，提出教学目标和具体要求，把学生的注意力和思维迅速导向并集中于教学内容上来。直接导入，点明主题，指出学习的目的、任务，起到了提纲挈领，统摄全课的作用。直接导入要求教师语言精练，条理性强，富有启发性和感染力。直接导入法是各科教学最简单、最常见的一种导入方法，常常在中高年级的课堂教学中采用，但教师不宜过多使用这种方法，特别是对于学习能力、自我意识和意志力水平较差的低年级学生，这种方法往往难以收到较好的效果。

2.审题导入法

这种导入法是指教师先板书标题或课题，然后从审题入手，引导学生分析课题，从而导入新课的方法。这种方法直截了当，可以高度概括教材内容，与直接导入法相比，更突出中心或主题，使学生很快进入对教材中心内容的探索，同时能唤起学生的学习兴趣。因此，这也是各科教学中常用的导入方法。运用审题导入法的关键在于教师应围绕教材课题，精心设计一系列问题，通过设问、反问、讨论等方式，引发学生积极思考，从而起到导入新课的作用。

3.衔接导入法

这是各学科、各年级常用的一种导入方法。它主要是根据知识之间的逻辑联系，找准新旧知识间的联结点，利用旧知识的回顾和引申来导入新知识的技法，使新旧知识前后呼应,互为因果。作为引出新知识的已有知识内容可以是上一节课讲的或前几课学过的,也可以是其他相关课程学过的。运用学生已学知识来讲授新知识,能充分调动学生思维的积极性,使注意力高度集中,同时也能起到温故知新的作用。

由于科学知识本身严密的逻辑体系和学生认识发展的规律性,因此,运用衔接导入法的关键在于要找准新旧知识的联结点,才可以自然过渡到新知识的讲解。

4.类比导入法

客观事物之间总是相互联系的,它们往往有许多共同或相似之处。在知识学习的过程中,通过类比的方法,进行"由此及彼"或"由彼及此"的联想,从而实现新课的导入。这种方式有利于在传授知识的同时培养和发展学生的思维能力。在教学中,有些知识在结构和特征上相同或相似,新旧知识之间联系很紧密,这时教师就不必把它当作全新的知识逐一讲解,学生可以在新旧知识的类比中理解和掌握新知识。运用学习迁移规律,进行类比启发,在原有同类知识的基础之上,以此类推、举一反三,启发学生发现规律,获取新知识。

采用这种方法导入新课时,学生一定要注意复习巩固相关的旧知识,在熟练掌握已学知识的基础上进行类比或迁移,防止由于知识之间的相似性而发生相互干扰,导致出现知识理解的错误现象。另外,类比导入法对学生分析问题的能力要求较高,如运用不当易造成学生盲目尝试、猜测或死套法则、公式与定理。因此,此方法更适合中高年级使用,特别适用于理科教学。

以上四种导入方法的共同特点是新旧知识之间或前后知识、课题之间的联系紧密、逻辑性强。教师在运用这类方式时首先应注意从学生已有的知识结构出发,注意新旧知识之间的联系和异同,围绕新的课题内容来设计合理的导入方式。其次,设计和选择这几类导入方式,还应根据学科性质和学生特点灵活采用不同方式,如衔接导入法与类比导入法在理科教学中运用更为广泛,审题导入法在文科教学中屡见不鲜。根据年龄特点不同,中高年级更多采用直接导入法、类比导入法,而中低年级则更多采用衔接导入法。

(二)以生动直观、联系实际为主的方法

这类方法主要有演示导入法、故事导入法、实例导入法等。

1.演示导入法

演示导入法是由教师把实物或直观教具演示给学生看,或者向学生做示范性实验,使学生通过观察获得感性认识,从而自然地过渡到新课学习的一种导入技法。这种导入方式在一定程度上能弥补学生感性认识的不足,并能帮助学生由形象思维过渡到抽象思维,因而应用范围很广,不同年级、不同学科都可应用。演示的材料和方式多种多样,既有直观教具的演示,也有实验过程的演示,还有现代电声光等多媒体教学手段的演示。今天,随着现代教育技术的蓬勃发展,视听工具的不断涌现,演示的内容和范围更加扩大,在更大程度上突破了时间空间的限制,使得演示导入在教学中的作用更为重要。

运用演示导入法应注意以下几点:其一,演示的内容与方式必须紧扣教材,与新内容密切相关;其二,应根据需要做好充分的准备工作,事先选择、检查演示教具,并进行课前试作等;其三,教师尤其应重视随时进行言语指导,帮助学生明确观察的目的、了解观察的任务,适时提出问题,引导学生注意观察的对象,从而使学生能进行准确的观察和思考,把感知与理解结合起来。同时,教师还应指导学生观察的顺序和方法,尽量发挥多种感官的作用。

2.实例导入法

学生的学习以书本知识即间接知识为主,这些知识对学生来说抽象难懂,缺乏必要的感性基础。因此,在进行课堂教学导入时,教师可以从生产生活实际中选取一些具体生动的实例来讲,使抽象的知识具体化,让深奥的理论通俗化,不仅使学生感到亲切,激发起学习的兴趣,而且也符合学生认识发展的规律性。这种方法适用于各学科、各年龄阶段的学生。

运用实例导入新课,应注意所选事例要典型、生动、准确,并紧扣教材内容,适合学生特点。

3.故事导入法

故事导入法是一种借助恰当的寓言、典故、传说,以讲故事的形式来讲,激发学生的好奇心和学习兴趣,启迪学生思维的一种导入方法。许多故事情节生动,蕴含哲理,容易吸引学生,引发思考。教师所讲故事,应该与教学内容紧密相连,或为教学内容的有机组成部分;而且要注意选用故事的科学性、艺术性、趣味性和思想性。

以上这些以生动直观、联系实际为主的方法既符合"从生动的直观到抽象的思维,并从抽象的思维到实践"这一人类一般认识过程的规律,又体现了教学过程中间接经验与直接经验相结合的规律。运用这类方法时应注意处理好理性认识与感性认识的关系,感知的目的是更好地理解,通过理解把感性认识上升为理性认识。因此,设计这类导入法的重要要求是要找到感性材料与理论知识之间的关系,使这种导入成为理论知识学习的基础,而理论知识的学习又成为这种导入的延伸和深化。

(三)以设疑问难、激发学生好奇心为主的方法

这类方法主要有悬念导入法、问题导入法等形式。

子曰:"不愤不启,不悱不发。"这就是要求教师在教学过程中要从激发学生的学习动机、求知欲入手,调动学生学习的积极性和主动性,引导学生积极思维、独立思考,在掌握知识的同时,提高分析问题和解决问题的能力。根据这一原则,教师通过精心构思,巧布悬念或巧设疑问以有效地导入新课。这种方式既可以激发学生的兴趣,又能调动思维的积极活动。

1.悬念导入法

悬念导入法是指教师在讲授新课前结合所讲内容设置悬念,使学生置身于矛盾之中,从而产生渴望了解和解决这些矛盾的强烈欲望,引导学生积极主动地去学习。这种导入法既可巧妙地向学生提出学习的任务,又为学生创造出积极探索知识的最佳教学情境。

2.问题导入法

问题导入法是指教师通过提出富有启发性问题的方式导入新的教学内容,使学生在学习新知识前进行思考,带着问题进行学习。这样,学生对知识的理解更加深刻,而且也锻炼了思维。提出问题的方式有很多,不论通过设问、追问或者是反问等什么方式,都要注意找准知识的关键点,从不同角度巧妙提问。

运用以上方法导入新课应注意:第一,问题难易适度,具有启发性。问题、悬念的设置要从学生的"最近发展区"出发,太难,会降低学生学习的积极性;太易,难以激发学生学习的兴趣。第二,问题的提出要明确具体,有针对性,紧扣教材内容,切不可漫无边际或模棱两可。第三,要把握好提问的时机,在学生百思不得其解,想知道而又不知道的情况下提问效果最好。

在课堂教学中,上述导入方式无所谓优劣之分,在选择时应注意:第一,要根据不同学科、不同内容的特点,采用多种不同的方式导入,充分调动学生的积极性,高度集中学生的注意力。如数学、物理、化学、生物等课程多以练习、实验、演示为主,在复习巩固的基础上展示新的矛盾和问题,让学生边思考边学习新知识。而语文、外语、政治、历史等课程则常借助提问、讲述、例证等方式进行导入。音乐、美术、体育等课程则常借助演示、动作练习等方式在检查上一环节学习的同时,转入新的知识与技能的学习和训练。第二,导入方法的选择,还应根据教师自身的素质条件、优势和个人风格进行选择与设计,扬长避短。

四、导入的基本要求

新课的导入方式多种多样,不同的方式有不同的特点,也有不同的适应性和具体要求,但是,不论采用什么导入方式,都应该注意遵循一些共同的基本要求。这些要求集中地体现在以下几个方面。

(一)针对性

教师设计新课导入一定要根据教材内容和学生的特点而定,导入目的明确,具有针对性。一方面要求所设计的内容和方法要有的放矢,尽可能体现教材的内容和要求,要服从并服务于整堂课的教学任务;另一方面,导入新课的设计要针对学生的认识水平、知识经验和心理特征,一开始就能把学生的思路带入一个新的特定的情境中,让学生产生学习的需要和兴趣。

(二)趣味性

心理学的研究表明,被动的或强迫的学习,理解和记忆的效果较差。只有调动起学生学习的积极性和主动性,真正激发起学生的学习兴趣,才能产生好的效果。因此,保证导入新课时的趣味性就显得尤为重要。怎样体现这种趣味性呢?这就要求首先做到语言风趣。生动形象、幽默风趣的导入语是引发学生兴趣的最重要因素和常见的形式。其次要求方式新颖、引证生动。新颖的东西总是能使人感到好奇和有趣,教师要根据内容和自身特点适当变换方式,使其多样化。引证的素材也要具体生动、新奇有趣。再次,教师要善于利用学生的间接兴趣,使其与当前的学习产生关联,从而使新课的导入产生激发学习兴趣的效果。

(三)启发性

设计导入新课应具有启发性,最大限度地调动学生学习的主动性和积极性,引导学生举一反三地掌握知识、发展智力、培养能力。富有启发性地导入新课,既是教学过程中师生双边活动特点的反映,也是教学过程中掌握知识与发展认识能力相统一规律的要求。设计富有启发性的导入。首先,要求教师精心设计导入的内容,借助这种新颖、独特的导入方式,激发学生的学习动机,有效地调动学生积极的思维活动。其次,教师要采用多种方式,因势利导,启发学生的思维,或进行问题启发,或进行对比启发,或进行范例启发,或进行演示启发,或进行情境启发。可以说,启发引导学生积极思考是进行导入设计的中心。

(四)艺术性

在导入教学中,只有教师注重语言的爱憎分明、喜怒哀乐的情感色彩,才能真正做到动之以情,晓之以理,将学生带入到渴求真理的思维状态中。[①]因此,课堂导入应注重艺术性。艺术性是设计教学导入的最高要求,也是教师导入设计能力的综合体现。这种艺术性首先表现在导入的内容、方法、手段具有高度的统一性、和谐性,其次表现在导入的设计具有高度的科学性和思想性(教育性),最后还表现在导入环节与新授环节之间衔接巧妙,转折自然,过渡贴切。

(五)效益性

设计导入新课的效益性是指这种导入应简练、省时,能在较短的时间内起到导入新课的作用,而不应冗长繁复、喧宾夺主,淡化了重、难点内容。二是这种导入应朴实有效,能真正起到知识联结的作用,而不应追求花哨空洞、形式主义,为设计导入而设计导入。

第二节 过渡环节的技能

在教学活动中,为了提升教学效果,教师不仅要注重各个教学环节之间融会贯通和层层推进,还要准确把握整个教学活动的节奏,使各部分教学内容之间错落有致。要达到这一效果,就需要教师掌握并运用课堂过渡的技能。课堂过渡是课堂教学必不可少的重要环节,新旧知识点之间的学习及其之间的衔接性必然要靠过渡来完成。因此,课堂过渡是有效教学的重要保证。

一、过渡的功能

课堂过渡,是教师在课堂教学中将教学内容的章与章、节与节、章与节、此问题与彼问题转换衔接在一起的一种教学技能。[②]它的目的在于承上启下,把教学中的各个部分连成一个有机的整体,使学生思维连贯地进行学习。

(一)有助于保持教学各环节的顺畅衔接

在教学实际中,所有的课堂教学在结构或环节方面有所差异。有的课堂教学在教

[①] 郭芬云.课的导入与结束策略[M].北京:北京师范大学出版社,2010:36.
[②] 于友西,赵亚夫.中学历史教学法[M].4版.北京:高等教育出版社,2017:143.

学结构上缺乏紧凑感,整体较为松散;有的课堂教学在教学环节上则缺乏连贯性,各环节之间难有衔接。导致这些情况的原因虽然较为复杂,但其中一个重要原因便在于教师在教学过程中未能很好地使用过渡技能。为了使教学结构、各环节之间衔接自然,需要教师掌握和使用过渡技能来进行串联,为教学过程的顺畅和教学结构的严谨提供重要保证。过渡技能可使课堂教学各环节、各板块内容有机衔接,最终实现教学各环节的顺畅进行。

(二)有助于保持学生思维的连贯性

教学过程中,教学内容具有内在的逻辑关联,是一个有机的整体。而如何实现这一逻辑关联,将各部分教学内容进行合理衔接,则需要教师的过渡。过渡,不仅能串联起各教学各环节,还能使各环节的知识上下贯通、有机融合,给学生提供一个具有整体性的学习过程,从而有助于保持学生学习思维的连贯性,提高教学效果。

(三)有助于吸引学生注意力

相关研究表明,人的注意力具有不稳定性。在整节课的教学中,学生的注意力会随着时间的推移而逐渐分散和转移,难以自始至终地保持高度的注意力。在这种情况下,教师对"过渡"的恰当运用,是促进学生尽可能保持高度注意力的有效方法之一。教师通过对"过渡"的运用,在吸引学生注意力的同时达到巧妙提醒学生的作用,从而增强教学效果。

(四)有助于激发学生思考

学生的原有知识水平是教师进行教学的重要基础之一,而过渡具有温故知新、促进学生思考的作用。在教学过程中,教师如果采用恰当的过渡语,如复述式或总结式过渡语,是促进学生重温前一环节所学知识要点的重要手段。这种过渡,不仅有助于学生巩固对前一环节所学知识的理解和掌握,还能促使学生及时对这些知识进行归纳和总结,从而逐渐激发出学生在已有知识基础上做进一步深入思考的良好习惯。

二、过渡的类型

(一)自然过渡法

所谓自然过渡法,是教师基于知识的自身结构和各结构之间思维逻辑关系来实现各部分教学内容自然衔接的方法。一般情况下,各科教学内容板块之间具有密切关联性。教师在教学中通过恰当讲解和过渡,将知识本身的结构和逻辑关系自然呈现在学生面前,不仅保持了知识结构的完整性,而且使学生的思维保持了连续性。自然过渡法是教学过渡中最基本的方法,一般适用于条理清晰的知识内容。

(二)联系旧知法

联系旧知法是指教师引导学生基于已掌握的旧知识来实现新旧知识之间良好衔接的方法。在各科教学中,新旧知识之间同样存在着密切的内在关联,旧知识在新旧知识的转换中往往具有"桥梁"作用。教师在教学中,通过紧密联系和充分利用学生已掌握的旧知识来过渡到新知识,不仅可以巩固学生的已有知识基础,而且还可帮助他们找到新旧知识的连接点,更好地理解和掌握新知识,从而促进学生思维能力的提高。

(三)设疑过渡法

设疑过渡法是教师在教学中通过设置恰当的问题来引导学生对教学内容展开进一步深入思考的方法。问题是思维的起点和探究的开端。教师不仅应自身持有良好的问题意识,还应引导学生形成问题意识。在教学中,教师要围绕教学目标,有序地进行置疑、激疑、质疑、释疑和解难,在激起学生的认知冲突的同时调动学生思维,培养学生的探究精神,使学生在每一个困惑状态中获得突破,从而逐步过渡到新的学习内容中。

(四)激趣过渡法

激趣过渡法是指利用具有趣味性的教学材料来实现过渡的方法。各科的教学内容并非以趣味为主旨,教学往往容易陷入枯燥、无味的境地,难以真正对学生形成吸引力。因此,教师在教学中可适时、恰当地引入与所教学内容相关的趣味性材料,以激发学生兴趣,吸引学生注意力,激活学生思维,进而实现新旧知识之间的过渡。

(五)小结过渡法

小结过渡法是教师在前一环节的教学内容结束时,对所学知识进行归纳总结,引出下一教学环节知识内容的过渡方法。小结过渡法通常用于各教学环节之间,或课堂教学环节之末。小结过渡法的作用在于使教学重难点在各环节教学内容结束时得到再现,促进学生对其加深印象,以巩固教学效果。

(六)对比过渡法

对比过渡法,是教师采用对比的方式进行过渡的方法。在教学过程中,当前后两个环节的教学内容具有相似或相异之处,便可采用对比过渡法。对比过渡法的目的在于通过对教学内容之间的比较和鉴别,使教学内容建立在一种知识的比较关联之中,从而实现顺利的过渡。

(七)转折过渡法

转折过渡法是教师使用转折性的语言来实现过渡的方法。教学中,当两个教学内容存在较大差异,可使用转折性的语言进行过渡,如,可使用"但是……""然而……""却……"等词语。转折过渡法如同润滑剂,不仅能使各教学环节之间保持平稳过渡,还能使学生在上一环节的学习结束后迅速将思维集中到下一环节的内容。

三、课堂过渡的要求

过渡,作为教师展开课堂教学的基本技能之一,虽然方式多样,但也需要遵循一些基本的要求,以充分发挥过渡的功能。

(一)联系性和逻辑性

过渡,实质上展现的是教学的起承转合。为此,在教学过渡的设计之初,便须考虑各教学环节的联系性和逻辑性,以使过渡顺理成章,水到渠成。在教学中,前一环节对后一环节具有启发性,后一环节则是前一环节的逻辑延伸。课堂教学应注意前后环节之间的这种内在关联,方能促进学生明晰各教学环节所学知识之间的联系,使前一环节的学习为后一环节的学习形成良好的铺垫,实现各教学环节的顺利过渡。

(二)启发性和思维性

过渡,其本身并非一种目的,而是一种方法,是为了在教师更好地"教"和学生更好地"学"中发挥积极作用。因此,教师对过渡的设计与使用切忌形式主义,不能为了过渡而过渡。过渡的设计和使用,应具有一定的启发性和思维性,要能激发学生的问题意识,使其在教学过程中真正具有思考问题的积极性和主动性,在思维上能顺利过渡。

(三)巧妙性和简明性

过渡的方法固然多样,但切忌生搬硬套,在设计与使用中应注重巧妙性和简明性。巧妙的过渡不仅能真正实现承上启下,还能起到画龙点睛的作用,使课堂富有感情和活力。但需注意的是,过渡处于各教学环节的关节处,虽然重要,却不是重点。因而过渡的设计和使用在注重巧妙的同时,还应兼顾简明。进一步讲,过渡不能喧宾夺主,不能拖泥带水,不能短话长说,否则将影响正常的教学进度。

(四)计划性和生成性

从整体而言,课堂教学的设计应遵循计划性和生成性。过渡作为教学设计中的组成部分,同样应遵循这一要求。一方面,教师应在课堂教学前有计划地对过渡进行精心设计;另一方面,教师还应关注课堂教学过程中的诸多新情况、新问题,要因时而异、因情而异地对过渡做出恰当的改变,使过渡在有计划性的前提下保持一定的变化性和生成性。

第三节　结课环节的技能

课堂教学,有发生,有发展,亦有结束。一堂课要成功,就必须重视课堂的结课。课堂教学的成功与否,不仅依赖于良好的导入和讲授,还一定程度上取决于教师如何结课。课堂教学中,结课与导入如能形成较好的相互呼应,那么该堂课方能善始善终。因此,教师对结课技能的掌握,是其教学水平高低的重要表现之一。

一、结课的功能与作用

结课,是教师在一个教学内容结束或一节课的教学任务终结之时,有目的、有计划地使学生对所学的新知识、新技能进行及时的巩固、概括、运用,把新知识、新技能纳入原有的认知结构,形成新的完整的认知结构,并为以后的教学做好过渡的一类教学行为。[1]结课并非布置作业,而是教师课堂结束之际的概括性教学。结课在课堂教学中占有重要的地位,不仅可以帮助学生系统梳理知识,把握重点、掌握难点,形成知识体系,还可以启迪学生思维,延伸拓展课堂教学内容,激发学生继续探究的动力。

(一)巩固知识内容

艾宾浩斯遗忘规律表明,遗忘过程不是均匀而是先快后慢的。遗忘率最高的时候即是刚学习完新知识时,遗忘率随着时间推移开始趋缓。为防止遗忘、提高记忆效率,必须"趁热打铁"。结课就是最佳时间,通过归纳概括所学新知识内容,可以使学生巩固所学新知识,明晰教学内容的重难点和内容结构,使记忆变得更牢固。

---

[1] 郭芬云.课的导入与结束策略[M].北京:北京师范大学出版社,2010:145.

(二)构建知识系统

学科知识有其自身的逻辑和体系,教材也有独立的编写逻辑,教材的编写逻辑与学科发展逻辑多数一致,但也有不符的时候,并且新旧知识之间隐藏着内在的必然联系,这就需要教师引导和帮助学生建立起这些逻辑联系,使学生在课堂中所学的零散内容网络化、系统化,结课就是关键环节。同时,研究表明,结构化的知识更容易"同化"到学生的认知结构中去。为此,在结课时,教师应该通过联系比较,揭示教材的内在联系,使所学知识形成一个"点——线——面"相结合的网络知识体系。

(三)反馈教学效果

教学是否有效需要借助反馈这一重要措施。教师在结束新课教学后,会设计一系列习题或思考点让学生解答,这一结课环节不仅增加了课堂中的师生互动,也可以从中及时了解到学生对知识掌握的熟练程度以及学习中遇到的困难和问题,从而检查了自身教学的效果,为以后采取更加适合的教学策略积累经验教训。

(四)承上启下

结课,虽然是一节课的收尾,但其包含的内容不能仅限于本节课。良好的结课,不仅能使学生对自己掌握的知识形成自我认识;还能让教师设置类似"欲知后事如何,且听下回分解"的悬念,使学生对将要学习的新内容有预先的了解,为下一步的学习做好铺垫,从而激发学习的兴趣和欲望。

(五)拓展延伸思维

结课,是当节课的结课,而在结课之时,学生通过新授课内容的学习,新的知识储备已一定程度形成。因此,教师在结课时,通过结合刚教授的内容对学生提出具有趣味性和争议性的问题,不仅能促进学生在课后主动在思维上进行延伸,在视野上进行拓展;还能在结课时提炼出源于教材但高于教材的思想,增强课堂教学与学生生活实际的联系,进一步提高学生的自学能力、思维能力,以及促进课堂教学中"情感态度和价值观"目标的实现。

二、结课设计的思路

结束新课的设计要以教学内容为基础,结合学生特点,使学生能够明确教学任务,理解和掌握知识,从而达成教学目标。因此,结课的设计思路应该从课堂小结与课堂延伸两个内部环节入手。

(一)课堂小结

教学是一个系统复杂的过程,教师在新课内容讲授时,往往会更倾向于要点的突出和难点的突破,更聚焦于各个知识点细节的处理,对于课程整体的脉络和结构,在教学过程中未必予以说明和强调。因此,在结课时,应该以归纳、概括、总结、梳理等形式对本课内容进行小结,使知识脉络化、系统化、条理化,从而有效帮助学生理解知识系统,构建知识体系,强化记忆,实现教学目标。

(二)课堂延伸

教学的目的是让学生将所学应用于实践,能适应社会生活。但在授课过程中,知识目标是课堂实践的重点,但教材中的知识以及教师开发的课程是有限的,背后隐含的更多素养需要学生去内化与延伸。所以,在下课前几分钟,需要教师将与课堂教学内容相关联又无法在课堂上解决的问题提出,让学生进一步思考与感悟,从而拓展思维深度,延伸课堂广度,开阔学生视野,促进知识深化,情感升华。

三、结课的类型

(一)归纳总结法

归纳总结法是教师在课堂结束时,着眼整体,围绕中心内容,用简练的语言对所学内容系统地加以整理,进行归纳总结,帮助学生构建知识体系的一种结课方法。归纳总结法在于帮助学生在课堂学习中化繁为简,对教学内容能系统把握,最终形成完整的知识体系。

(二)首尾呼应法

首尾呼应法是教师在课堂结束时解答课堂之初所提出的问题,以为学生解惑的方式来呼应全课的结课方法。首尾呼应法不仅能使学生上课之初产生的疑惑最终消解,而且还能使学生对所学知识有一个前后联系的整体感觉。

(三)承上启下法

承上启下法是教师根据系统的知识,对所学内容进行承上启下的结课方法。承上启下法不仅能使新旧知识有机紧密联系,又能激发学生的求知欲,为后续内容的教学做好必要的准备。

(四)梳理线索法

梳理线索法是教师根据所学内容或所属单元内容,引导学生采用梳理知识线索的方法而进行的一种结课方法。梳理线索法的益处在于用一条明晰的线索将散乱的知识进行串联,使学生更好地把握知识之间的内在联系,从而更全面地掌握所学知识。

(五)制造悬念法

制造悬念法也称存疑探索法,是教师通过设置疑问、制造悬念进行结课的一种方法。疑问是激发学生思维的支点,也是学生探究知识的起点。在结课中,教师通过创造性地科学设置疑问和制造悬念,能进一步激发学生解疑的动因和兴趣,为下一步的学习做好准备。

(六)提炼升华法

提炼升华法是教师有目的地对当节课所讲的内容进行挖掘,进一步揭示深层内涵,促进学生的情感、态度和价值观得以升华的结课方法。提炼升华法有助于学生通过课堂教学能透过现象看到本质,把具体的知识上升到"情感态度与价值观"的高度。

(七)延伸拓展法

延伸拓展法是教师在课堂教学结束时有目的地把所讲的内容进行延伸,以启迪学生课后能主动继续思考相关问题的一种结课方法。延伸拓展法能将学生在课堂中的被动学习与课后的主动学习联系起来,使学生课后继续探究课堂中的问题,进一步培养起学习的主动性。

(八)对比启发法

对比启发法是教师依据两个或两类不同教学内容的相似或相异之处,启发学生从一个问题联想到另一个问题,并学会用前一问题的分析方法来分析后一问题的结课方法。对比启发法一方面可帮助学生发现各个问题之间的异同;另一方面可使学生找出问题之间的内在关联,发现、分析问题的本质,进一步加深对教学内容的理解。

(九)联系实际法

联系实际法是教师在课堂教学结束时有目的地把所讲教学内容和现实社会生活的实际内容联系起来进行结课的方法。联系实际法能使学生将所学的知识和生活实践、生活经验相结合,找到理论和实践的关联之处,促进理论知识的学习。

(十)讨论补充法

讨论补充法是教师采用谈论的方式,以补充教材中未完全展现的内容的结课方法。由于教材的编写受到多种因素的限制,有许多内容在教材中只是"寓论断于叙事之中"。为了在课堂中能将这些隐性的知识提炼出来对学生展开教学,教师在结课时应对这些知识予以适当补充,以增强教学内容的完整性。

四、课堂结课的要求

结课,需要教师和学生通过归纳、总结、转化、创新和实践等方式来收束一段教学任务的教学活动。[1]它不仅能系统概括教学内容或教学活动,还能对教学内容进行拓展和延伸,进一步激发学生的学习兴趣。而要达到这一目标,需要教师在结课时进行准确的把握。具体而言,教师在结课时应注意以下四点要求。

(一)要水到渠成,结构完整

结课,虽然是课堂教学中一个不可缺少的重要环节,但教学务必把握节奏,为结课创设适宜的空间。一方面,要避免前面诸环节太过紧凑,而结课冗余的情形;另一方面,要避免前面拖沓,而结课仓促。结课之前诸教学环节的过快或过缓,都将导致结课不会出现在最为恰当的时机,影响结课环节的整体性。因此,教师应对课堂流程进行整体设计,确保结课水到渠成,结构完整。

(二)要梳理归纳,形成体系

对于结课而言,不必事无巨细地对全部知识点面面俱到,而是应从整体上进行梳理归纳和形成体系。教师在结课时,要注意围绕教学的核心问题,恰当地梳理当堂所讲的知识,用概括性的语言对本节课的知识体系进行归纳,使学生能清晰准确把握课堂所学知识的主题和内容体系。

(三)要突出学生的主体性和参与性

在当今时代,教师不再是绝对的知识权威和学生学习的主宰者,而应是学生学习活动的指导者和引路人。[2]现代教育中,学生的主体地位愈加凸显。这种主体地位体现在教学的各个环节,结课作为教学环节的重要组成,亦不例外。因此,教师在结课时,要注意突出学生的主体性,同时,也要进一步增强学生的参与性。只有基于学生的

---

[1] 蔡伟,纪勇.语文案例教学论:课堂导入与收束[M].杭州:浙江大学出版社,2012:151.
[2] 陈勇,梁玉敏,杨宏.中学语文教学论学程[M].北京:科学出版社,2016:347-348.

主体地位,引导学生积极参与,教师才能进行有效的点拨和启迪,从而师生共同完成结课,提高教学效率。

(四)要富有思想,具有感染力

结课,凝聚着教师对教学内容的深刻理解,也包含了教师对学生下一步学习的期望。因此,结课不仅要对知识进行归纳总结和形成结构,使学生更好地掌握知识;更需要教师在此基础上画龙点睛和提炼升华,用自己的思想和教学感染力使学生产生学习的激情,最终促进学生情感态度和价值观的提升。

第三章

现代课堂教学技能的教学设计论

课堂教学设计作为师范生和在职教师必须掌握的一项基础性技能,是教学工作的重要组成部分。它以解决教学问题、优化学习为目的,是一个涉及教育学、心理学、系统科学及其他相关学科知识和技能的综合领域。

第一节 如何分析教学设计

在现代教育中,教学设计的重要性愈发凸显。教师对教学设计进行科学、合理的分析,不仅可以反映出教师的专业水平,也能反映出教师能基于当前的教学环境展开教育教学工作。本节将主要介绍教学设计中关于课程标准、教材以及学情的分析,帮助学习者初步形成教学设计层面的分析能力。

一、课程标准分析

课堂教学是否有效,取决于拟定的教学目标是否准确,课堂教学目标的设计要依据上位的教育目的和课程目标。因此,当国家确定了基本的教育目标与课程目标之后,教师如何在具体的教学过程中贯彻落实,需要依据一个指导性目标,课程标准就是这一纲领性文件。能否准确全面地分析把握课程标准是教学设计成败的关键因素。

(一)课程标准的含义

世界范围内,各国均有自己的课程标准。在我国,清朝末年已有课程标准的雏形。

1912年,民国政府颁布《普通教育暂行课程标准》,后多次修订。新中国成立初期,我国颁布了小学各科和中学个别课程的课程标准,后也历经多次修订和更名。但总体而言,其都围绕教学任务而发挥作用。

关于课程标准的定义,目前较多采用的有两种。在较早时期,"课程标准"是"规定一定学段的课程结构和课程水平的纲领性文件"[1];教育部印发的《基础教育课程改革纲要(试行)》中指出:课程标准是教材编写、教学、评估和考试命题的依据,是国家管理和评价课程的基础。[2]具体而言,我们还可从以下几方面对课程标准做进一步理解:其一,课程标准须按门类制定;其二,课程标准要规定本门课程的性质目标、内容框架;其三,课程标准要提出指导性的教学原则和评价建议;其四,课程标准不包括教学重点、难点、时间分配等具体内容。其五,课程标准应规定不同学段学生在学科核心素养方面所应达到的基本要求和水平层次。

课程标准一般由课程标准总纲和各科课程标准两个部分组成。总纲是对一定学段的课程总体进行设计的纲领性文件,它规定了各级学校的课程目标、学科设置、各年级各学科每周的教学时数、课外活动的要求以及团体活动的次数等;而各科课程标准,是根据课程标准总纲具体规定各科教学目标、教学时数和编订教材的基本要求等。[3] 1952年之后,"总纲"改称为"教学计划",各科课程标准则更名为"教学大纲"。在2001年的基础教育课程改革中,"教学大纲"再次恢复为"课程标准"的名称,与此同时,课程标准也具有了更深的含义。目前,课程标准是"规定了国家对不同阶段的学生在知识与技能、过程与方法、情感态度与价值观等方面的基本要求,规定了各门课程的性质、各学科应达到的标准以及内容框架"[4]。它反映了党和国家对中小学各科教学内容、学生学习内容与学习结果的最低规定和期望,在我国基础教育事业的建设与发展中发挥着不可替代的作用。

(二)课程标准分析的内容

学科课程标准一般应体现国家意志。它不仅强调学科的教育功能以及与之相适应的知识内容体系,清楚地描述学科基本的、共同的成就标准,具体明确和具有开放性地对学习成就水平做出表述,还结合本学科的研究发展界定学科的课程概念、性质与

---

[1] 顾明远.教育大辞典(第一卷)[M].上海:上海教育出版社,1990:280.
[2] 中华人民共和国教育部.教育部关于印发《基础教育课程改革纲要(试行)》的通知[EB/OL].(2001-06-08)[2021-5-10].http://www.gov.cn/gongbao/content/2002/content_61386.htm.
[3] 唐晓杰.国家基础教育课程标准学习辅导[M].南宁:广西人民出版社,2003:15.
[4] 中华人民共和国教育部.中小学教学大纲为何改成课程标准?[EB/OL].(2001-10-24)[2021-5-10].http://www.moe.gov.cn/jyb_xwfb/moe_2082/moe_183/tnull_1717.html.

理念,并据此精选和组织学习内容。其结构一般包括导言、主体内容、教学活动和学业评价的具体建议、教科书编写建议及附录等部分。

1.导言

导言的主要作用在于说明课程标准出台(或修订)的背景与教学的总方向。其内容一般包括以下几方面:(1)各学科教育的国家层面目标;(2)课程标准的制定原则;(3)课程标准的框架结构及内容说明;(4)各地方教育主管部门及教师提出有效执行课程标准的建议。

2.主体内容

世界各国在课程标准的主体内容上有多种表现方式,存在按年级划分、按学段划分、按水平等级划分等几种形式。在呈现方式上也不尽相同,一般分为两种呈现方式:第一种是对内容标准本体的描述;第二种是在对内容标准本体进行描述后,辅以案例做进一步说明。所谓的"标准描述",着重点有四点:使用行为动词;各条标准分有层次;整合必要的知识、技能与态度要素;内容是具体的而非抽象的。

3.教学活动和学业评价的具体建议

具体建议部分一般包括组织教学活动的原则与方法,以及评价学生学业成绩的依据。需要注意的是,这些建议只是以指导性的意见而存在,并非带有指令性的具体规定。因此,教师只能将其作为基本的指导原则。当然,在一些国家的课程标准中也包含部分具有指令性的具体规定,如,英国和澳大利亚在课程标准中对学生的学业成绩和水平做出了硬性规定。

4.教科书编写建议

作为一种最重要的课程资源,教科书对学生的学习、教师的教学起直接的影响。教科书编写的优劣直接影响课程标准中目标的实现。从某种程度上而言,教科书是课程标准的另一种体现。因此,关于教科书编写的建议一般具有明确的指导性,目的是使教科书编写者在教科书编写过程中能有效体现课程目标的要求,以及正确把握教科书编写的方向性。

5.附录

本部分主要收录标准中出现的关键词,并对它们进行定义和解释。

在进行课程标准分析时,理论上所有的部分都应该分析,虽然重点要基于学科的主体内容标准,但不能忽略对其他结构的认识与把握,否则就会出现片面化的教学设计。比如:《义务教育历史课程标准(2011版)》中对于元朝统治期的内容只有一句:"通过宣政院管辖西藏,知道西藏在元代正式纳入中国版图。"如果只分析此内容标准,那教科书第二子目行省制度就不会成为重点内容,但把课程标准往前读一下,在课程标准中国古代史板块目标中,明确提出要知道蒙古族建立的元朝结束了中国境内长期割据的局面,重建了大一统国家。而建立大一统的国家要靠其统治制度,由于元朝的地方建制中,行省制度有着比较深远的影响,所以在教学时,必须补充认识行省制度。

通过深入学习、研究课程标准,可以帮助教师掌握本课程的知识结构和学科教学特点,明确各单元、章节的教学内容体系、目标,逐步了解教学内容中的重、难点部分,因此,认真钻研课程标准对于教材的分析处理可以起到事半功倍的作用。

二、教材分析

关于教材的定义,目前并无统一的说法,有"材料说""媒介说""课程说"等多种定义。就广义而言,教材是教学活动中体现教学内容,促成教学目标实现的各类材料的总称,其形式主要包括文字材料(含教科书、教学参考书、教授提纲、讲义等)、视听教材(含录音、录像、教学影片、幻灯片等)、电子多媒体教材。[1]从狭义来讲,教材仅指教科书。本书中关于教材的概念采用狭义层面的定义,即将"教材"视为教科书来展开谈论。

(一)教材分析的意义

在教材分析这个再创造的过程中有助于教师做好以下工作:

1.清理知识障碍

一般而言,教材中的学科专业知识教师是比较熟悉的,一看就能联想到很多相关的教学内容。但当有些新知识或新的研究结论是教师比较陌生的,没有相关的背景知识作为支撑的时候,教师对于教材内容体系,就有可能不太理解;另外由于教材编写本身存在的叙述也有可能有误或者不太准确。通过对教材进行分析,教师可以发现自身知识储备的不足,及时去学习。

2.制订教学目标

所有学科课程标准都规定了学科课程的总目标,并在内容标准中结合相关具体知识提出了具体要求。这些课程目标需要教师结合教材的具体内容及学生的情况加以分析,才能进一步细化为每一节课的教学目标。

---

[1]顾明远.中国教育大百科全书[M].上海:上海教育出版社,2012:568.

3.确定重点和难点

要创造性地使用教材,以教材为线索充实教学内容或者重新整合内容,就必须分析教材的重点、难点,只有确定了教材的重点、难点,才能决定补充哪些材料,怎样根据重点重新组织教学内容。

4.拓展教学内容

由于篇幅和文字数量的限制,教材对大部分内容只能简明、扼要地叙述。因此,教材中的每一句话都包含丰富的内涵。教师只有充分理解了教材的编写意图,准确理解教材中每一句话的含义,才能根据教学目标和重点、难点补充具体内容,把一句话的内涵展示出来,创设合适的教学情境,为学生感知或探究知识创造条件。

5.选择教学方法

知识可以分为陈述性知识、程序性知识等类型,每一类知识都有自己的特点,在教学中需要用不同的方法来学习和运用。教师需要分析教材来确定知识的类别,结合学生的情况和教师自身的特点,选用相应的教学方法。

(二)教材分析的流程

教材的分析是一个较为系统的过程,同时也需注重其前后的衔接性。总体而言,教材分析的流程可以分为四个步骤,包括树立观念、把握关系、掌握内容以及分析重难点。

1.树立观念

教材的分析,首先需要树立"用教材教而非教教材"的观念。虽然教科书具有多项重要功能,但其呈现方式仍然是固定的文本形式,因此,必然受到多方面多因素的诸多限制。例如,受篇幅和撰写体例所限无法包含所有重要知识,知识的连贯性可能会欠缺;传递主流知识在某种程度上也许会限制教师和学生的思考与创造力;固定的文本无法适应学生的个别差异、无法兼顾不同地区的需求;因教科书稳定性的要求无法及时反映学科研究的最新成果和社会关心的议题;以教科书内容为主的评价会导致师生忽略其他有价值的学习内容;等等。因而教师在使用教科书时应树立"用教材教而非教教材"的观念,教科书不是唯一的学习材料。

教科书同样是特定的社会文化的产物,其内容选择和教学过程并非价值中立。任何国家的学校所使用的教科书都反映了该国的特定政治、文化背景和政策,也都承担传递政治、文化价值的任务。因而作为有思想的教师在教学过程中,应根据实际需要并运用自己的专业能力对教科书的内容做最适当的选择和解读,以便达成应有的教学效果。

2. 把握关系

把握关系，意在把握教科书与学科课程标准之间的关系。随着社会的发展和国家的要求，教科书在不断发生变化。无论是何种体例、何种编写逻辑，教科书都是依据学科课程标准编写的，教师对教科书内容的选择和理解应以学科课程标准为中心，应认真学习和领会课程标准的要求，并做到依据课程标准对教材内容进行合理筛选、巧妙整合，而不是在教学中对教材内容全盘照搬。

3. 掌握内容

掌握教材内容是教材分析中的重要一环。虽然教师需要对课程标准进行深入研究，但教材不仅是教师展开教学工作的基本依据，同时也是学生学习的重要材料。因此，教师对课程标准的研究并不意味着对教材的掌握，对课程标准的分析也无法替代对教材掌握的重要性。

对教材的掌握，需要做到如下几点。首先，钻研教材要透彻。这里的透彻要从两个方面理解，一方面，要透彻理解和领悟相关知识、观点、理论，熟练掌握内容线索；另一方面，要结合课程标准对每个教学单元、章节展开深入分析，准确把握教材的关键内容，同时，对练习题、案例、注解、注释、图表、附录等内容也应进行仔细的阅读和推敲。其次，要结合对教材基本内容的掌握，有目的、有选择地阅读相关专业文献和教学参考书，并结合实际教学情况对教学内容进行适当的调整甚至是删减。

总体而言，我们对教材的理解和掌握要做到"懂""透""化"。所谓"懂"，是要真正清楚教材中所包含的基本理论、基本知识和观点；所谓"透"，是要在"懂"的基础上对教材内容透彻理解、准确掌握和熟练运用；所谓"化"，是要将教材所蕴含的思想感情和教师自身、教学对象的思想感情相融，提升教学境界。唯有如此，教师才能真正掌握教材内容，有效展开教学，真正体现教材的知识价值和思想价值。

4. 分析重难点

在教学分析中，如果仅仅是梳理和罗列基本的知识点，对于教材分析或实际教学而言，并不能解决什么问题。要做到对教材的深入解读，还需要准确把握和分析教材的重点和难点。

首先，要对教材重点内容进行突出和掌握。教学重点是各科目或教材中最基本也是最重要的核心知识和技能。它是相对于一般性的课程内容和材料性的知识等而言的，属于具有概括性和较强理论性的知识要素。掌握重点内容，不仅有助于对其他知识内容的进一步理解，也有助于知识的迁移，使学习内容之间形成良好的知识结构体系。因此，在教材分析中必须抓住、突出、强化重点内容，以带动其他内容的教学。但需要注意的是,分析教材重点内容应充分考虑层次性。重点内容,不仅包含各科目(课程)的重点,也包含一个单元或章节的重点,还有某一节课的重点。不仅如此,由于各科目课程性质的不同,重点内容的侧重点也有所差异,有知识方面的重点,有技能、方法层面的重点,也有应用层面的重点。因此,对于重点的把握不能同一而论。

其次,要突破难点。教学难点有两层含义:一方面,它指学生难以理解和掌握的知识或技能;另一方面,指学生容易出错或产生混淆的内容。就总体而言,所谓"难点"是学生学习的困难之处。难点的突破对学生的学习具有极大的促进作用。与掌握重点一样,突破难点也需要考虑众多的影响因素。教学中的难点是相对的,其一,它受学生的年龄、知识水平及生活经验的影响;其二,受学生个体差异的影响;其三,受时间的影响,曾经的难点或当前的难点并不意味着在未来也是难点;其四,难点与重点的关系复杂,虽然多数情况下难点与重点有所重叠,突破难点的同时就意味着对重点的掌握,但某些情况下难点与重点并无直接关联或完全无关,对二者的把握要做到绝对的严谨。因此,对难点突破要做到思路清晰和目标明确,才能推动教学的顺利进行。

(三)教材分析与处理的基本原则

对教材进行细致分析是教师有效开展教学工作的重要基础之一,但由于教材分析是一个系统工程,涉及诸多环节,教师要在妥善处理诸多环节的基础上结合自身实际情况和学生实际情况对教材进行重组和加工,从而形成科学、系统的内容体系。教师对教材的分析与处理是否得当,直接关系着教学工作的完成质量。因此,教师在对教材的分析与处理中应注意以下原则,以保证教材分析的科学性与合理性。

1.整体性

教材的分析需从整体上对教材进行把握。首先,要从整体上把握教学内容之间的关联,特别是要注意教学内容的前后呼应。其次,要从具体内容上把握知识结构与内容之间的衔接,要使二者互为铺垫和相互渗透。

2.针对性

教材的分析要注意从学生个体特征的角度对教材进行把握。不同学段、年龄段的学生在知识基础、认知能力等方面均存在差异,具有各自的特点,若对此不加区分,将不利于教材的分析。教师在教材分析过程中,需较为准确地把握学生的知识基础、生活经验、认知发展规律和认知特点,以有针对性地展开分析,促进教学工作的顺利实施。

3.主次性

分析重难点是教材分析的重要步骤,在这一环节中,教材的分析需要遵循主次性原则,即准确把握重点与非重点。具体而言,教材分析要尽可能淡化非重点内容,坚持突出重点和突破难点。对于重点内容,特别在同为重点和难点的内容上要多下功夫,要从多种角度进行反复研读;对于一般性内容则以快速掌握为主,不必进行深入分析。由此,为后期详略得当地展开教学工作奠定基础。

4.灵活性

2018年,《教育部教材局关于开展义务教育国家课程教材检查工作的通知》明确指出:"经教育部审定通过的国家课程教材,未经许可不得擅自修改"[1]。显然,这是对部编教材的权威性和严肃性做出的明确规定,是教师在教材的分析和使用中必须遵守的原则。但由于教材的使用具有复杂性,各科目的教学也具有各自的特殊性,加上教材需及时反映学科发展的新要求,因此,教师应在遵循教材权威性的基础上对教材进行灵活的分析和处理。教师可根据教学的实际需要和学科发展,对教材内容在一定范围内进行适当的挖掘和拓展,也可根据自己对教材的理解对有关内容的顺序进行合理变更,以将静态的内容文本有效转化为动态的教学。

三、学情分析

学情即学习者情况,从理论而言,学习者会把原有的知识、技能和情感态度代入学生的学习过程,并且在学习过程中,会受到其他因素的影响。而学情分析是对学生已有特征和影响学习者学习的相关因素进行分析。这一技能是教师教学设计的首要环节,是其必备能力。

(一)学情分析的作用

1.了解学习者的知识基础

奥苏伯尔曾明确指出,假如让他把全部教育心理学仅仅归结为一条原理的话,那么,他将一言以蔽之曰,影响学生学习新知的唯一最重要的因素,就是学习者已经知道了什么,要探明这一点,并据此进行教学。[2]我们可以认为,了解学生的知识基础不仅是分析学生学习知识与经验的起点,而且可以借以有效利用学生探求新知所需的预备

---

[1]中华人民共和国教育部.教育部教材局关于开展义务教育国家课程教材检查工作的通知[EB/OL].(2018-9-14)[2021-5-10].http://www.moe.gov.cn/s78/A26/tongzhi/201809/t20180918_349171.html.
[2]D.P.奥苏伯尔,等.教育心理学——认知观点[M].佘南星,宋钧,译.北京:人民教育出版社,1994:194.

知识和技能,从而确立教学的起点。

进一步而言,教师在进行某一内容的教学之前,确立教学起点和进行教学设计的关键在于了解学生是否具备对该内容进行探索的知识基础和技能。扎实有效的学习必须建立在学生的已有知识基础、学习经验之上,也只有如此,学生所学到的新知识才能成为其进行知识再创造的关键环节。

2.了解学习者的情感兴趣

确立教学起点的另一重要途径在于了解学生的兴趣点和有效运用学生的情感资源。情感始终伴随着人的认知过程,二者也总是相伴相生、相辅相成,因此,通过了解学生的兴趣点而创设出对学生富有高度吸引力的学习情境,不仅有助于学生认知活动与情感活动的交融,使其兴趣和情感长久保持最佳状态,还能促使学生进行知识的同化与顺应,从而完成自我知识的有效学习。

3.了解学习者的思维结构

如上所述,学情分析有助于了解学习者的知识基础和情感兴趣,但除此之外,还有助于了解学习者的思维结构。而了解学生的思维结构,同样是结合思维培养目标来确立教学起点的重要环节。在学情分析中,教师需要了解不同年龄阶段学生思维结构的发展情况,如,7—9年级学生的思维较为直观,认识也较为感性;而对10—12年级学生,则需要教师注重对其抽象思维和理性思维等的培养。掌握了不同年龄段学生思维发展的特征,能有助于教学内容的合理安排和教学策略的恰当有效,从而促使学生思维顺利迁移,收到良好的教学效果。

因此,学情分析是教学设计的重要环节,是教学目标制定的依据,是教学内容设计、教学方法设计、教学媒体设计的前提,也是教学评价和教学反思的依据。

(二)学情分析的主要内容

1.学习者一般特征分析

作为学习者,其在每个年龄阶段有着独特的认知特征。皮亚杰把儿童认知的发展划分为四大阶段,即感知运动阶段(0~2岁)、前运算阶段(2~7岁)、具体运算阶段(7~11岁)、形式运算阶段(11岁之后)。[1]每一阶段都是一个整体,每一阶段都有其主要的行为模式。前一阶段的行为模式总是整合于后一阶段中,前后阶段不能互换。各阶段出现的年龄可能因个体的差异和外部环境的不同而产生变化,可提前或推迟,但阶段的先后次序则保持不变。如,初中阶段相当于形式运算阶段,此阶段最大的新奇之处在

---

[1]俞国,戴斌荣.基础心理学[M].武汉:武汉大学出版社,2007:452.

于对形式与内容的区分,这阶段的少年能正确推论他过去不相信或至少现时还未相信的命题……由此他能从仅仅可能的真实性中引出必要的结论,成为假设——演绎推理即所谓形式思维的开端。这一时期,学生的思维能力达到了成人的准备阶段。他们能够进行抽象的推理和分析,有得出规律、概括出事物的本质的能力,可以有一定程度的科学创见和理论创新;而在高中阶段,学生的抽象逻辑思维则占明显的优势,并向理论型抽象逻辑发展,辩证思维基本形成。在学情分析中,上述不同年龄阶段学习者的独特认知特征应是重点考虑的内容。

此外,相关研究显示,性别差异也影响教学效果。20世纪20年代美国心理学家桑代克通过实验得出结论:女性在语言表达、短时记忆等方面优于男性;男性在空间知觉、分析综合能力、实验观察、推理和历史知识的掌握方面优于女性。[①]所以,性别对学习的影响是客观存在的,学情分析中对此应予以充分考虑。

2.学习者已有知识与技能分析

学习者已有知识与技能是确定教学起点的关键。在确定教学起点时,如果不考虑学生已经掌握或具备的知识、技能与新的知识、技能之间存在的差距,使教学起点高于学生的起点水平,那么只会引起学生对新知识的学习障碍,导致学生学习困难;反之,如果教学起点低于学生的起点水平时,重复性的学习则无法激发学生的学习兴趣,也会浪费教师与学生的时间和精力。因此,在学情分析时,要根据拟教授的内容对学生的知识和能力进行系统分析,多渠道了解学生已有的知识、技能水平,将学生的起点水平与课程标准的要求相结合来确定教学实施的起点水平线。

3.学习者非智力因素分析

不同年龄阶段的学生不仅在认知特点、能力发展等智力因素上有所不同,而且在非智力因素方面也存在差异。所谓非智力因素,指那些不直接参与认识过程,但对认识过程起直接制约作用的心理因素,主要有五种基本的心理因素:动机、兴趣、情感、意志、性格等。[②]在教学中,非智力因素虽不直接参与认识过程,但它却推动知识信息的加工处理,对人的培养具有非常重要的作用。同智力分析一样,非智力因素的分析同样不是轻松的事情。学习动机是引发与维持学生的学习行为,并使之指向一定学业目标的一种动力倾向。成就感可以激发学习动机,但耻辱感也可以激发学习动机,所谓知耻而后勇;学习中获得了乐趣可以强化学习动机,但一些学生遇到了挑战性的问题也能激发其学习动机。促进学习动机的原因是复杂的,学习态度是其中较为重要的一种因素。

---

① 傅安球.男女心理差异与教育[M].郑州:河南教育出版社,1987:21.
② 李红.教育心理学[M].武汉:武汉大学出版社,2007:307.

4.学习者环境分析

在教学中,学习者的学习环境对教学过程起着直接的影响,也对教学方法和教学媒体的选择有着重要的影响,是确保教学效果的决定性因素。特别是在均衡教育还有待提高的当下,学校之间软、硬件的差距,生源质量的区别等状况短期无法改变。

同时,不同班级之间由于班风、学风的不同也会存在差距。这跟生源和分班的方式有关,也跟班主任和科任老师的任教风格相关。一个十分严厉的班主任带出来的学生大都循规蹈矩、按部就班,如果教师开展活动,组织起来就费力一些;如果班主任追求自由、开放的管理,他的课堂可能更加活跃,但是纪律管理上恐怕又要多想些办法。因此,在设计教学模式和教学方法前,必须分析学习者环境。

(三)学情分析的方法与原则

1.预测法

预测,是对学生进行预备能力的分析中最常采用的方法之一。预测法一般很少用于平时的日常教学设计过程,因为课堂教学属于学年教学活动的一个环节,大部分情况下,前后知识与技能都具有一定的连贯性,没有必要通过测试了解。目前,预测法多用于学生在升入新的年级之后开始新的学习层次前,教师为了更好了解学生是否具备了学习新知识的预备能力,往往在学习内容分析的基础上设定一个起点,将起点以下的知识与技能作为预备技能,并以此为依据编写测试题对学生的预备技能进行测试。教师必须对学生在前期学习阶段的学习情况进行检测,以确定学生是否具备进入新学习领域的能力。如,高中阶段新生入学时,不少学校开展预科教育,在预科教育过程中,一般较为注重对学生前一阶段的学习情况的调查,用以确定是否要对学生进行补救式的教学活动,以及是否需要在以后的教学过程中,较多地考虑初高中教学衔接问题。预测法所使用的测试题编制应该严格按照学生原有学习目标编制,不能任意拔高或降低水平,否则无法实现对学生预备学习能力的了解的目的。

2.观察法

用观察法进行研究,研究者必须制定严格的观察程序,采用恰当的方法,系统地观察研究对象,并做好详细的记录。根据是否是人为场景,观察可分为实验观察和实地观察。许多研究都要设计人为场景,并对接受实验的群体和作为对照的群体进行观察,通过比较实验群体和对照群体的观察结果来探讨实验因素的影响。比如,要了解班上同学大声朗诵背书和默背对记忆效果的影响,我们就可以在成绩差不多的两个班中分别施行这两种办法,然后比较学生行为的变化,进而探讨两种方法对学生的影响。

所谓实地观察就是到实验对象场景中去进行观察,如到班上听课。

依据是否参与到研究中去,又可分为参与观察和非参与观察。参与观察就是研究者参与到所研究的情景中去,变成研究群体中的一员,如参加学生的活动。为了得到真实的数据,理论上研究者不能对观察对象实施任何干扰,如果学生知道老师在观察他们,教师观察到的就很可能是"表演"。但实际上教师对自己的学生参与观察要得到绝对客观的事实是有难度的。而非参与观察中,学生的表现相对自然、真实。

3.问卷调查法

首先要确定调查目的,然后确定调查范围,如全校的、高一年级的、文科班的还是理科班的,抽部分还是全部调查。人数太多,时间、物质成本都会太高。只要有足够的有代表性的样本,没有必要对每一个对象进行调查。如何选择足够量的、有代表性的样本是非常专业的技术,往往要根据调查的目的,综合考虑样本的性别、班级、年龄、家庭、成绩等各种因素。关于问卷设计、问卷发放和问卷回收,以及问卷的真实性的检测也属于专业的技术,需要学习相关知识才能正确掌握。问卷回收后,需要对问卷进行整理,整理的方式多种多样,利用计算机可使统计变得更加方便。对调查到的数字赋予其意义更是需要科学的方法,比较、分析归类、取平均数等方法都是不太容易掌握的。比如取平均数的优点是将原始数据简化为最易操作的形式,用数字来表示样本的总体基本状况,但平均数也掩盖了数据的原始分布状况,两个平均数相同的班级可能存在很多不同的地方。

4.访谈法

访谈法是教师经常采用的了解学生的方法。谈话更直接,更有针对性,而且教师可以根据学生的反馈提出追加问题,使了解更深入,更全面。这是观察法和问卷调查法所不具备的优势。访谈可分为正式访谈和随意访谈。随意访谈就是泛泛而谈,可以有多个主题或者没有主题,谈话有更多的即兴内容。

比如在进入一个新的单元教学时,教师在分析了单元教学内容之后,可将与本单元教学相关的知识与能力列出一个清单,设计相应的谈话提纲,在与学生交流的过程中了解学生所具备的知识与能力,并以此作为判断依据,确定教学补救措施。教师的谈话提纲应以开放式的问题为主,封闭式的答案或以"是"与"否"形式出现的问题尽量少一些。

正式访谈需要教师带着很强的目的性和针对性,是为收集某些信息或者解某个问题的谈话。所以访谈前教师要做好充分的准备,访谈的目的要明确,访谈的时间、地点也要选好,一些可能涉及隐私的谈话不宜在公共场合进行。访谈时由于教师和学生身份、地位的差异,以及学生所认为的师生之间的某种关系(亲密、敬畏等)的影响,学生的回答可能会有不客观的内容。为营造出让学生说出事情真实情况的环境,教师需要掌握很好的访谈技术。

第二节　如何设计课堂教学目标

教学目标的确定是成功开展教学的保障之一。教学活动的出发点和归宿都在于教学目标的确定。对教学目标进行设计,就是对教学活动所要达到的预期结果进行规划,使其成为教学活动的指南。教学目标的设计,既是一个知识问题,又是一个技能问题。设计恰当而合理的教学目标,是整个教学设计的重要前提条件。

一、教学目标的内涵

(一)目的与目标

目的与目标虽然都是指某种行为的指向或结果体现,但是二者之间仍然存在一定的区别。一般认为,目的是对某种行动结果所进行的一种比较抽象的、普遍的、具有一定终极性特点的基本规定,而目标则是对某种活动结果所进行的较为具体的、特殊的、阶段性的概括表述。目标是在目的的规范下制定的,若干目标的达成是目的得以最终实现的基础。

(二)教育目的与培养目标

教育目的是社会对学校教育在人才培养上的质量要求,体现了各级各类学校对人才培养标准的统一规定。我国的教育目的是由党和国家根据社会发展的需要和人的发展要求,在马克思主义关于人的全面发展学说指导下制定的。教育必须为社会主义现代化建设服务,必须与生产劳动相结合,培养德、智、体等各方面全面发展的社会主义事业的建设者和接班人。

在教育目的的规范下,各级各类学校对人才培养目标有不同的规定。中小学教育是基础教育,其培养目标必须体现基础教育的性质和特点。因此,中小学培养目标要求对中小学生进行全面的素质教育,使其在思想道德素质、文化科学素质、身体心理素质、审美素质和生产劳动实践的素质等方面得到全面提高。

(三)课程目标与教学目标

课程目标是课程本身要实现的具体目标和意图,它规定了某一教育阶段的学生通过课程学习以后,在发展品德、智力等方面期望实现的程度;它是课程的灵魂,是确定课程内容、教学目标和教学方法的基础。课程目标分为课程总体目标、学科课程目标和课堂教学目标三个层面。课程总体目标是在某一教学阶段课程设置所要实现的总目标,并为安排各种类型的课程和教学内容提供依据;学科课程目标是某具体学科所要求的相对具体的目标,以"课程标准"的形式呈现;课堂教学目标与具体的课堂教学相关联,是具体的教学目标。

所以,教学目标是最基础的目标,是根据教育目的和学校培养目标的基本要求以及学生身心发展规律和学习需要,以学科课程标准、教材内容为依据而制订的某一阶段教学活动应达到的结果。在教学工作中,每门课程、每个教学单元甚至每一堂课都应有非常具体的教学目标,而且这种目标应该尽可能够用现有的技术手段加以评估,要具有较强的可操作性的特点。

二、教学目标的功能

教学目标的性质决定教学目标的功能。教学目标的功能主要体现在导向、控制以及评估三个方面。

(一)教学目标的导向功能

教学目标在教学过程中起着指示方向、引导执行的作用。教师的教与学生的学要完成什么任务,要达到什么结果,都要受教学目标的指导和制约。这种导向功能在整个教学过程中由始至终都对教与学的活动起着重要作用。因此,确定准确、合理的教学目标被认为是教学基本技能的重要内容。

(二)教学目标的控制功能

教学目标一经确定,就会对教学活动产生控制作用。这种控制作用主要表现在它能把学校教学人员、管理人员和学生的活动凝聚到一起,使其相互协调、相互配合,取得良好的教学效果,逐步达成教学目标。

(三)教学目标的评估功能

教学目标作为根据学生和教材的实际而预先规定的教学结果,是检查、评价教学成效的尺度和标准,具有对教学成效的测量和评估功能。这种评估功能不仅体现在某一教学单元结束之后,也体现在教学实施的过程当中。通过这种评估,不仅要了解教学目标的达成度,而且要对教学中的问题进行诊断,从而实现教学中的反馈和改进。

三、教学目标的分类

教学目标的分类就是对教学所要达成的结果在方向或内容上,在层次或程度上进行精确的描述和定义,以帮助教师对教学目标所规定的结果进行准确的理解。对教学目标的分类一般是对学生行为的分类,而这些行为又必须能代表学生学习的结果。

在所有关于教学目标分类的研究中,最引人注目的是布鲁姆(B.S.Bloom)与他的同事们提出的教育目标分类学。他们把教学目标分为三个相互关联的领域。继布鲁姆之后,其他学者也在教学目标分类领域进行了有价值的研究。

(一)认知领域

布鲁姆将认知领域的教学目标分为相互联系、由低往高发展的六个层次。

知道。指对先前学习过的知识材料的回忆,包括对具体事实、结构、科学过程等的回忆。这是一种最低水平的认知学习。

领会。指把握知识材料的意义,包括转换(即用自己的话或与原先不同的表达方法来表述所学的内容)、解释、推断或预测。领会达到了最低水平的理解。

运用。指把学到的知识应用于新的情境,包括概念、原理、方法和理论的应用。运用是较高水平的理解。

分析。指把复杂的整体知识材料分解为组成部分并理解各部分之间的联系。包括各部分的鉴别,分析部分之间的关系,认识其中的组织原理。

综合。指将所学知识的各部分重新组合,形成一个新的知识整体。其中已包含了一定的创造能力、形成新的模式或结构的能力。

评价。指对材料进行价值判断的能力。这是最高水平的认知学习结果,超越了原先的学习内容。

在上述六个认知目标中,除第一层次只需对信息进行简单的记忆外,其余五个层次都属智力技能的范畴,都强调学习者要在心理上对知识进行组织和重新超越。这种分类方式启示我们要重视培养学习者的智力技能。

(二)动作技能领域

关于动作技能领域教学目标分类法的研究主要有三种不同的观点。其中辛普森

(E.J.Simpson)等人将动作技能的教学目标分为七个层次,这是目前应用最广泛的一种分类方法。

知觉。指了解与某动作技能有关的知识、性质、功用。

准备。指为适应某动作技能的学习做好心理上、身体上和情绪方面的准备。

有指导的反应。指在教师指导下表现出有关的动作行为,如模仿和尝试。

机械动作。指经过一定程度的练习,对要掌握的动作已形成熟练的技能,但动作模式并不复杂。

复杂的外显反应。指包含复杂动作模式的熟练动作操作,这种操作精确、迅速、连贯。

适应。指能修正自己动作模式以适应特殊情境的需要。

创作。指能创造新的动作模式以适合具体情境。

(三)情感领域

在情感领域的教学目标分类研究中,克拉斯沃尔(D.R.Krathwohl)等人将情感领域教学目标分为五个层次的观点是较有影响的分类方式。

接受或注意。指愿意注意某一特定的现象或活动。

反应。指能以某种方式参与活动。

评价。指学习者用一定的价值标准对特定的现象、行为及事物进行价值判断。

组织。指将不同的价值判断组织起来,并对各种价值观加以比较,确定其相互关系及相对重要性。

价值的性格化。指各种价值观被置于一个内在和谐的框架之中,并逐步定型,个人的言行受其价值观体系的支配。

除通常所说的上述三大领域外,近年来还有人将人际关系技能也纳入了教学目标的范畴。

四、课堂教学目标的表述

课堂教学目标的表述是一件技术性很强的工作。一般而言,课堂教学目标主要有三种表述方式。

(一)认知观的描述方法

这种方法强调通过内部心理过程来描述教学目标,往往只使用表示内部心理过程的含糊动词,如"懂得""理解""掌握""欣赏"等等。这种方法有助于对教学目标做出概括,但是缺乏质与量的规定性,以此作为度量教学质量的标准是困难的。当然,由于有些心理过程无法行为化,使用这类描述心理过程的术语也难以完全避免。

(二)行为观的描述方法

这种方法要求用可观察、可测量的外显行为的变化来描述教学目标。"ABCD"学习目标编写模式就是这类方法中颇有影响的代表。该模式的倡导者认为:一个规范的学习目标应包括四个要素,即A:对象(audience);B:行为(behavior);C:条件(condition);D:标准(degree)。进行教学目标的编写首先要注明教学的对象;其次,要说明学习者在教学结束后应达到什么样的学习标准,并使这种描述具有可观察的特点;再次,要说明学习者在什么样的情境中完成所规定的行为,既要说明在评价学习者的学习结果时,该在哪种情况下评价;最后,要对行为的标准做出具体描述,使学习目标真正具有可测性特点。

在上述对目标的表述中,关于行为的表述是基本部分,不能省略。相对而言,条件和标准是可选择的部分,有时不必一一完整列出。

(三)内外结合的描述方法

这种方法提倡允许用内部心理过程和外显行为相结合来描述教学目标。典型方式是先用描述内部过程的术语陈述一般教学目标,然后表述可观测的学生的表现行为并使之具体化。这种方法既避免了用内部心理特征表述教学目标的抽象性和不确定性,又防止了行为目标的机械性与局限性,是一种值得推广的方法。

(四)教学目标设计的基本要求

无论采取何种表述方法,都应该注意遵循一些基本的要求。

1.教学目标的明确性

教学目标具有导向、控制和评价功能。具体而明确的教学目标能够引导师生围绕目标的实现有效地展开教学活动,合理地组织教学过程,并能以此为标准检测、评估课堂教学的成效。相反,模糊、抽象的目标则不能发挥导向和评估功能。教学目标的明确性主要体现在能表明可观测到的学习结果和能表明检测结果的标准两个方面。

2.教学目标的完整性

教学目标的表述中,既有反映具有质与量规定性的行为目标,又不忽视表现内部心理过程的定性目标;既有认知领域的目标,又有技能和情感领域的目标;而且这些目标结构合理,纵横关联,能发挥整体效应。

3.教学目标的弹性

教学目标的弹性首先表现在对不同学习层次的学生应有不同水平的学习目标,必须区别对待;其次还表现在教学目标能根据教学过程中的各种变化及时调整。

第三节 如何设计教学策略

为了完成特定的教学目标,教师往往需要对教学活动做出总体的考虑。这一总体的考虑,我们可以认为就是一种教学的策略。教学策略为学习教学内容而服务,是实现内容教学的形式,因此,教学策略的选择与制订应符合学习内容的客观要求。在教学过程中,由于学生的知识水平、学习能力等方面均存在个体差异,教师必须充分把握教学中的各类影响因素来进行综合考虑,从而对教学策略做出准确的设计。

一、教学策略的内涵

(一)教学策略的定义

20世纪60年代以来,教学策略受到国内外教育界的广泛关注。特别是格拉塞等认知心理学家研究证明改善和提高教学策略有助于教师提高课堂教学质量之后,教学策略逐渐成为教学研究领域的热点问题。

目前,关于教学策略内涵的探讨主要存在两种观点。第一,具体方法说。该观点将教学策略定位在可以操作的具体行为层面,认为教学策略是具体手段和方法。这种观点在国外的研究中较为常见,如,盖奇提出的"教师七要"。第二,上位理念说。该观点将教学策略定位于教学理论与教学方法之间,既包含能指导课堂教学的教学理论,又包含解决课堂教学问题的规律性的教学方法。[1]此外,在《教育大辞典》中,教学策略是指:教师在教学过程中为达到某一特定目标而采用的相对系统的行为,包括事先有意识地确定的一些教学方法。[2]虽然目前对教学策略并无统一的定义,但综合相关研究,我们可以认为教学策略是为了达成教学目标、完成教学任务,在对教学活动清晰认识的基础上对教学活动进行调节和控制的一系列执行过程。达成教学目标、完成教学任务,是教学策略制订和实施的宗旨。对教学活动进行调节和控制,是教学策略最重

---
[1]周海银.教育教学知识与能力 小学[M].5版.北京:中国经济出版社,2014:280.
[2]顾明远.教育大辞典(第一卷)[M].上海:上海教育出版社,1990:349.

要的功能。教学策略既是一个事先设定的有一定操作性的程序,更是一个在教学过程中逐步实施的动态过程,各种教学方法的运用、教学活动的开展、教学程序的执行,都应该服从于教学策略的需要。①

需要注意的是,教学策略并不等同于教学设计,它们各有自身独特的内涵。虽然从某种程度上讲,教学策略是教学设计的组成部分,二者在具体内容和环节上也存在交叉和重叠,但它们并不能画上等号。教学设计既可以是对一节课的统筹安排,也可以是对一个单元或整个科目的统筹安排;而教学策略的运用范围相对较窄,主要集中在某一节课、某一内容的范围内。因此,教学设计所包括的范围更广。在教学过程中,应正确认识二者的异同,不能混淆使用。

(二)教学策略的特征

1.指向性

课堂教学本身具有很强的目的性和指向性,而教学策略产生的目的在于帮助教师掌握特定的教学内容,因此,教学策略具有明确的指向性。教学策略的指向性在于其要能有效解决教学中的实际问题,从而达到教学目标,保证教学达到预期的效果。

2.可操作性

教学策略不同于教学原则,也不同于教学模式,它有明确、具体的内容,是可供参照执行或操作的方案,并能在教学过程中转化为师生的具体行动。任何一种教学策略都是依据具体的教学目标而制订,并有着与之相应的方法、技术以及实施的程序。教学策略不仅是一种教学参考,也是一种教学依据。因此,教学策略应具有可操作性。

3.综合性

教学策略并非单一的教学实施策划,而是一种综合性的策略。它既包括对教学活动的元认知过程,也包括教学方法的执行过程和教学活动的调节过程;②而且,这三个过程相互作用和影响,是彼此关联的整体。因此,在教学策略的实施过程中应随时对上述三个过程予以关照,依据各个过程产生的变化而及时做出调整,以实现三个过程的有效整合,充分发挥教学策略的作用。

4.灵活性

在教学过程中,教学策略并非一成不变。虽然同一策略可以解决不同的问题,不同的策略也可以解决相同的问题,但在教学过程中会发生各类无法预料的情况和问

---

① 丁步洲.课堂教学策略与艺术[M].重庆:重庆大学出版社,2013:2.
② 周海银.教育教学知识与能力 小学[M].5版.北京:中国经济出版社,2014:280.

题。教学策略的制订和实施应根据教学环境、教学内容等的变化而变化。如果教学策略保持固定不变,则不能对各类突发的情况和问题进行有效的解决。因此,教学策略是具有灵活性的,教学中并不存在固定的、大而全的教学策略。

5.层次性

教学具有不同的层次。不同的教学层次则有不同的教学方法与手段,因而不同层次教学的策略也要相应发生变化,教学策略也就具有了层次性。不同层次的教学策略,在适用范围、适用条件以及发挥的作用等方面均有所差异。对于教师而言,应针对不同的教学层次制订不同的教学策略,以保障教学的顺利实施。

二、教学策略的类型与设计依据

(一)教学策略的类型

按照构成教学活动的主要因素,教学策略可分为内容型策略、形式型策略、方法型策略、任务型策略和综合型策略。[1]

1.内容型策略

内容型策略即根据教学内容的程度和内在逻辑结构安排教学活动的策略。例如,奥苏伯尔基于同化学习理论,认为教学应根据其内容采用序列化的策略,首先呈现先行组织者,然后紧接着呈现更详细、更具体的相关概念。教学应从一般到具体,学习者能够将新的详细的知识与头脑中已有的一般的、概括性更强的知识联系在一起,形成一种稳定的认知结构。

2.形式型策略

形式型策略是以教学组织形式为中心的策略。有的以集体教学形式、个别学习形式和小组教学形式为中心安排教学环节;有的以教师、学校为中心策略和学生为中心策略组织教学;还有的则以时间中心、学习者中心、任务中心策略来组织教学。

3.方法型策略

方法型策略是以教学技术和方法为中心的策略。例如,有的研究者将教学步骤分为讲解策略(包括呈现信息、检查接受、提供机会、应用)和经验策略(包括提供表现行为的机会、检查对因果关系的理解度、检查对原理的理解度及应用)。两种主要教学策略之间产生许多变式,从而进一步构建其整体策略。

---

[1] 周海银.教育教学知识与能力 小学[M].5版.北京:中国经济出版社,2014:280.

4.任务型策略

任务型策略主要是以教学任务或学习类型为中心实施教学策略。有学者主张围绕教学任务,针对不同的学习目标采取不同的教学措施,包括讲解性策略、联系性策略、问题定向性策略和综合能动性策略。

5.综合型策略

综合型策略与前面所述的四种类型不同,不是以教学过程的某个组成因素为中心,而是从教学活动的整体出发综合地展开教学策略。例如,一些研究者提出了着眼于自主、合作与探究的教学策略;着眼于理解、解释和体验的对话教学的策略;着眼于反思性实践的教学策略;着眼于发展学生优势的教学策略;等等。

(二)设计教学策略的依据

总体而言,教学策略应依据以下五个方面进行设计。

1.教育政策

国家层面的教育政策是所有教学活动应遵循的原则和依据。具体而言,国家颁布的课程纲要、课程标准、教学指南等是设计教学策略必须考虑的重要依据。设计教学策略应紧密围绕党的教育方针、政策展开。

2.教学目标与任务

在国家总的教育方针、政策的指导下,各科目的教学有着不同的教学目标和教学任务。而这些目标和任务,并不能仅仅依靠一种教学策略去完成。因此,在教学策略的设计中,应依据不同科目教学的具体目标与任务来进行。如,小学阶段与初中阶段的语文教学在目标和任务上有着明显的差异,因此所需要采用的教学策略也应相应有所不同。

3.教学内容

一方面,各科目的教学内容具有各自的特征,对于不同特征的教学内容应采用不同的教学方式以保证良好的教学效果;另一方面,在同一科目中,不同学段的教学内容与学生的身心特征、认知特点相匹配,各阶段的教学内容亦不相同,呈现出层次递进、前后衔接的态势。因此,教学策略应依据不同学科教学内容的特征,以及同一科目在不同阶段教学内容上的不同来进行设计。如,七年级语文教学与数学教学应设计不同的教学策略;而七年级的语文教学与八年级的语文教学也应设计不同的教学策略。

4.学生情况

在教学中,一切教学活动都需围绕学生展开。教师"教"的目的在于学生的成长,但学生的基本条件和个性特征并不相同,接受能力也有所差异。因此,教学策略要适应学生不同的实际情况。教学策略的设计要充分考虑学生在智力、能力、学习态度等方面对某种教学策略的准备水平,以更好地发挥教学策略的作用,促进学生进行有效学习和获得身心发展。

5.教师自身素养

教学策略的运用是要通过教师来实现,但是,不仅学生在身心发展上有所不同,教师与教师之间也存在个体差异。相同的教学策略在不同的教师那里未必能收到同样的效果。因此,教师在设计教学策略时要充分考虑自身的素养,要对自己的学识、能力、性格等方面所具备的条件做出准确判断,要尽量能扬长避短,设计和选择最适合自身基本条件的教学策略。

第四章

现代课堂教学技能的方法论

　　教学方法是在教学过程中,教师与学生为了实现特定的教学目的和教学任务要求,在教学活动过程中采取的所有行为方式的总称;[1]而方法层面的课堂教学技能是教师与学生为实现教学目的,完成教学任务所采用的一系列手段和一整套方式。它主要解决教师"怎么教"和学生"怎么学"的问题,是具有综合性的教学技能。对于任何一门课程而言,方法层面的教学技能都不会是单一地应用某一种,而是多种技能的综合应用。

第一节　课堂教学中的讲授

　　讲授,是课堂教学中最主要,也最常用的教学方法。教师具备良好的讲授能力,能用准确清晰的语言来传递信息,往往有助于学生对教学内容的理解和接受;教师富有条理和逻辑严密的语言表达,也有助于学生形成良好的思维能力。正所谓"言近而指远者,善言也……君子之言也,不下带而道存焉"[2]。本节主要就课堂讲授技能的类型,以及课堂教授的基本要求进行探讨,以帮助读者进一步提升课堂讲授技能。

---

[1] 胡庆芳.优化课堂教学:方法与实践[M].北京:中国人民大学出版社,2014:5.
[2] 孟子.孟子.[M].2版.哈尔滨:北方文艺出版社,2018:221.

一、语言、言语与课堂讲授

(一)语言与言语

语言是人类特有的交流思想的工具。语言是表示物体、经验和思想的符号,是由语音、词汇(包括音、形、义)和语法规则所构成的复杂的符号系统。首先,语言是由词汇构成,每个词又与概念不可分割地联系在一起,词汇系统以客观事物的意义为基础,这种意义系统对人们反映外部世界有重要意义。从这个意义上讲,作为一种交际工具的语言的真正的基础,就是词、语言所代表的事物意义的联系系统。其次,语法是把词代表的事物的意义系统地予以组合的规则。只有在领会词代表的意义和语法系统的基础上去掌握和运用一种语言,方能进行交际和交流思想的活动。

言语是个体借助语言材料传递信息、交流思想、表达情感或影响别人的过程,是对语言工具的运用,是人类特有的一种交际活动。言语就其表现形式而言,通常有口头言语、书面言语和内部言语。口头言语是指个体凭借自己的发音器官发出语音来表达思想和情感的言语。它主要有对话言语和独白言语两种形式。书面言语是指个体用文字来表达和交流思想、情感的言语。内部言语是一种对自己发出的言语,是一种以自己的思想活动作为表达对象的言语形式,其最大特点是发音的隐蔽性。

语言和言语是有区别的:语言是工具,言语是对这种工具的运用过程;语言是社会现象,是社会发展的产物,具有社会性和较大的稳定性;言语是个体心理现象,是个体发展中学习的结果,具有个体性和多变性,不仅每个人有自己的言语风格,而且同一个人在不同的场合,其言语表达方式也不相同;语言是语言学研究的对象,言语则是心理学研究的范畴。

语言和言语也是密切相连、互为依存的:言语不可能离开语言而存在,离开语言这种工具,人就无法表达自己的思想和意见,也就无法进行交际,言语活动也就无从谈起。语言也离不开言语,因为任何一种语言都必须通过人们之间的言语活动才能体现其功能,语言也是在言语交际中形成并发展起来的。

(二)教师言语与课堂讲授

教师言语是指教师这种社会角色在自己所从事的职业活动中进行的言语活动,这种言语活动广泛地存在于教育工作的各个方面,在课堂教学、个别指导、批阅作业、编写教案等活动中,都大量存在教师的言语活动。

课堂讲授是教师言语的一种主要表现。课堂讲授是指教师在课堂教学中,为向学生施加特定影响而进行的言语活动。这种言语活动既有一般言语活动的共同性,也有受教师职业性质与特点所决定的特殊性:其一,课堂讲授是在教师(教育者)与学生(受教育者)之间进行的交际活动;其二,这种交际活动主要是围绕教学信息的传递——教学内容的被接受而进行的;其三,这种交际虽是双向的,但往往是以教师向学生传递为主;其四,从这种言语活动的类型来看,在课堂讲授中虽然伴有大量的书面言语的交际形式(如板书、笔记等),但口头言语交际仍是最重要的交际形式。因此,可以认为,教师课堂讲授言语是书面言语与日常口语的加工与提炼,是对话言语与独白言语的完美结合,是专业言语与普通言语的有机组合。

1.教师课堂讲授言语是日常口语和书面言语的提炼与加工

教师课堂讲授言语兼有日常口语和书面言语的属性。首先,课堂讲授言语与日常口语相比,其传声性和表情性的特征是一致的。就其传声性来说,二者都通过声调的高低、强弱,语气的缓急、长短等,来增强言语的活力,在语流进程中,显示出千姿百态,使所反映的事物更加生动、具体、绘声绘色。就它的表情性来说,二者不仅可以利用词和句子来表达自己的思想感情,还可以通过声调的变化,用手势、表情、动作、姿态等来表情达意。但是,日常口语的情境性很强,缺乏严密的逻辑性,而且多使用短句和简略句。而课堂讲授言语则要求完整性、准确性、逻辑性,生动而有条理。这些特点又成为课堂讲授言语与书面言语的共同之处。但与书面言语相比,课堂讲授言语则又更加生动活泼、通俗易懂、深入浅出,避免了表现手法单一的毛病。

2.教师课堂讲授言语是对话言语与独白言语的完美结合

对话言语是一种谈话双方相互支持的言语。在对话过程中,交谈者互为发言者,互为听众,各自都以对方的肯定、否定、赞同、反对等来支持这种言语的进行。而且在对话过程中,交谈者还要借助手势、表情、音调的变化进行辅助性交流。因此,对话言语具有较大的情境性。独白言语是在对话言语的基础上发展起来的,是讲话者面对众多听众进行的言语活动,没有交谈者的应答作为支持,只靠自己说话的主题和吐露的词句作为支撑,这种言语活动必须服从逻辑思维的要求,表达的意思要完整、前后呼应,语言结构要严谨。因此,运用独白言语要有充分的准备。

课堂讲授是对话言语与独白言语的完美结合,既具备两者的优点,又能克服这两种言语的不足。因为,在课堂讲授中,教学独白式言语也需要进行师生的双向交流,随时根据反馈信息调控自己的言语活动。同时,对话式的言语又需服从教学目标、任务,更加准确严谨,富有逻辑性、规范性。

3.教师课堂讲授言语是专业言语与普通言语的有机组合

专业言语是具有特定使用范围的语言变体的统称,是不同专业或行业领域特用的语言;而普通言语(日常语)则是无须专业知识都能听懂的与日常生活密切相关的语言。教学语言兼具这两种语言的特点。因此,教师的课堂讲授必然受学科性质和教师职业性质的制约,具有专业言语的特点;同时,这种课堂讲授又必须深入浅出、通俗易懂,有利于学生的理解和接受。从这个意义上讲,教师的课堂讲授言语活动兼具专业言语和普通言语(日常言语)的特点。

(三)课堂讲授言语技能的作用

教师的课堂讲授言语技能是教师基本技能的重要组成部分,其作用主要体现在两个方面。

1.教师课堂讲授言语技能直接影响教育教学质量

教师对学生施加多方面的影响主要是通过其言语活动来完成的。教师能否准确、清晰、通俗地表达所传递的信息,直接影响学生的接受水平和理解程度,并影响教育教学工作的成效和教育教学质量的高低。

2.教师课堂讲授的言语技能影响着学生的表达能力

教师的言语活动对学生而言,具有示范性的特点,这一特点主要表现在教师的言语表达方式会直接成为学生模仿的对象。因此,教师的条理性强、逻辑严密、说理充分的言语讲授有助于学生逐渐学会周密、严谨的表达方式,养成认真、富有条理的言语表达习惯,进而培养学生的良好思维能力。

二、课堂讲授技能的类型

课堂讲授的类型是指根据一定的标准对教师的课堂讲授技能所划分的种类。由于划分的标准不同,可以将教师课堂讲授技能进行多种形式的划分。在教学实践中,常常根据课堂讲授的具体特点和方式将课堂讲授技能划分为课堂讲述技能、讲解技能、讲读技能和讲演技能四种类型。

(一)课堂讲述技能

课堂讲述是教师通过叙述事实材料或描绘所讲对象的特点,向学生传授知识观点的一种课堂讲授技能,课堂讲述技能在中小学各科教学中均可应用,尤其适用于材料性学科的教学。根据讲述的特点可以将讲述分为叙述式讲述和描绘式讲述。叙述式讲述在文科课程教学中主要用于叙述学习要求、政治事件、社会面貌、时代背景、人物关系、故事梗概、写作方法、历史事实、地理状况等;在理科课程的教学中主要用于说明自然现象、生产过程、物体的结构和功能或者解释它们的原理。叙述式讲述的言语技能要求条理清楚,注意突出重点和关键部分,对于事物、现象发生的顺序与结构必须有明确具体的交代。

另外,要注意语言的简洁明快、朴实无华,遣词造句要通俗易懂、形象生动,充分发挥言语直观的作用。描绘式讲述是在叙述式的基础上增加许多修饰的成分,以增强语言的感染力,唤起学生的想象与情感,使其更好地感知教材。这种方法常用在语文课的讲述中,历史、地理课中也常可插入描绘式的讲授。在理科教学中的某些特殊情况下也可运用描绘式讲述的技能。例如简短而生动地讲述与课题内容密切相关的科学家的小故事,可以集中学生的注意力,使之对课题产生持久的兴趣。运用描绘式语言技能进行教学,除要求条理清楚、用词准确外,语言还要细腻形象、生动有趣,而且,语调、语速应随内容的变化有所起伏,高低适度,舒缓得当。

(二)课堂讲解技能

讲解是指教师通过说明、解释、论证来分析教学内容,帮助学生理解知识的方式,如解释概念、规则,论证公式、定理,等等。这种讲解技能在各科教学中被普遍采用,特别是在数学、物理、化学、生物等自然学科的教学中应用更加普遍。在实际教学中,讲述和讲解的方式经常交织在一起进行综合运用。讲解与讲述的不同之处在于,讲解不是讲事,而是讲理,重在解决"为什么",并侧重发展学生的抽象逻辑思维能力。课堂讲解常用的方式有解说式、解析式、解答式等几种。解说式一般用来讲解无须定量分析的理论知识,在文科教学中运用较多。它是运用学生丰富的感知或从新旧知识的联系上来理解概念的一种讲解方式。解析式是解释和分析规律、原理和法则的主要方式,常常伴随严密的逻辑推导。因此,也是基础知识教学和基本技能训练的重要方法。解答式是以解答问题为中心的讲解方式,有一定的探索性,常用于习题课上纠正学生作业错误时的讲解。

运用课堂讲授技能应注意:首先,语言的逻辑性要强,力求层次分明,充分说明各事物、现象和结论之间的因果关系。在分析问题时,要突出重点,一针见血地道出问题的实质。其次,在做结论时,语言要简练、准确,具有高度的概括性。最后,注意对重点问题还要通过声音抑扬顿挫的变化,不同措辞的重复加以强调。在解答问题或纠正错误时,多用启发性的语言,以激励学生独立地分析问题和解决问题。

(三)课堂讲读技能

讲读是教师在讲述、讲解过程中,指导学生结合教学内容进行阅读的一种教学方式,其特点是讲不离文,讲读结合,特别适用于要求口头训练的课,因而在语文、外语教学中被普遍采用。运用讲读的语言技能,一方面,教师要注意进行精讲,讲重点、讲难点、讲思路、讲方法,帮助学生深刻理解。另一方面,运用讲读技能的重点在"读"。首先,教师要进行范读。教师的范读除要具备发音准确、句读分明、速度适宜、节奏鲜明、语调恰当等基本条件外,还必须饱含深情,能真正做到以情感人、以情动人。教师在范读时,要掌握好分寸感,做到适度、得体,切忌过分夸张,装腔作势。其次,教师要指导学生进行多种形式的阅读。从要求上看,可以将精读与泛读结合起来。对于一般性内容,可以泛读,意在开阔视野,增加储备;对于重点内容则应精读,甚至能熟练地背诵,意在加深理解,深化认识,真正内化为学生自己的知识结构。从方式上看,应该将朗读与默读结合起来。对于叙述性或说明性材料,以默读为主;对于情节性或富有鼓动性的材料,以朗读为主,甚至将朗读与角色扮演结合起来,使学生如身临其境,产生强烈而深刻的内心体验。此外,在阅读过程中教师还应注意适时向学生提出问题,使其带着问题阅读,以帮助理解。

(四)课堂讲演技能

讲演是教师通过深入分析教材,揭示其内在联系,论证事实,做出科学结论,在向学生传授系统知识的同时,培养其正确的立场、观点、方法的讲授方式。它与讲述、讲解、讲读的不同之处在于,其涉及的内容范围更深、更广、更具前沿性。因此,这种讲授技能常在大学及中学高年级的教学中采用。

首先,由于讲演所需时间较长而且集中,加之讲演形式单一,中间很少插入其他活动。因此,在运用课堂讲演的语言技能时要求除具有逻辑性、科学性外,还应具有启发性,能有效调动学生学习的积极性、主动性,启发引导学生积极思维、独立思考,避免满堂灌,造成学生消极被动地接受知识而抑制学生的创造性,阻碍思维的发展。其次,在运用讲演技能时,语言还要有趣味性。教师幽默风趣的讲授,能使学生在兴奋的情绪中,兴趣盎然地汲取知识,而不会因为时间过长而降低学习兴趣。再次,讲演时还应将口头言语与其他言语形式相结合,如恰当运用板书,对口头讲授进行补充说明,使学生加深对学习内容的印象,从而提高演讲效果。如能合理运用现代声光电教学手段进行演示,讲演的教学效果会更加明显。

三、课堂讲授技能的基本要求

(一)语言准确明晰、具有规范性

这是要求教师上课要用准确、明晰、规范的语言进行教学内容的表达。准确性,即要求语言正确、鲜明、恰当。在运用时要做到选词精当、词汇丰富、组词合理。例如,周恩来总理1954年在日内瓦会议上有这样一段讲话:"我们认为美国的这些侵略行为应该被制止,亚洲的和平应该得到保证,亚洲各国的独立和主权应该得到尊重,亚洲人民的权利和自由应当得到保障,对亚洲各国的内政干涉应该停止,在亚洲各国的外国军事基地应该撤除,驻在亚洲各国的外国军队应该撤走,日本军国主义的复活应该防止,一切经济封锁和限制应该取消。"在这段话里,周总理分别用了"制止""停止""防止","保证""保障"和"撤除""撤走""取消"三组同义词,运用得非常贴切、严密而准确,为我们提供了一个很好的范例。另外,教师在课堂讲授中应该用好学术语言。因为,科学知识是反映客观规律的知识体系,每一门学科都有自己的理论体系,并通过这些理论体系来揭示客观规律,各门学科都有自己特有的概念、范畴和表达方式,从语言的角度来说,就是专业术语或学术语言。只有使用各学科专业术语进行教学,才能使语言准确简练,具有科学性和规范性,才能使学生掌握系统完整的知识体系。

(二)讲授严密,具有逻辑性

这是要求课堂讲授要能够准确地使用概念、恰当地进行判断,严谨地进行推理,做到层次分明,具有内在的逻辑性。因此,进行课堂讲授时首先要使讲授内容符合事物发展的客观规律,教师在考虑问题和运用语言来说明问题时,应该把事情的前因后果、来龙去脉及发展变化说明白,使其具有逻辑性,切忌颠三倒四、支离破碎、前后重复或自相矛盾。其次,课堂讲授过程还应该符合思维规律,并能体现学科自身的内在联系。要求教师的思维和语言表达,既能体现知识的整体联系,又能体现知识的逻辑论证过程,做到思路清晰、有条不紊、层次分明,使讲授的内容和讲授过程具有较强的逻辑性。

(三)语言生动活泼,具有趣味性

讲授语言的趣味性要求教师上课时使用生动活泼、诙谐幽默的语言,结合教学内容,进行生动的叙述、形象的描绘。有关调查资料表明,几乎所有的学生都喜欢具有幽默感的教师,而不喜欢语言平淡无味、表情呆板冷漠的教师。一方面,教师诙谐风趣的语言可以含而不露地启发学生联想,出神入化地推动他们领悟知识,在良好的教学气氛中,学生轻松愉悦地进行学习,从而顺利地达到教学目的。另一方面,教师幽默的语言可以培养儿童的幽默意识。据加拿大心理学家里科特的一项教育实验表明:幽默可以使儿童的神经活动增强,不仅可以提高身体的抗病力,而且有助于智力的发展。具有幽默感的儿童,心胸开阔,思维活跃,思路敏捷,具有摆脱困境、克服困难的信心和勇气。因此,教师用风趣的语言进行讲授,是对学生幽默感进行感染和熏陶的最好方式。在这方面,毛主席和鲁迅先生为我们树立了学习的典范。他们无论是写文章,还是作演说,都能引古喻今,化陈为新,既有辛辣的讽刺嘲笑,又有妙趣横生的比喻引证,真正做到了"嬉笑怒骂皆成文章",形成了独特的语言风采。

但是教学语言的趣味性应该注意分寸、界限和场合。课堂讲授毕竟不同于喜剧演员的表演,如果刻意追求风趣与笑声、装腔作势、哗众取宠,反而会打断学生的思路,妨碍他们的联想与想象,分散注意力,干扰学习进程,导致一无所获。讲求教学语言的生动有趣还应注意避免流于庸俗、低级,甚至污言秽语,污染教学环境。教学语言的趣味性应做到生动有度,活泼有节。

(四)针对学生实际,具有可接受性

课堂讲授要有针对性与可接受性,即教师要根据学生的知识水平、心理特点,采用学生能够接受的语言进行讲授。讲授的针对性与可接受性相辅相成、密不可分,只有考虑到学生的实际情况,教师的课堂讲授才是学生能够接受的。学生能够接受的课堂讲授,必定也是针对了学生的知识水平、能力发展、心理状态等具体实际情况而进行的讲授。因此,教师在讲授时,应因人、因时、因地、因事而定,决不能千篇一律,重复一个调子。

首先,课堂讲授的针对性与可接受性表现在教师应根据不同学科的特点,使自己的课堂讲授能体现所教学科的风格和特点。文科教师的言语特点通常是叙述说明多于论证推理;而理科教师的言语特点则是论证推理多于叙述说明。因此,文科类课程强调教师课堂讲授的言语要准确鲜明、生动形象;理科类课程则强调教师言语要严谨、精练、富有逻辑性。

其次,课堂讲授的针对性与可接受性还表现在课堂讲授要考虑不同发展水平学生的身心发展程度和知识水平。不同年级的学生,除有不同的知识水平外,还有不同的年龄特点。学生的年龄特点决定着学生不同的接受能力。相对来说,小学生或中学低年级学生接受能力低,他们的学习活动往往从直接的兴趣、爱好、感情出发,教师应多用富于形象的语言去教育他们。中学高年级学生接受能力较强,教师则宜多用生动活泼的、说理性强的语言去教育他们。

再次,课堂讲授的针对性还表现在课堂讲授应照顾不同学生之间和男女学生之间的差异。由于学生的个别差异客观存在,必然在学习上表现为优等生、中等生和后进生的区别;由于学生思想意识的差异和所处社会、家庭的不同影响,必然出现思想认识水平的差异。针对这些差异,教师在课堂讲授时应注意区别对待。学习较好、思想进步的学生,或多或少地存在着优越感,教师在运用言语技巧时宜多用激发其继续努力、不断进取的语言。对于那些学习能力低、自卑感较强的学生,教师在运用言语艺术时,就不宜多说带有刺激性的话,语气要平和、体贴,多表扬、少批评,防止增加学生的心理负担。此外,男女学生的性格特征也存在明显的差异。一般来说,男同学性格粗犷,说话直接,接受外界事物刺激反应较小,教师可多用些较为严厉直接的语言。而女同学

性格温和、感情细腻、敏感、体验深刻,教师在言谈中稍不注意,就容易伤害其自尊心,因而对女学生则宜用细致而委婉的言语技巧。

(五)完美和谐,具有艺术性

教学是一门艺术,教学的艺术集中地体现在教师的课堂讲授中。课堂讲授的教学言语要做到声、情、意的和谐统一,具有高超的艺术性。

课堂讲授的艺术性首先表现为讲授言语的语音美,即讲授要口齿清楚,发音准确,吐字清晰;音质悦耳,嗓音甜润优美,富于变化;音量适度,逐渐形成控制音量大小的"空间感"和"距离感",能根据学生人数的多少和教室的大小来调节自己的音量;音高合理,根据需要处理好声音的高低和升降的变化,不仅使语句抑扬顿挫,具有其感染力,也有助于表情达意;语速恰当,语速快慢受教学对象、教学内容和教学环境的制约。从教学对象的年龄因素考虑,给小学生上课,语速宜慢,而给中学高年级或大学生上课,语速可稍快些。从教学内容因素来考虑,浅显易懂的内容讲授语速可较快,深奥难懂的内容语速宜较慢。从教学环境因素看,距离远、空间大的教学环境,语速要相应地放慢。其次,讲授的艺术性还体现在善用停顿上。停顿像乐曲中的休止符一样,可以增加语言的音乐感。在讲授的重点难点和问题的承转处,可略加停顿,造成悬念,引起学生的注意,使字字句句在学生头脑中留下深刻印象。同时,也可用停顿来调节课堂教学的节奏,使之张弛有致。最后,课堂讲授的艺术性还表现为讲授内容的意境美。课堂讲授中要做到语言准确、简明、通俗,构成鲜明清晰的意境美;深入浅出,变静为动地讲解,构成形象生动的意境美;内容深刻,饱含哲理,构成意蕴深邃的意境美;通过语言状物抒情,绘声绘色,构成情景交融的意境美。

总之,教师的课堂讲授既有一系列的技能要求,也是一门高度综合的艺术,它集语音美、意境美及情感美、讲态美等于一体,融规范性、逻辑性、趣味性、针对性、艺术性于一身,从而使课堂讲授既有学者的严谨、深邃,也有演说家的富有激情和鼓动性,还有教育家的适度、得体、富有启发性。

第二节 课堂教学中的问答

问答,是课堂教学中师生相互交流的一种重要方式。教师所提出的问题的质量和提问技能的高低,将直接影响学生对问题的回答,也将直接影响到课堂教学的效果。因此,教师问答技能的训练是课堂教学技能训练中的重要组成部分。

一、课堂问答技能的意义与基本类型

教师问,学生答,在课堂教学中是极其普通的事情。这看似简单的一问一答,如果教师运用恰当,在课堂教学中就会起到"画龙点睛"的作用。教师课堂问答技能包括两个方面:一是教师的课堂提问技能,二是教师的课堂回答技能。提问技能是教师问答技能的重要方面,本书着重围绕教师提问技能,论述它的意义、种类和应用要求。在问答的语言运用中,探讨教师的回答技能的训练。

(一)提问的含义

1.什么是提问

给提问下定义,似乎是很容易的,有人把它说成是获得信息,有人把它说成是激励思考。事实上,它并不是那样容易下定义的。

为了了解教师观念中的提问,心理学家瑞格(Wragg)曾邀请5所学校的36位教师(其中,11位语文教师,9位数学教师,4位外语教师,4位地理和历史教师;其余的是艺术、手工艺、家政和国民经济的教师)并对他们进行了一系列调查,其中要求回答的一个问题是"能否为提问下一个定义"。

教师对这个问题的回答,分歧很大,归纳起来共有三种看法:第一,认为没有必要也无法为提问下一个定义,正如一位教师在回答中所说的那样:"我认为几乎不可能给提问下一个定义,提问的技巧随着教师的心境和课堂的气氛而变化。能力、水平、儿童的个性、一天中的什么时候和在什么地方上课等等都影响着我们所提的问题。"第二,命令与问题不同,任何形式的叙述句,只要它带有命令的性质,就不是问题。因此,我们在进行提问时,必须把言语反应的命令句和问题区分开来。第三,"提问是试图引出言语反应的任何叙述句"。比较三种不同的观点,第三种观点更有说服力。但是,仅把提问局限于"叙述句"形式,显然这排除了"体势语言"等形式。因此,提问是试图引出言语反应的任何信号。

2.提问的特征

提问的特征主要包括以下三个方面。

一是,提问是教师组织教学、教育过程的重要方法,没有提问的教学是不完整的教学。

二是,教师通过各种方式,引起学生的反应,这些方式可以是明确的言语提示,也可以是教师的身体语言。

三是,教师提问的目的在于引起学生的积极反应,以达到组织教学的目的。

(二)课堂问答技能的意义

有经验的教师,几乎每节课都要精心编制不同水平、形式多样、发人深思的问题,选择恰当的时机,进行提问。早在1912年,心理学家史蒂文斯第一个在他的报告中指出,教师大约每天提出395个问题;而且,在教师之间,提问的比例有很大的差异,主要视学生的年龄、能力以及教师的经验而定。[①]瑞格对教师为什么提问进行了深入的研究。他通过调查教师在一个特定的时间提问的理由,来了解教师课堂提问的作用。他要求接受调查的36位教师各自提供5个问题,这些问题是他们在当天的一节课内提出来的,然后要求他们说明提出这些问题的原因。其调查结果如表4-1所示。

表4-1 教师提出特殊问题的原因

	原因	人数/个
U	鼓励思考,理解观念、现象、过程和价值	33
Ch	检查学生的理解、知识和技能	30
G	把注意力集中在任务上,以便学生及时发现教学要点的变化	28
R	回忆已有的知识、评价,纠正和加强当前的学习观点	23
DM	便于课堂管理,终止学生私语,使学生的注意力指向于教师和课本	20
T	通过个别学生的回答,引导整个班级的教学	10
J	给每个学生有回答问题的机会	10
Bp	提问聪明的学生,借以鼓励其他人	4
D	帮助后进学生	4
Py	在评论性的回答后检查学生知识,改变提问的角度	3
O	允许学生情感、观点和移情作用的表现	3
Q	无目的、无意图、缺乏逻辑性、学生难以辨认	2

国内学者认为教学过程中的课堂问答直接影响课堂效果。教师的课堂提问水平直接体现其教师专业能力,同时好的课堂提问亦是促进学生思维发展的重要手段。按层次水平划分,作者将只需要学生运用简单的知识、记忆,不需要太多思考的问题,称为低水平提问;而将直接指向课堂重难点,需要学生充分思考且需要调动已有知识经验进行推理的问题称为高水平提问。从提问的性质划分,分为核心问题和铺垫问题。核心问题则为围绕教学重难点而设计的问题,铺垫问题则是为了核心问题服务的,为推进教学活动有序进行。提问的方式也可分为自问自答、一齐回答、一问一答、一问多

[①] 姜曙光.教师掌控课堂的技巧[M].长春:东北师范大学出版社,2010:176.

答等方式。提升教师课堂提问效能首先应该根据教学目的,确定提问顺序;其次应当围绕教材的重难点,科学设计问题;再次根据学生的回答,选择反馈策略;最后运用鼓励评价,营造尊重氛围。提问是教师在课堂教学中设疑、答疑,这种教师问学生回答的方式,构成了教与学的信息交流反馈的过程。因此提问对教与学都起着积极的促进作用。

1. 提问对教师教学的作用

从现代信息论的观点来看,提问是信息的输出,学生解答问题的过程是对输入信息的处理,回答问题是将处理结果反馈给教师。从这个意义上讲,提问在教师教学中的作用有以下几点。

(1)传递信息

教师传授知识,是信息的传递,每一节课都有教学的知识点、重点、难点,教师提出的问题往往都选在这些知识点上。通过提问,教师将这些知识传递给学生,并通过教师的教学行为实现重点的突破和难点的强调。

(2)获得反馈信息

教师提出问题,寻找不同层次的学生回答,从他们的表情和神态上观察他们对知识的掌握情况;从学生回答问题的方式、内容上,了解他们的理解程度和知识巩固情况,了解他们的思维水平、言语表达能力以及技能的掌握情况等。通过反馈信息的掌握,教师可以随时针对学生学习的具体情况,调整自己的教学策略。

2. 管理课堂

教师通过课堂提问,可以集中学生的注意,终止学生的私语,使学生的注意力指向于教师的教学内容。

3. 提问对学生学习的作用

(1)激发求知欲

提问可以把学生带入"问题情境",从而激发学生的求知欲。求知欲是学生探索知识的积极心理状态。求知欲强烈的学生,能积极主动地探索知识。创设问题情境是激发学习动机,培养求知欲的一种重要方法。

(2)促进学生的积极思考

学生的学习,实质上是一个不断发现问题和解决问题的过程,而这个过程是大脑进行思维活动的过程。亚里士多德提出思维自惊奇和疑问开始。因此,提问能激发学生思考,引起认识上的矛盾,从而引发学生的积极思考。

教学不但需教师设疑,还需学生质疑。教学就是使学生从"无疑"到"有疑",从"有疑"到"无疑"的过程。

(3)引导学生的学习

学生在学习中有时抓不住重点,有时脱离教学中心,这些就需要教师予以指导。提问是教师引导学生学习的最有力的方式。教师通过提问,把教学的重难点突出来,从而达到引导学生学习的目的。

(4)培养学生的表达能力

对教师提出的问题,学生是一定要用语言来回答的。面对教师的提问,学生需组织自己的语言予以回答,学生的语言表达能力从中得到锻炼。

(三)课堂问答技能的基本类型

20世纪以来,心理学家对提问的类型进行过种种思索。早期的观点,把提问分成两大系统:"开放与封闭"和"记忆与思索"。开放性的问题允许有广泛的反应范围,不仅包括认知的要求,还包括情感的表现,移情作用、态度和价值。"在课堂上,学生未经允许讲话,你怎么办?"这就是开放性问题的一个例子。封闭性的问题只有一个正确的或最佳的答案,它要求学生在一个狭窄的范围内做选择,如"太阳系有几大行星?"。心理学家巴恩斯认为,在开放性问题和封闭性问题之间还存在第三种类型——"假问题"。它表面上是开放的,但常被教师用于寻求一个独特的答复。

记忆性问题需要学生回忆已有的信息,它是教师最经常提问的一种类型。相反,思考性问题需要学生运用已有的信息去创造新的信息。一般说来,60%以上的教师在提问中关心的是事实的记忆。为什么教师倾向于提有关记忆的问题呢?首先,学生熟悉的内容是容易回答的;其次,记忆性的问题和思考性的问题相比,教师所花的时间要少,所付出的精力要少;最后,从某种意义上讲,思考性问题能提高课堂讨论的水平,但不能提高考试所需要的成绩。瑞格发现,尽管教师也承认,思考性问题与学生的进步是成正比的,但他们在实际提问时,每5个问题当中,有3个是检验已有知识的,1个是属于课堂纪律或管理的,只有1个是属于思考性的。至于把开放性和思考性两大系统结合起来的问题,在现今的课堂教学中是微乎其微的。

20世纪50年代以后,最广泛采用的提问类型是布鲁姆的认知分类系统。布鲁姆把提问分成"记忆""理解""应用""分析""综合""评价"六种类型,这种分类粗略地描绘了问题类型的层次。

下面根据教学实际,介绍常用的几种分类。

1.诱发探究新知识的提问

编拟诱发、探究性的问题,引导学生观察、钻研,从而由此及彼,由表及里,逐步认识事物的本质。例如,讲世界史上的"开辟新航路"时,联系中国史上的"郑和下西洋"

提问:"既然郑和下西洋较之哥伦布等的航海冒险活动有着'时间早''规模大''航程远'这样三个特点,那么为什么在整个世界历史上,郑和下西洋反而没有新航路开辟的地位显要呢?"这个问题十分尖锐,发人深省。

2.低级认知提问

低级认知提问是侧重于检查知识掌握情况的提问,一般学生用所记忆的知识照原样即可回答。它包括回忆性提问、了解性提问、简单应用性提问——要求学生把学到的知识和技能直接运用于某一问题。

(1)回忆性提问

让学生回想已学知识或生活经历,为学习新知识提供材料的提问。在讲梯形中位线定理时,提问与此新知识相关的旧知识。教师首先问:"三角形中位线定理是什么?"在提出梯形中位线定理后,还可问:"能否用三角形中位线的性质,来证明中位线定理呢?"这样,使学生围绕三角形中位线的性质积极思考,探索本定理证明的思路,使之悟出引辅助线证明定理的途径。

(2)了解性提问

检查学生对新知识认识掌握程度的提问。例如,学生学完《夜间飞行的秘密》(部编版小学语文四年级上册)后,教师可以这样提问:"蝙蝠能在夜里飞行的秘密是什么?"在教学中教师经常用类似的问题来检查学生对课文的掌握情况。

(3)简单应用性提问

建立一个简单的问题情境,可以让学生用新获得的知识和已掌握的旧知识来解决新问题的提问(即"举一反三"的提问)。例如,学生学习课文《延安,我把你追寻》(部编版小学语文四年级上册)时,教师引导学生总结出理解语句的基本方法:读句子,找词语,说理由,表感情(板书到黑板上)。然后,教师问:"下面的语句表达了怎样的思想感情?'追寻你,延河叮咚的流水,追寻你,枣园梨花的清香,追寻你,南泥湾开荒的镢头,追寻你,杨家岭讲话的会场'"(四个"追寻"抒发了诗人继承和发扬延安精神的迫切心情,歌颂了中国人民在艰苦的革命斗争中形成的革命精神)。

3.高级认知提问

高级认知提问是侧重于创造知识的课堂提问,一般学生要通过思考推理判断才能寻求到正确的答案。它包括理解性提问、综合性提问、评价性提问以及引发讨论的提问等等。

(1)理解性提问

理解性提问要求学生对学过的知识进行解释和重新组合,能揭示问题的实质。例如,历史教师讲完《美国独立战争》之后这样问学生:"怎样理解美国独立战争既是民族解放运动又是资产阶级革命这一性质?"

(2)综合性提问

综合性提问要求学生在头脑中将事物的各部分或个别特殊性联系起来,进行综合的灵活应用。例如,提问森林对人类有什么意义?破坏森林有什么后果?要求学生分析树木的光合作用给人类提供氧气,保持大气中氧和二氧化碳的平衡,根对土壤有保持水土的作用;森林与人类生活的关系,提供木材、防止风沙等。综合上述分析,可预见森林的破坏会给人类带来灾难性的后果。

综合性提问的表达方式是:如果……会是什么情况呢?例如,"如果南极的臭氧空洞继续无限制地扩大,未来人类的生活将会怎样呢?"

(3)评价性提问

要求学生建立正确的思想观念或评价原则,来评价他人的观点,判定方法的优劣等。例如,你认为散文好还是诗歌好,为什么?评价性提问的表述方式是:你认为……怎么样?为什么?例如,把不听话的学生调到讲台旁边坐,他的学习会怎样变化呢?为什么?

(4)引发讨论的提问

要求学生摆事实,讲道理,用证据支持自己的观点,反驳别人的观点。

例如,在讲"洋务运动"时,对于它在历史上所起的作用,教师可以这样提问:"洋务运动在历史上的作用是积极作用还是消极作用?"这样的问题可以激发学生思维,促进学生的讨论。

表4-2 课堂提问类型记录表

问题数量		问题类型										
问题总计		按范围分		按内容分		按认知水平分						
^	^	^	^	^	^	低级认知提问				高级认知提问		
^	^	回忆	思考	开放性	封闭性	记忆性	了解性	应用性	理解性	分析性	综合性	评价性	讨论性
单项数量	个												
^	%												
备注												

表4-2列出了根据不同标准对问题划分的不同种类,教师可参照此表分析自己课堂教学提问的类型,了解提问的数量和质量。

二、课堂问答的基本要求

提问是课堂教学中师生相互交流的一种重要方式。问题的质量、提问技能的应用直接影响课堂的教学效果。可谓"运筹斗室之中,决胜课堂之上"。

(一)提问设计的基本要求

课堂教学问题的设计,必须遵循四项原则。

1. 目标性原则

目标性原则是指课堂问题设计要为教学目标服务。教师必须围绕教学目标而选择提问的方法、优化提问的思路和注重提问的过程。教师要克服提问的随意性,避免为提问而提问。

2. 个别性原则

个别性原则是指课堂问题的设计要符合学生的认知发展水平和学生的个性特点。教师所设计的问题要符合学生的认知发展水平并略高于这个水平。这样的问题才能激发学生思考的积极性。

3. 讲效率原则

讲效率原则是指通过优化提问思路来提高课堂提问的效率。课堂提问的设计,不应是孤立的、零散的、盲目的,而应是联系的、有序的、明确的,要达到这样的目的,就必须优化提问思路,实现问题的思维价值。

在课堂教学中,为完成某一目标,往往要设计一组问题。这一组问题彼此相关,逐层递进,形成序列,反映问题设计的思路。例如,一位历史老师在讲述"巴黎和会"的"对德和约"时,设计了这样几个问题:"第一,禁止德国实行普遍义务兵役制,允许保留10万陆军,为什么既禁止又保留呢?第二,这10万军队驻扎在哪里?第三,为什么要驻扎在那里?"一连串的问题,层层递进,抓住了学生的心理,引导不断思考,当然也就得出了"和会"的反苏倾向。

4. 难易适中的原则

心理学的研究发现,提问应当像摘果子那样,不能太容易,也不能太难,要让学生在摘果子的时候"跳一跳"。问题提得太容易,会使学生产生厌倦和轻视的心理。例如,教《从百草园到三味书屋》(部编版七年级语文上册)一文,一个教师问学生:"这篇课文写的是一个地方还是两个地方?"对此学生可轻易作答。如果问题太难,学生经过努力,仍然不能回答,问题也就失去了它的价值。

(二)提问技能的应用要求

第一,问题要紧扣教材内容,围绕学习的要求,抓住那些牵一发而动全身的关节点。这些关节点是教学内容的内在矛盾及其发展的问题,也包括教学内容的重点、难点和弱点,抓住了关节点,则有利于突出重点,攻克难点,揭示薄弱环节。

第二,提问应立足于培养学生的思维能力。第一,深刻性。提问的内容,必须建立在对课文中所描述的事件和人物进行形象思维到逻辑思维的抽象概括的基础上。第二,逻辑性。即思维严密性和条理性。第三,发散性。思维的发散性,体现了思维的灵活性、举一反三性和合理性,要注意挖掘教材和利用教材中的某些知识点,巧妙地设计问题,引导学生灵活思考,寻求问题的多方面的答案。第四,启发性。提问要能培养学生生疑、质疑的能力,教师的提问本身能够对学生起启发作用。

第三,提问的时机要恰当。教师提问应考虑到学生的心理状态,寻找到最佳时机发问,这样可以起到较好的作用。孔子曾说"不愤不启,不悱不发"。朱熹对此注释为"愤者,心求通而未得之意;悱者,口欲言而未能之貌"。这要求教师提问要掌握好火候,在恰当时候提问,这样就会起到事半功倍的作用。

第四,提问要面向全体,能使全体学生准确清楚地领会问题。布朗和爱德蒙森的研究表明,教师向整个班级的提问要远远高出向小组和个人的提问,而且提出的问题都是一些简单的问题,例如,记忆资料和简单推论等,但对复杂需要思考的问题,相对来说却提得很少。

第五,给予充分的思考时间。提问之后,要让学生动动脑筋,想一想,然后在适当的时间回答提问,以期达到调动学生积极思维的目的。

第六,允许学生犯错误。允许学生犯错误,学生才不怕犯错误,才能积极回答教师提出的问题。只有这样,学生才能放开手脚,畅所欲言,达到提问之目的。如果教师对学生的错误回答,不予以宽容,学生就会患得患失,严重阻碍学生的想象,进而形成不安的课堂气氛。

第七,对学生回答要有预见性,并恰当地回答学生的问题。教师要能事先想到学生可能回答的内容,能敏锐地捕捉和及时纠正学生回答中的错误和不确切的内容以及思想方法上的缺陷。

三、课堂问答的语言运用技能

教师课堂的言语应用,是教师课堂教学技能的集中体现。课堂的问答并不是按教师事先预设好了的模式进行,教师只按教案讲课就能完成任务了。实际上在师生问答过程中,学生的回答有时是出人意料的,教师必须根据学生的回答及时地调整自己的教学言语。因而,符合教学规律的,熟练运用语言的操作,总是讲、想、提问、倾听、回答等几种复杂的活动交替进行。否则,课堂教学就成了以教师为中心的单方面灌输。现代教育的理念是教学活动是一种师生的相互交往活动,师生的活动具有"双向"特性:双向交流、双向反馈、双向调节的特性。

问答的言语运用包括言语听辨、提问和回答三个环节。

(一)言语听辨技能

教师的任何提问都不可能脱离学生的回答以及辨析学生的回答。听辨包括聆听和辨析学生的发言,它是课堂言语的一个组成部分。尽管听不是说,但它是教师说好的基础。一个教师在课堂上要说,也要听,除听学生的提问答问和讨论以外,甚至还自己监听自己的声音。教师对自己说话的了解,一方面可以观察学生的反应;另一方面,教师则要自己对自己的言语状况进行监督,即听自己说话,辨析自己说话的情况。这当然是比较困难的,同时也被教师所忽视。因为教师课堂教学的重心是讲课和听学生的发言,要教师注意自己的说话,往往力不从心,甚至教师根本就没有意识到要对自己的言语进行分析。

在问答当中,教师常常要求学生复述他所说的话,以便教师听得明白。出现这种情况是由于教师的听辨技能较差。学生答问,有的比较胆小,面对同学、老师有时不敢开口讲话,或说话声音小,结结巴巴,甚至词不达意;也有可能是学生对所学知识掌握不好,回答思路混乱,甚至答非所问。这些情况,就要求教师有较强的听辨技能,才能从学生的回答中抓住关键信息确定学生已经掌握了多少,还存在什么问题,以便教师迅速调整自己的教学策略,完善自己的教学言语。

加拿大科学研究会经过实验总结出一种科学的听辨方法,即"TOLR"听辨法。"TOLR"分别是"调频—提问—聆听—复现"四个相互联系的环节的英文缩写。"调频"是对无线电调频术语的借用,指将信号接收中心调准指向所需要接受的发出信息的单位或电台,在此借指将思维注意力"调"向对方表达的话题,同时唤起自己认知结构中相关的内容,达到"听—知"结合的目的。为此,必须排除有关听知的一切干扰。"提问"并非口头上把问题提出,而是一开始听,就要在大脑中形成问题,如"他围绕话题将会说什么""他为什么要这么说"等,达到"听—知—思"相结合的目的,同时也能更清楚、更稳定地听对方的讲话。"聆听",指力求听清每句话、每个词,边听、边记、边进行筛选、提炼和归纳,抓住关键词、关键句,并做相关联想和推测,估计对方还会说些什么内容。"提问"和"聆听"密切相关,都有思维活动的积极参与,有理解和推断。"复现",指边听边回顾前面所说的内容,并与目前正在说的联系起来,通过思维加工,进行句群语段的小结或评价,暂时存入短时记忆,并随时准备在回答问题时提取出来,即不能边听边丢,而是边听边记准备提取运用。

"TOLR"听辨法,从心理学来看实质是听辨注意、记忆和理解三个方面,揭示了听辨的基本规律。

(二)提问的言语运用技能

提问是教学的重要的、中心的技能。如果教学没有大量围绕课堂教学重难点而展开的提问的话,课堂教学也就失去其本来面目,变成报告或演讲了。教师在课堂上教学,用不断向学生提问来收集各种信息:了解学生的听课质量,了解学生是否达到教学目标,启发学生思考讲课重点、难点。然而,只要我们考察一下实际的课堂情况,我们就会发现:尽管教师在一堂课里,向学生提了很多的问题,但这些问题是徒有其形式,课堂看似热闹,问题却没有发挥其功能。对于课堂提问,要求教师做到:第一,让学生注意你的提问活动;第二,提问目的清晰、准确、言语简洁;第三,避免仅仅基于教材的狭窄的僵硬的提问,着意广阔而开展的提问;第四,给予学生思考问题的时间。

在课堂上,教师是否可以随便提问呢?事实上,教师提的许多问题,与学生无多大关系,对学生心里没有任何触动。那么,什么样的问题对学生才有激励作用呢?教师在提问的时候,要克服提问的随意性,注意所提问题对学生心理的影响。有时,教师所提的问题之所以失败,是因为教师所选择的"问题",从心理学的意义上说,并不是真正的问题。"认知场"心理学家的研究告诉我们,一个问题要能激发学生的思考,它必须引起学习者心理的紧张。教师常常陷入困境:学生们有各种各样的实际问题,而教师认为学生们应该研究的那些"问题",却很少引起学生们的重视。学生们亲身参加进去,因而体验到紧张,这是一个真正的学习问题的本质。由教师提出来的问题,除非学生们亲身感觉到同它们有牵连,否则它们就根本不是真正的问题。因而,那种应当伴随着以问题为中心的学习动机,常常没有出现;学生们往往是冷淡的不感兴趣的,从而使他们工作倾向于没精打采。显然,学生不会被"别人"的问题激发起来。激发学生的提问技巧是:

第一,题材的转换。当教师帮助学生把所表达的特殊概念归纳成某些规则,然后指出这个学生所具有的进一步想法和所归纳的原则不一致。

第二,介绍使人困惑的资料。另外一种诱导学生感到问题的方法是向他们介绍他们生活空间以外的资料,使他们对现有的某项知识、态度或价值产生怀疑。教师可以要求学生读一本研究,观看一个电视节目或电影,去进行一次郊游或参加其他某项活动,从而使他们遇到和他们认为想当然的东西相反的一些事实。问题的关键是要学生认识到他们生活空间的新事物的意义。例如,一些学生头脑里有这样一种观念,认为"物价越低越好"。教师可以组织学生进行社会调查,让学生明白这样一个道理,物价持续低迷,会导致通货紧缩,工厂开工不足,从而会导致更多的人失业,影响人们的生活。

第三,让学生在失败中发现问题。教师通常不让学生犯足够的错误,更有甚者,有的教师对犯错误的学生予以惩罚。学生在学习中的失败,经常会鼓励他重审他原来认为是正确的某种东西。让学生按自己的方式做某种事情,经历其后果,并看到自己的失误,这比把"正确的方法"告诉他们,让他们或多或少地遵循更有教育意义。失败本身就是一个问题,这会激励学生去思考,为什么会失败呢?

第四,把社会问题变成个人的问题。很多成人和社会关心的领域,学生们一般对他们具有某些或多或少肤浅的态度、评价和知识,像这种学生具有的与成人也有关系的社会问题所持的意见、态度,便构成青年和成人的兴趣间的心理桥梁。要点在于:对学生们的态度、目标和知识具有挑战,就能引起学生真正的兴趣。

第五,提问的方式。一种最好的提问,也是最简单的提问,如"为什么""你为什么这样说""你为什么有这样的想法"。

(三)答问的言语技能

针对学生的反应(回答或提问)教师有针对性地进行应答,并借此把课堂教学推进一步。但是,在许多教学中我们发现,教师们只是按照预先的设计向学生提问,却不对学生的反应做任何有实质意义的回答。"好""哦"就是简单且极不明确的回答。针对学生的反应做出回答,这需要相当清晰的临场思维能力、语言组织和表述能力。因此,课堂教学的应答技能是课堂教学技能中最复杂的技能之一。

教师对学生反应的回答的要求是:

反应迅速,及时作答;较强的针对性,正误分明、确切、具体;对学生的发言的评论要诚恳,以鼓励为主;教师的回答并非问题的结束,教师的回答应该具有启发性,促使学生进一步思考。

概括这些技术规程要领,可形成"课堂教学回答技术评价表"(见表4-3)。表4-3是针对教师回答学生问题的评价表,从统计结果来看,黎兵老师回答技术较好,能及时、准确地回答学生的问题,同时黎老师的回答还体现出较好的启发性。比较而言,马克老师的回答技能就要差一些,尚需努力。

表 4-3　课堂教学回答技术评价表

被评教师姓名	对学生发言的评价(20%)		对学生发言(提问、答问)的再回答(80%)				总计
	中肯	切实	敏捷	有针对性	准确清楚	有启发性	
马克	6	7	14	13	12	8	60
黎兵	8	9	17	16	18	17	85

四、提问常见错误分析

课堂教学中,一些教师提问往往具有极大的随意性,提一些与教学无关的问题,追求表面的热闹。概括起来,教师提问有以下几种常见的错误。

(一)呆板平淡

好奇之心,人皆有之。同一个问题,如果问得平平淡淡,既不新颖又不奇特,而是"老调重弹",那么对学生就没有吸引力。相反,如果变换一下提问的角度,使学生有新奇之感,那么学生就会开动脑筋,积极思考。例如,学完《经济大危机和第二次世界大战》这一单元,如果这样问:"罗斯福新政的内容和作用是什么?""简述欧亚战争策源地的形成过程",就不如改为"1929—1933年的世界经济危机首先发生在美国,但是美国却没有形成战争策源地,德国和日本倒成为欧、亚战争策源地,为什么?"回答这种问题不仅需要记忆力,还需要分析、对比、归纳、综合的能力,无疑会促进学生的思维活动。

(二)深浅失当

提问要难易适中,既不能太难,也不能太易。提问时应尽力避免那些"怎么样""对不对"之类的提问以及由此而引出的简单答复。

如在学完中国历史最后两章后,进行小结提问:"中共七届二中全会的内容是什么?""南京是什么时候解放的?""《论人民民主专政》的内容是什么?"这类问题就太一般化、模式化,学生可毫不费力地回答,这样的提问就很少有启发性。反之,如果换种方法问:"为了新中国的成立,我们做了哪些准备?"要回答这个问题,书中没有现成的答案,学生必须打开思路,到教材若干章节中去寻找,经过思索才能从政治上、思想上、军事上、能力上、组织上诸方面总结出答案。课堂提问容易了固然不好,但是太难了也不行。如初三学生学完《日本明治维新》一课后,向学生提出:"日本的明治维新与中国的戊戌变法有何异同?"这个问题对比一下不无意义。但是,要求学生回答似乎是难了些。原因是:第一,"戊戌变法"一节是学生在初中所学,学生对基本史实的记忆或已模糊;第二,题目本身没有提出要求从哪些方面进行比较,使回答者难以把握要点。因此,如果问题深浅失当,要么对学生缺乏激励作用,要么使学生觉得高不可攀,反而挫伤学生的积极性。

(三)缺乏针对性

课堂提问要紧紧围绕教学内容,抓住那些牵一发而动全身的关节点,将问题设在重点和难点上,可帮助学生突破难点,掌握重点。如复习《希腊城邦与亚历山大帝国》一课,教材的线索是奴隶制城市国家的出现、发展、繁荣和衰亡,为了使学生进一步认识和丰富奴隶制国家这一概念,提问就必须始终紧扣这条主线。否则,毫无针对性地抓上一两个问题,为问而问,既不能给学生以完整的知识结构,又影响了学生认识社会发展的规律性。比如提问:"梭伦改革背景、内容、实质是什么?西波战争经过了几个阶段,有哪些著名的战役?伯罗奔尼撒战争是怎么回事?"这些问题虽也重要,但问得机械、盲目,缺乏联系性,不能引起学生探索的欲望,对于认识历史规律也无太大益处。但是,若变换角度,紧扣主线,效果会更好。如"梭伦改革对雅典奴隶制的发展有什么影响?为什么?""西波战争为希腊奴隶制发展带来了好处?为什么?""希腊奴隶制城市国家是怎样衰落下去的?"复习《希腊城邦与亚历山大帝国》一节若抓住了梭伦改革、西波战争、伯罗奔尼撒战争三个转折点逐层提问,脉络也就清楚了。

(四)提问脱离重点

提问不是围绕教学目的、重难点提实质性问题,而是在细枝末节上绕圈子。如教师讲《少年闰土》一课提的问题:闰土为什么要叫闰土呀,他的名字有什么说法吗?什么是长工,什么是短工,什么是忙月呀?文中提到的祭祀是多少年一回呀,为什么很重要?这些问题表面上看围绕着教材的内容——闰土的由来,家庭背景的交代和故事时间的交代,实际上背离了本文教学重点。文章通过作者的回忆,刻画了一个见识丰富,机智勇敢而又活泼可爱的农村少年闰土的形象,反映了作者与闰土儿时真挚而又短暂的友谊,表达作者对他的怀念与敬佩之情。据此,我们可以设计以下一套问题以帮助理解:1.从文中对少年闰土的外貌描写可以看出闰土是一个怎样的少年?2.你如何理解"他们都和我一样,只看见院子里高墙上的四角的天空"这句话?3.课文记叙了"我"和闰土的哪几件事?闰土给你留下了怎样的印象?4.课文中的"我"喜欢"他",是为什么呢?这样就能围绕教学目的来提问,既能帮助学生理解了文章层次,学习如何通过个性化语言塑造人物形象,如何运用白描的手法描摹景物;又激发了学生对儿时伙伴的思念之情,对儿时友谊的怀念之感,与作者产生共鸣。这样就能突出教学重点,较好地实现教学目的。

(五)提问模糊

提出的问题不明确,含糊不清或有歧义。学生不懂得问题的意思,或理解成其他的意思,只好猜测,试探性地回答,甚至答非所问,完全背离了问题的原意,这就造成了思维和理解的混乱,无法实现提问的目的。因而提问一定要明确清楚,使学生一听到问题就知道是什么意思。这样才容易使学生产生一个明确的思路,迅速正确地回答教师的提问。所谓含糊,一是指语意的含糊,二是指问题含糊。如《赵州桥》一课,教师问"赵州桥修得怎样?"这里的"修得怎么样",到底是指桥的外观如何还是桥的功能如何?这里老师的问题显然指代不明。提问者设计的这一问题是学生理解整篇文章的关键,因此老师应该调整提问方式,可以将问题改为:赵州桥的外观是什么样的?这样设计有什么作用呢?这样一问,学生就明白了赵州桥实现功能是基于赵州桥的设计而来的,学生对这篇课文就有了更清楚的了解和更完整的掌握。

(六)提问零碎,缺乏层次

提问零碎,没有按照阅读思维的过程设计问题,使问题缺乏层次。常常是一想起就问,一会儿问东,一会儿问西,问得学生手忙脚乱,穷于应付,如有的教师在教《松鼠》一课第一自然段,主要是写松鼠吃饭时的活动。有教师问:"什么叫机灵,什么叫活泼?找出表现机灵的句子。后三段与这一段有什么联系?什么叫敏捷?这段主要写了松鼠的什么特点?"这样的设问,问题间缺乏联系,没有层次。这个例子,有经验的教师就会这样处理:(1)第一段主要写松鼠的什么特点?(2)从哪里看出松鼠的活泼?找出有关的句子读一读;(3)哪些句子写松鼠动作敏捷?请你读一读;(4)第一段和后三段是什么关系?这样提问就层次分明,而又有内在联系,从阅读过程讲,是从整体到部分,再由部分到整体,由初步了解大意到精读而深入理解,环环紧扣,层层深入;从思维角度讲是从综合到分析,从分析再到综合,尽管(1)和(4)问均属综合,但并非简单重复,前者从内容入手,后者着眼于形式而进一步加深对内容的理解。这就符合阅读的程序,有利于学生的思维发展。提问设计应根据课文的特点、阅读思维的程序进行设计。

(七)包办代替,自问自答

提出的问题中学生有一两个不能回答教师就慌了手脚,怕影响时间和效果,干脆就自己回答,这就失去了提问的意义。学生不能回答的原因很多,有时是学生注意力不集中,没理解问题的意思,或没有认真思考,或学生胆小怯场不敢讲;有的是教师表达不清楚,有的可能是问题太难,不易回答等。我们设计提问的时候,就要把这些因素考虑进去。进行周密的思考,根据不同的情况而设计好不同的问题,特别是有些难度大的问题,应设计好一两套帮助学生理解的过渡性问题,才会收到理想的效果。同时,我们在课堂上应针对实际情况,根据获得的信息反馈,及时地调整自己的提问。比如《金色的鱼钩》一文,教师问:"鱼钩为什么是金色的?"一下把学生给问哑了,一连抽几个同学都不能回答。遇此情况,教师另想办法。比如,咱们先阅读课文,从后面的几个问题去思考:(1)关于鱼钩的描写有些什么?(2)当时有哪些人参与?(3)没有鱼钩会怎么样?(4)那么鱼钩代表着什么?学生很快把问题解决了。可见,我们在备课时,要认真了解学生,认真分析问题的难易,精心设计提问。对那些难度大的实质性问题,还应认真分析学生可能会出现几种回答,便于及时地提出一些应变性问题,以帮助学生理解问题。

(八)对学生的回答不表态、不评价

对学生的回答不表态、不评价,放任自流,即使表态也含糊其词或是褒贬过度、夸大其词。长此以往,就会影响学生的思维积极性,学生便会失去回答问题的兴趣。这方面的失误,究其原因主要有以下两点:一是备课设计提问时,教师没有认真分析和周密思考。提问的目的是什么、标准又是什么、可能会有几种回答,这些问题在提问以前,教师要做到心中有数。特别是知识性强的问题,教师自己要先弄清楚,决不能有半点含糊,否则就无法评价。学生回答提问,在一般情况下不外乎是:要么合乎要求;要么完全离开了问题的内容。我们可以针对这些实际情况给予正确的评价。二是学生在回答问题时,教师没有认真听,也没有趁此机会去查看教案,或是在进行板书时不能合理地分配注意力,导致评价时心中无数、无话可说。

(九)居高临下、态度生硬

提问时摆教师的架子,以权威者的姿态,居高临下地对学生提问。这种刻板、僵硬的气氛,不利于调动学生思维积极性,学生可能怕回答出错,因而不敢回答老师所提的问题。例如,有位教师要求学生选词填空,板着面孔对学生说:"谁给我把这个词找出来填上!我叫到谁,谁就来回答。""快举手,谁不举手我就叫谁!"结果,很简单的问题,没有一个同学愿意来回答,都低着头,不敢正视老师。老师这种做法,实际是没有经验的表现。生硬的态度、古板的问话,拉大了师生间的距离,给学生增加了许多额外的压力,不利于学生的思考,使学生对回答问题产生压力。一位有经验的教师,对同样的选词填空,他的处理却有差别。他带着微笑对学生说:"小朋友先找找,看谁最先找出这个词。"很快同学们就举起了手,接着,他用和蔼的目光看着同学们,高兴地说:"好!短时间就有这么多同学找到了,这样吧,我们就请这位同学来讲给大家听。"教师和蔼可亲、礼貌用语、平等发问,就打消了学生的紧张感,消除了师生之间的界限,营造了一个民主和谐的课堂气氛,利于师生之间的交流。

第三节　课堂教学中的演示

在课堂教学中,虽然良好的讲授技能和问答技能关乎教学的成败,但仅仅依靠单一的讲授,教学质量的提升也相对有限。教师在教学活动中还需展示良好的演示技能。通过各种演示技巧完成特定知识的输出,使学生能够从心理上接受这些内容,并达到理解和认同,从而取得更出色的课堂教学效果,以达到预期的教育教学目的。

一、演示技能的教学意义与作用

演示是教师在课堂教学中,根据教学内容、特点和学生的实际情况,运用直观的教学手段,展示教学内容,传递教学信息,以更好地实现教学目标的教学活动方式。如教师在教学中展示实物、模型、图片、图表等教具,进行示范性实验,使用幻灯、投影、录音、录像、教学电影、电脑等。

教学中,教师演示技能的高低,影响着学生对课堂知识的理解与掌握效果。教师的演示技能能使学生获得丰富的感性材料,把理论与客观事物或现象联系起来,帮助学生形成概念,揭示原理、法则。同时,可以引起学生的学习兴趣,集中学生的注意力,激发学生积极思维,促进学生形成良好的学习习惯。

中国古代的思想家、教育家荀况说过:"不闻不若闻之,闻之不若见之。"(《荀子·儒效》)《汉书·赵充国传》中也提出"百闻不如一见"的观点。

17世纪捷克著名教育家夸美纽斯指出,可以为教师们定一则金科玉律,在能力范围内,一切事物都应该尽量地放到感官跟前。他的这句话强调的就是在教学中,应该努力遵循直观性原则。在随后的教育实践中,人们不断地探索着与这一原则有关的教学规律,心理学和辩证唯物主义的认识论产生以后,对这一原则有了更全面、更准确的论述和应用。在今天,这条原则仍被视为中小学教学中的主要原则之一。贯彻这一原则的主要要求是:教师在以用较少的时间完成教学,实践表明,通过演示,让儿童尽可能多的感官参加认识活动,就容易引起学生的学习兴趣及思考的积极性,儿童就会在生动活泼的学习中,学得快、记得牢。

另外,现代电化教学手段的运用,如投影、幻灯、录像、电脑等,为教学直观化提供了便利,帮助学生理解掌握知识,可以加大学习的信息量,提高学习的效率。

教师的演示技能,引导学生观察感知获得与知识有关的鲜明形象,学会由表及里,由现象到本质,并运用归纳、演绎、逻辑推理等方法去思考问题,培养学生的观察能力与思维能力;引发学生的好奇心,集中学生的注意力,培养其良好的学习习惯。总之,教师的演示技能,直接影响教育和教学的效果。

二、演示的主要类型和过程分析

演示技能可以从不同的角度进行分类,以演示的手段为依据的划分方法是最基本,也是最被认同的划分方式。这种方法将演示技能分为四类,每一类中还分不同的演示(图4-1)。

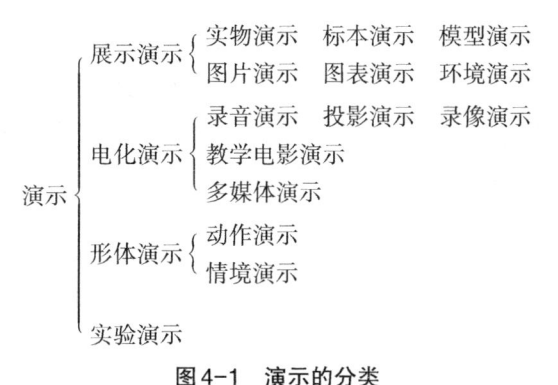

$$
演示\begin{cases} 展示演示 \begin{cases} 实物演示 \quad 标本演示 \quad 模型演示 \\ 图片演示 \quad 图表演示 \quad 环境演示 \end{cases} \\ 电化演示 \begin{cases} 录音演示 \quad 投影演示 \quad 录像演示 \\ 教学电影演示 \\ 多媒体演示 \end{cases} \\ 形体演示 \begin{cases} 动作演示 \\ 情境演示 \end{cases} \\ 实验演示 \end{cases}
$$

图4-1 演示的分类

(一)展示演示

展示演示是教师向学生展示实物、标本、模型、图片、图表等直观教具,引导学生感知事物,获得感性认识的教学形式。

1.实物演示

实物演示是指教师把与教学内容有关的具体事物直接呈现在学生面前,供他们观察、触摸、听、闻、尝,以得到直接感受的教学手段。

范例1:《长方体和正方体》(人教版小学数学五年级下册)

首先复习平面图形长方形和正方形的有关知识,然后,把事先准备好的方木块、火柴盒呈现出来,让同学们观察是什么形状。由平面图形与线段的关系到立体图形与平面图形的关系,掌握立体图形的特征,再观察分析认识长方体和正方体的区别。最后,教师系统讲解教材内容。

范例2:《物质的变化和性质》(人教版初中化学九年级上册)

教师:我们都知道水在一定条件下可以变成水蒸气,钢铁制品在潮湿的地方会生锈,这堂课就我们来走近它们,学习了解物质的性质有哪些,以及他们所发生的变化。首先,我们来看物质的物理性质。物质的物理性质是物质不生成其他物质或组成不发生改变时所具有的性质。这些性质有的可以通过感官直接感知,如色、态、光泽、晶形、味、嗅等。还有的需要通过一定手段才可以认识。下面我们来了解物质可以让人直接感知的物理性质。大家注意看我拿给你们的实物,观察它们的物理性质。

(教师把实物酒精、铝箔纸交给学生传看,让学生直接观察,然后讨论它们的一些物理性质,教师可以引导观察。)

2.标本演示

标本演示是指教师把实物标本展示给学生,帮助学生掌握事物的形态、构造的教学手段。

范例:《花的学校》(部编版小学语文二年级上册)

教师首先板书"花的学校",说明今天学习《花的学校》这一课。然后问学生"有哪些种类的花,都有什么特点?",请学生看花的标本。要求学生仔细观察每种花的颜色、形状。之后,教师再开始讲解课文内容。

3.模型演示

模型演示是指教师通过展示模型,帮助学习掌握物体的构造、功能等内容的教学手段。

范例:《圆柱与圆锥》(人教版小学数学六年级下册)

教师:同学们,你们的生活中有哪些圆柱体呢,能不能列举一些出来呢?

学生:灯笼、矿泉水瓶、蜡烛、水杯、粉笔……

教师:同学们都很棒,说得非常对,那圆柱体的体积怎样计算呢?下面我们用一个模型来推导圆柱体体积的公式。(教师出示圆柱体模型)

教师:请大家观察老师的演示。

(教师将事先准备好的圆柱体模型分成两等份,各份已被8等分,整个圆柱体16等分。再将中心分出的齿交叉拼在一起,拼出一个近似的长方体)。

教师:我们还可以把圆柱纵向分成更多的相等份数,可以看出份数越多,拼起来就越近于长方体。大家思考一下,这个长方体的底面积怎样求?为什么?

学生:这个长方体的底面积等于圆柱的底面积,因为这个长方体是由圆柱分割拼凑而成的,圆柱的底面积拼成了长方体的底面积。

教师:回答正确。大家再想:长方体的高等于什么?

学生:长方体的高就是圆柱的高。

教师:对!这个长方体的体积怎样计算?

学生:长方体体积等于底面积乘以高。

教师:那么这个圆柱的体积怎样计算呢?为什么?

学生:圆柱体的体积也等于底面积乘以高。因为根据刚才老师的演示,圆柱体的底面积、高分别等于拼凑成的长方体的底面积和高,即圆柱体和长方体的体积是相等的。

教师:大家的推导完全正确。请大家记住:$V_{圆柱}=Sh$。

4.图片演示

图片演示是指教师利用挂图或图片向学生展示事物的局部、整体面貌或发展过程的教学手段。

范例:《小毛虫》(部编版小学语文二年级下册)

教师:今天,我们学习了这篇课文,也初步了解了小毛虫变成蝴蝶的过程,下面我们再看图片总结一下这个过程。

(教师用教鞭指着图片一只小小的毛虫)小毛虫开始什么样?

学生:小毛虫小眼睛,长长的身子,圆滚滚的像肉球一样。

教师:(指着图片二中正在纺织的小毛虫)过了几天,小毛虫的身体又有什么变化?

学生:小毛虫在开始给自己纺织房子了。

教师:(指着图片三中在茧屋里的小毛虫)又过了几天,小毛虫的身体又有什么变化?

学生:小毛虫已经建好自己的房子,身体消失了。

教师:(指着图片四中的小毛虫)后来,小毛虫的身体又出现了哪些变化？变成了什么样?

学生:小毛虫从茧屋里挣脱出来,变成了一只美丽的蝴蝶,不再是一个长长的、胖胖的、笨重的身体。它有两个细长的触须,有两对轻盈的翅膀,还有着彩色的花纹。

5.图表演示

图表演示是指教师用图表反映某类事物特点并寻找规律、探究原因的教学手段。

范例:《年、月、日》(人教版小学数学三年级下册)

教师:今天我们学习有关年、月、日的知识,请大家观察这张图表(出示1980—1990年的年历统计表)。

教师:每年各有几个月?

学生:一年都有12个月。

教师:在12个月中,哪几个月总是有31天?

学生:一、三、五、七、八、十、十二月各有31天。

教师:哪几个月有30天?

学生:四、六、九、十一月各有30天。

教师:大家再看一看,二月有多少天？有何现象？有何规律?

学生：二月的天数是变化的，有的年有28天，有的年有29天。二月有29天的年份四年出现一次。

教师：同学们观察得很全面。二月有28天的年份叫平年，二月有29天的年份叫闰年，每四年一次。

6.环境演示

环境演示是指教师根据教学需要，组织学生到演示物存在的环境或模拟的环境中去观察，收集有关资料信息的教学手段。

范例：《草原》（部编版小学语文六年级上册）

教师：同学们，现在我们来到了美丽的呼伦贝尔草原。我们的任务是观察草原，了解草原，并感受周围的环境，为我们完成本单元的写作任务收集素材、拓展思维。

我们今天观察的顺序是"部分—整体"。主要从构造、颜色、美感、等几个方面来了解这片草原的情况。另外，大家还要注意体会一下自己参与这片草原时的感觉和联想，下面开始就近自由活动。

（二）电化演示

电化演示是教师利用录音、投影、录像、电脑等现代教学设备，再现事物、现象及其过程的教学方式。

1.录音演示

录音演示是指教师使用录音设备向学生播放与教学有关的乐曲、故事、人物对话、课文朗读等内容的教学方式。

范例：《美丽的小兴安岭》（部编版小学语文三年级上册）

教师：通过分析课文，我们了解到这篇课文讲述了小兴安岭一年四季不同的动人美景，每一幅画面都让人沉醉其中，现在老师放这首歌给大家听，让我们一起在音符中去感受小兴安岭的美吧！

（教师用录音机播放《美丽的小兴安岭》）

听了这首歌，大家有什么感受？

学生：（略）

教师：这是一首饱含着诗情画意的歌曲，在我国广为流传。曾让无数人为之向往、心心念念的小兴安岭，同学们以后有机会可以去亲身感受一下。我们可以利用自习课学唱这首优美的歌曲，另外还可以通过唱歌练习背诵课文。

2.投影演示

投影演示是指教师利用投影设备，放映与教学有关的影片或放大那些不容易观察的微小实物、实验现象的教学方式。

现在使用较多的幻灯设备与投影仪原理相同,也属这类演示。

范例:《雷雨》(部编版小学语文二年级下册)

教师:通过阅读课文,我们知道了雷雨发生的过程,下面老师用投影(幻灯)演示一下这个过程。

(教师用先设计绘出的灯片进行活动过程演示)

教师:发生雷雨的原因是什么?

学生:(略)

教师:观看雷雨发生过程,注意天空、动物、植物等各有什么变化?

(教师继续演示活动投影片)

学生:雷雨刚开始时,天在慢慢变黑,树上的叶子不动、蝉也不叫,好像世界都静止一样,在等待雷雨的到来。

教师:雷雨停止时是什么样子呢?请继续看。

(演示消失过程)

学生:雷雨停止的时候正好和发生的时候相反。天在慢慢变亮,蜘蛛又开始织网了,青蛙也开始叫起来了,世界仿佛再一次恢复了生机,彩虹都出来了!

3.录像演示

录像演示是指教师利用录像设备为学生播放与教学内容相关的录像资料,再现事物、现象和过程的教学方式。

范例:《观潮》(部编版小学语文四年级上册)

教师:在课文中,我们了解到潮来之前,海塘大堤上人山人海,大家昂首东望,等着盼着那壮丽奇观的江潮的到来。那么,潮来时是怎样的奇观呢?下面请同学们观看一段录像《钱塘江大潮》。观看时,请大家思考这样几个问题:

①潮来之时发出怎样的声音?

②潮来之时是怎样的景象?

③潮过之后江面怎样?

④观潮时你的心情如何?

(放录像)

教师:看完了录像,谁来回答第一个问题?

学生:潮来之时,发出震天动地的声音。

教师:"震天动地"用得好。谁再来回答第二个问题?

学生:潮来之时,江水像一堵墙在向前推进,又如万马奔腾。

教师:非常好,说得很形象。潮过之后江面怎样?

学生:江面余波滚滚,江水涨了很多。

教师:是这样的,那观潮时你的心情如何?

学生:我的心情很激动、惊奇……

教师:通过观看录像和回答问题,我们对钱塘江潮有了一个初步的印象。下面我们看看作者是如何描写钱塘江潮的。

(学习课文"潮来之时"一段)

4.教学电影演示

教学电影演示是指教师利用电影设备向学生放映与教学内容有关的教学电影片,使学生观看到那些易见到的事物,以及事物内部构造等的教学方式。

范例:《呼风唤雨的世纪》(部编版小学语文四年级上册)

教师:我们最后概括一下全文,20世纪是什么样的?20世纪有什么创造性的发明?

学生:20世纪是具有翻天覆地变化的一百年,我们从黑暗走向了光明,从缓慢的步行发展到了飞速的汽车,从现实的画面走向了虚拟的屏幕。

教师:刚才我们随本文作者漫游世纪发展的百年,下面我们看一段教学影片《呼风唤雨的世纪》,从另一角度领略那丰富多彩的生活。

(放教学影片《呼风唤雨的世纪》)看了这段影片中的讲述,大家觉得和课文中描写的有什么不同?

学生:比课文描写的还要丰富多彩。

教师:是的,课文中描写的只是20世纪的一部分,真正的生活世界还有无数的奥秘等着我们去探索。希望同学们努力学习现代科学技术,长大以后也能发明创造出这样的产品,造福人类,为国家强盛做出贡献。

另外,电化演示还有电脑演示,电动教学模型演示等先进的演示手段,这些演示方法,随着教学改革的深入发展和教学条件的改善,也将被广泛地采用。

5.多媒体演示

多媒体演示是教师利用电脑多媒体现代教学手段,通过制作的多媒体课件,把教学内容、教学资料,以文字、图片、动画、声音等多种信号,呈现给学生,以便学生理解和掌握学习内容的教学演示方式。

多媒体演示已经成为现在学校教学比较普遍的教学手段。

(三)形体示范

形体示范是指教师用身体直接演示或在一定情境中演示与教学有关的动作,指导学生学习的教学方式。

1.动作演示

动作演示是指教师表演与教学内容相关的动作,供学生观察,帮助学生理解和掌握教学内容的教学方式。

这种演示在体育教学中较多采用。

范例:汉字讲解——捏、掐、拧等动词

教师:今天我带同学们做一个手的游戏,大家伸出手来跟我一起做。把食指和拇指的第一个关节对在一起用力,这个动作准确名称叫"捏"大家一起做,读"捏"。

学生:捏。

教师:现在把这个动作向指尖移动,食指与拇指指尖相对,这个动作叫什么?

学生:这个动作叫掐。

教师:如果这个动作的拇指和食指再向一个方向转动呢?

学生:这是拧。

教师:同学们再看下面老师做的都是什么动作?

(教师用食指和拇指分别做拉、捻、搓、揉等动作)

学生:(略)

教师:刚才大家观察了每个动作的细微差别,也掌握它们各自的含义。从中我们还应有什么体会、认识?

学生:汉字表达的意思十分细微,因此,我们在说话和写作文时一定要准确地选字用词。

2.情境演示

情境演示是指教师根据一定的教学目的,创设一个有关的情境,激起学生的求知欲,引导学生积极展开学习活动而获得知识的教学方式。

在外语教学中,可以组织学生扮演课文中不同的角色,以生动的形式演示课文内容,培养学生的学习兴趣,帮助学生理解掌握知识,提高学习效率。

范例:习作《身边那些有特点的人》(部编版小学语文三年级下册)

教师:同学们已经了解了这次作文的要求,下面我们大家根据作文要求做片段写作练习。大家先看一段情境表演,注意观察发生了什么事?谁和谁在做什么?说了什么?神态怎样?以此判断她们的特点,然后,根据所见所闻把可以证明这些特征的细节写清楚。

(安排学生观看事先准备好的情境表演)

(在灯光下,小红正在写作业,妈妈走到小红身边,亲切地问:"小红,你昨天数学考得怎样?"小红脸红了,惭愧地说:"因为粗心,我错了两道题。"妈妈拍着小红的肩头,语重心长地说:"粗心不是一个小毛病,今后一定要克服掉呀。")

教师:如果大家看清楚了,下面就请大家思考几分钟,一会儿我们请同学起来回答问题。

(四)实验演示

实验演示是指教师利用一定的设备和材料,借助一定的自然条件,通过控制条件的操作过程,引起实验对象的某些变化,使学生从观察这些现象的变化中,获得直接经验或验证某些知识的教学方式。

范例1:《制作指南针》(人教版小学科学一年级下册)

教师:在荒无人烟的郊外旅游时,不知道大家有没有迷路、不知道方向的情况,那我们该怎么办呢?也许我们可以用我们中国的四大发明之一——指南针。想不想知道指南针是怎么制作的呢?现在就由老师来给大家操作一下吧。

(实验过程,教师边讲解边示范)

教师:拿出一根针,用磁铁的磁极沿同一方向摩擦针尖20次以上。大家猜猜这时候小针会发生什么变化呢?

学生:小针具有磁性了。

教师:现在我们将已经磁化的小针插入一张纸将其固定,再放在有水的盆子里,就是一个简易的指南针了,大家看看有没有什么需要改进的地方呢?

学生:在野外,如果风很大怎么办,指南针就会被吹飞。

教师:这个提问很好。所以我们可以怎么办呢,让它既不被吹飞又可以看见里面的旋转情况?

学生:可以在上面贴一个保鲜膜。

教师:在盆上贴完保鲜膜并给大家示范磁针的旋转情况。这个实验很有趣是吧?大家换个角度想,如果野外没有水我们该怎么办呢?还有没有另一种方法制作指南针?我继续做实验,请同学们注意观察。

(下面省略)

范例2:《物质的变化和性质》(人教版初中化学九年级上册)

教师:刚才我们大家一起通过感官直接观察了物质的某些物理性质。但是物质还有一些物理性质要在一定条件下才表现出来。下面请同学们注意看我们实验中物质会表现出哪些物理性质。

(教师用一定方法测量酒精的比重、沸点和铝纸的比重;用铝纸连接电路断开处,看小灯泡是否发光等,让同学们讨论,总结所观察到的现象,认识物质的另一部分物理性质。)

教师:以上通过实验的物质本身未生成其他物质,其组成也未发生变化。物质的物理性质,一些可以直接观察到,一些是其在一定条件下表现出来的。

范例3:《铁及其化合物》(人教版高中化学)

教师:铁有两种氢氧化物,其中一种在我们的日常生活中非常少见,但是能够通过实验检测出它的存在。

氢氧化亚铁和氢氧化铁都是铁的氢氧化物,他们的颜色性质和产生的条件都有所不同。教师在黑板上写出两个化学方程式(图4-2)。

$$FeSO_4+2NaOH=Fe(OH)_2\downarrow +Na_2SO_4$$

$$4Fe(OH)_2+O_2+2H_2O=4Fe(OH)_3$$

图4-2 变化方程式

下面我将在试管滴入氢氧化钠,注意我的演示活动,看有何现象发生和剩下什么物质,鉴别每一个变化试管中发生了什么反应?

(教师逐滴滴入氢氧化钠,发生了三个颜色的变化。)

教师:这说明什么?

学生:有多的反应的发生。

(下面是每个反应参照化学方程式的问答。)

①教师:红褐色硫酸铁变成白色絮状物,说明生成了什么?

学生:氢氧化亚铁。

②教师:由白色絮状物逐渐变成灰绿色,最后变成红褐色,说明生成了什么?

学生:氢氧化铁。

上面介绍了教师的一些基本演示技能,在教学中,应熟练掌握和应用,并能根据教学需要,教材内容和学生水平,灵活组合、综合采用,才能激发学生积极参与教学,有效地提高教学效率。

三、演示的要求

教师在教学中合理地运用演示技能,激发学生的兴趣,帮助学生理解教学内容,能够提高教学效率,但是如果演示采用不当,或者不能按要求去运用,不仅不能起到应有的效果,还会适得其反。

(一)目的明确、重难点突出

这一条要求是指:演示要有明确目的,其目的与教学目的一致,而且要突出教学重点,并有利于突破难点。

演示事先要有充分的准备,如了解教学目的;设定直观演示材料出现的时间与方式;如何突破教学难点,让学生掌握重点等。如果演示脱离了教学目的,为了热闹、哗众取宠而进行演示,非但不能达到演示的目的,反而分散学生的注意力,降低教学效果。

(二)形象生动、有吸引力

演示要能够让学生获得鲜明的感知印象,因此,感知的材料的大小、颜色、摆放的位置、操作过程,都必须能够让学生有效感知。在相对静止的背景下,活动的事物容易成为感知对象,而且新奇的事物容易吸引学生注意。所以,演示材料应尽可能设计为活动变化的内容,可以取得更佳的感知效果。

(三)演讲结合、引导思维

在实物模像直观教学中,如果只有形象材料的作用,没有教师必要的语言提示和解释,学生由于有关知识和经验的不足,特别是自我意识和控制水平较低,不仅观察演示中难以形成正确的感性认识,还难以将事物的本质特征与非本质特征及表面现象加以区别,不能取得理想的演示效果。所以,演示要与讲解紧密结合,引导学生有序观察,感知事物。

根据教学需要,教学演示必须说明观察目的,指出观察顺序,这些要求可以通过设置问题,引导学生在回答一个一个的问题中,实现观察的有序性,也有利于最后达成观察目的。在观察中,要巧妙设置观察问题,以便学生在寻找答案中,实现观察目的,而且要有利于启发学生积极思维,集中注意力,有效观察,提高学习效率。因此,演示应结合适时的合理的说明,要提问、启发和引导学生积极思维。

(四)从实际出发选择演示材料

在教学中,学科性质、教学内容、学生年龄差异等因素是选择演示材料的基本依据。如:自然课多用实物、标本、实验演示;语文、历史、地理则多用挂图、模型、图片等来演示;低年级采用演示的工具要色彩鲜艳、重点突出,高年级则要注意利用学生已有的书本知识和生活经验;演示材料的选用,还要根据学校的实际情况,客观实际地设计教学演示;关于直观材料本身,应典型,有助于说明教学内容,能正确、鲜明地反映事物的实况和规律,不能模糊、似是而非,影响感知效果。

总之,教学中要精心设计教学演示过程,综合使用几种演示技能,最大限度刺激学生的多种感官,提高感知水平,促进对教学内容的理解。

四、演示技能的训练与范例

教师牢固掌握和熟练运用演示教学技能,需要经过训练才能达到。被培训的教师应全面、正确地掌握演示技能的各种要求,并灵活地应用于教学中,才能真正发挥演示技能的作用。演示技能的训练,一般包括了解掌握制约演示选择的因素;演示设计的原则;演示设计的步骤等内容。

(一)制约演示选择的因素

学生学习的过程是一种认识过程,这种认识过程,也是从感性认识开始,再上升到理性认识阶段。因此,教师尽可能多地运用演示等直观的教学手段,使学生看到他们所要认识的事物和现象,特别是对难以理解的知识和低年级学生的学习,通过形象思维和抽象思维相结合来理解学习内容具有积极的作用。

教师选择演示必须要考虑以下三方面因素。

1.演示的选择受教学内容的制约

教学内容不同,采用的教学方法包括演示方法亦不相同。前面介绍的演示方法在不同学科、不同教学内容的课堂教学中,使用的情况各有不同。

比如,语文课教学中,看图学文一般采用图片演示、投影演示,字词教学一般采用动作演示等。自然课教学多使用实物演示、标本演示、模型演示、图片演示、实验演示等。音乐课教学中多使用录音演示、动作演示等。

2.演示的选择受学生因素的制约

不同年龄的学生知识水平不同,生活经验积累不同,要求教师采用的演示方法也应该不同。低年级应多采用具体直观的演示方法,如实物演示、标本演示、图片演示、模型演示、投影演示等。高年级则可以多用语言直观演示或不必太浅显的方式,在可能理解的前提下,多锻炼学生的思维。

3.演示的选择受教学条件的制约

不同的学校教学条件各异,因此在演示的选择上要因条件而异。条件好的学校可采用先进的演示手段,条件一般或条件较差的学校,只能采用普通的演示手段。显然,先进的演示手段,可以让学生获得更直观的感知材料,帮助学生理解教学内容。但是,演示的效果并不是与演示条件先进性必然相关的。教师不能片面追求演示的条件,应该从学校实际情况出发选择演示方式。

下面以《故宫博物院》教学片段为例,谈谈在演示的选择中如何依从这三个因素。

范例:《故宫博物院》(部编版小学语文六年级上册)

教师:本课是一篇看图学文,首先我们来看投影片,注意观察。

(放投影片,指导学生观察)

从整体上看,故宫博物院什么样?

学生:它在北京城的中心,是现存的最大最完整的古代建筑群。精美的城墙,古色古香的庭院,宏伟的规模在蓝天的映衬下更显雄伟。

教师:我们再一部分一部分地看,构造怎样?故宫由哪几部分构成?有哪些特色的建筑?与大家平时参观的博物院有什么不同?

学生:从天安门往里走,沿着笔直大道就来到午门,也是紫禁城的正门,里面有着大大的庭院、弯弯的金水河和雪白的石桥,比其他的博物院都更有中国韵味。

教师:同学们观察得很细致。刚才,我们看的投影片是静止的,下面我们看一段录像,全面了解有关故宫博物院的情况。

(放录像,录像中有关于故宫博物院的解说)刚才,我们通过投影片,分步细致地观察了故宫博物院,又看了录像,较全面地了解了故宫,本课作者是怎样描写故宫博物院的呢?

大家听老师朗读课文(或收听教师先录好的录音)。

好,我们已经初步了解了这篇课文的内容,下面我们来分析课文。

【简评】在这个教学片段中,教师用了投影演示、录像演示、录音演示。分析其依据及效果:

首先,从学生的角度看。小学生的形象思维强于抽象思维或抽象思维以形象思维为基础,采用声情并茂的教学演示为学生喜闻乐见,可大大激发学生的求知欲,多种演示可刺激学生多种感官参与感知,加深对课文的理解。

其次,从教学条件看,这所学校电教设备较好,所以教师采用了先进的教学演示的手段来为学生展现教学内容,形象直观。而且不同演示效果作用不同,不能替代。

投影演示可长时间停留,有利于分步观察,整体把握故宫形象。同时,可培养学生有序观察能力。录像演示生动、形象、信息量大、连续,可深入了解观察对象。录音演示使学生把感知的材料与教学内容(文字描述)结合起来,较好完成教学任务,掌握教学内容,可事半功倍。

最后,从教材入手。根据教学内容要求选择演示。本文是看图学文,所以教师采用了电化演示中的三种基本演示手段。

(二)演示设计的原则

教学演示可以激发学生的学习兴趣,提高学生的学习效率,调动学生学习的主动性和积极性,并能发展学生的观察力和思维能力。因此,教师演示设计的成功与否,直接影响到教学效果。教师要保证教学演示的效果,演示设计应遵循以下原则。

1.目的性原则

演示的设计,首先要有明确的目的性,要有利于突出教学内容的重点和突破难点;有利于提高学生掌握概念、理论等知识的效果;有利于培养学生的能力,总之有利于教学目的的实现。在教学过程中,教学演示该用则用,不该用则不能滥用,应反对盲目地进行演示,避免无目的地演示为教学带来的不良后果。

范例:《我爱故乡的杨梅》(部编版小学语文三年级上册)

教师:这节课我们进行课文分析,通过分析课文,我们要掌握杨梅的外形、颜色和味道。

首先,我们来看杨梅,了解杨梅的外形。

(教师给每位同学发放杨梅)

大家仔细观察,杨梅有什么特点?它的触感是怎么样的?是什么颜色的?软硬程度又是怎么样的?整体上看和其他水果有什么不同?

学生:杨梅是深红色的;它摸起来有一点刺刺的但是又软软的;味道是酸酸甜甜的;它比普通的水果要小一些,非常可爱。

教师:同学们观察了杨梅,初步掌握了杨梅的外形、颜色和味道,我们再与课文结合起来,详细地掌握杨梅的特征。

【简评】这个教学片段采用了标本演示,与课文联系紧密,具有较强的目的性。根据学生可能没见过杨梅这一具体情况,通过让学生观察实物,让学生亲眼看见实实在在的杨梅,生动直观,使学生能在教师引导下依据课文内容,去观察了解杨梅的外形、颜色和味道,防止了学生无目的地观察。

2.从实际出发的原则

教师在进行演示设计时,应该首先了解学生,要针对学生的心理特点、已有的知识基础和生活经验来设计教学演示,还应该根据教学内容和本校的教学条件,选择恰当的演示方法。

3.适用性原则

这个条件是指教师在设计演示时,要根据具体情况采用不同的演示方法,以使演示收到最佳效果。在教学中,没有一种最有效的演示方法,只有根据具体情况而变化,灵活地运用演示,效果才可能是最好的。

范例:《富饶的西沙群岛》(部编版小学语文三年级上册)

教师:在学习课文之前,我们来看一段录像。大家都说:西沙群岛像朵朵睡莲,浮珠般漂在中国的海上。那它到底如何的美丽呢?请看录像。

(放录像)

注意西沙群岛的水是什么样？周围的动植物又是什么样？

(看完录像)请大家描述一下。

学生：西沙群岛的水是波光粼粼的，水是丰富多变的绿色，还有许多的山崖和峡谷。海底生长着各种各样的珊瑚，成群结队的鱼在欢乐地穿梭，还有许多龙虾和小动物。

教师：你们还看到了什么？总的印象如何？

学生：还看到岛上有茂密的树林和漂亮的海鸟，地上有许多又大又圆的鸟蛋，他们和谐地生活在一起。

教师：是啊！这秀丽的风光在作者的笔下更是别有一番诗情画意。下面我们开始学习课文。

【简评】这篇课文是写景的，西沙群岛的美是实在的，如采用环境演示，亲身去体验感受，效果最理想，但对多数学校学生不适用。演示还可以选用投影、图片演示，但就效果而言，条件如果允许，录像演示效果最好。虽未亲历其境，但录像连续的画面，有声有色的演示，既可让学生有如身临其境，又有助于学生获得完整、生动的感性认识。

4.形象生动的原则

这个条件是指教师在设计演示时，要注意演示内容的鲜明性，要生动、形象、特征明显、突出，教具设计大小合理，颜色和谐、重点突出，便于观察，也容易一目了然，同时还有较强的吸引力。这一点是演示直观性的具体要求。

范例：《我的旅行》(六年制小学语文课文第五册)

教师：小豆瓣从豆芽筐开始了它的旅行，它在那个小孩的体内是怎样旅行的呢？我们来看一下人体模型。(教师出示人体模型，指着内部器官结构)老师先给大家介绍一下人体器官结构。(指出牙齿、食道、胃、小肠、大肠、肛门的具体位置)知道了这些人体器官的具体部位，我们容易了解小豆瓣的旅行了。

(教师指着模型介绍小豆瓣由"嘴—食道—胃—小肠—大肠—肛门—体外"的旅行过程。)好，下面我们来学课文。

【简评】这是一篇知识性较强课文，学生看不到，没有感性知识，理解上有一定困难。采用模型演示，形象具体，生动说明问题，有助于学生理解。与图片演示、投影演示等其他演示相比，模型演示更直观，以分解讲解介绍，更形象，对于学生全面准确地了解教学内容和人体知识都具有科学意义。因此，此文教学采用模型演示较为符合形象生动的原则。

5.讲演结合的原则

这项原则是指教师在教学演示过程中,一定要结合必要的讲解,引导学生感知材料,获得正确的感知信息,促进学生对教学内容的理解与掌握。

在学生观察演示中,如果只有形象生动的有关材料,而没有教师的讲解、引导演示是不能达到预期的目的、不会收到最佳效果的。

演示与讲解相结合一般有三种形式:一是讲解在演示之前,起着动员提示和引导作用;二是讲解与演示交错进行,它既起指导观察的作用,又起互相补充的作用,所以教师绘声绘色地讲解,会令演示大为增色,效果明显不同;三是讲解在演示之后,主要起总结、概括和强化作用,教师演示后的注解,简明准确会有画龙点睛之效。总之,教师要重视讲解在演示中的作用,根据具体情况有针对性、灵活地采用不同的形式把语言讲解与演示有机地结合起来,有效提高演示在课堂教学的作用。

范例1:《乌鸦喝水》(部编版小学语文一年级上册)

教师:我们已经知道,正当乌鸦四处找水喝的时候,它看到一个瓶子里有水,但因为里面的水不多,瓶口又小,它喝不到水。这时乌鸦看到旁边有许多小石子,于是它想出了喝到水的办法。它想的是什么办法?

学生:乌鸦把小石子一个个放进瓶子里,瓶子里的水就会升高,它就能喝到水了。

教师:小石子一个个放进瓶子里,水真的能升上来吗?请大家看一个实验。

这是一个小口的瓶子,里面有半瓶水,这里有一个水位标记,下面我将小石子一个一个地放入瓶子内,大家观察水位有什么变化(教师开始操作)。

学生:水位开始升高了。

教师:老师再放一些小石子进去,水位怎么样?

学生:水位继续升高。

教师:这就是课文中讲的水位为什么是"渐渐地"升高。大家再想想瓶内的石子的多少和水位有何关系?水位为什么会升高?

学生:石子占了水的位置,水就升高。瓶内的石子越多,水位就升得越高。最后升到乌鸦可以喝到的位置。

教师:回答得非常好。乌鸦用聪明的方法喝到了水,我们以后如果遇到困难,也要像乌鸦那样多动脑筋、想办法,才能克服困难,不断进步。

范例2:《浮力》(人教版初中物理八年级下册)

教师:物体浸在液体中,与液体接触的各面都会受到压力,这是由液体的性质来决定的。但是,液体中物体上下两面所受压力不同,即产生压力差,这个压力差说明浮力的存在。请同学们看下面的演示。

(教师将一个六面体木块放在水中。为了演示效果更明显,木块底部贴有一层玻璃片。教师把木块按在水中。)

这时,木块在水中各面都受到压力,但我能感到一股向上的力在推木块,我一松手,木块就会浮上来。

(教师松开手,木块浮起。)

如果让木块底部和容器底面紧密接触,木块会不会浮上来?还有没有浮力?(同学们猜测议论)好,大家注意看我的演示。

(教师把木块下压至容器底部,使木块玻璃面与容器底面压紧,将两个底面之间的水全部排出,松开手。)

木块为什么没有浮上来(同学们思考讨论。可以让学生发表观点)。

这是因为水对木块底部无压力,那么水对木块不仅没有浮力,还会有一个向下的压力,木块不仅不浮上来,反而被压在容器底部。说明浮力是水对物体的一种向上的力量。再过一会儿,水会进入木块与容器两底面之间,木块就会浮上来,说明浮力又产生了。

这个演示是向同学们说明浮力的存在,如何计算浮力,其大小与什么有关,以后我们将学到。

【简评】这堂课教师以实验演示课文中的内容。演示中,教师适时提出问题,引导学生一步一步观察,积极思考。最后,教师概括教学内容的要点,让学生清晰把握知识,还教育学生遇到困难应怎样做。整个演示,在教师的言语引导下,有序地进行,启发学生思维,既理解了课文的内容,又达到了教育的目的。

以上介绍的几条演示设计中应遵循的原则,在实际操作中,必须严格遵守,才能提高演示的水平,收到理想的教学效果。

(三)演示设计的步骤

演示设计一般分如下几个步骤:

1.研究教材,确定教学总目标

认真钻研教材,熟练掌握教材的全部内容,是教师顺利完成教学任务的基本条件。教师要通过钻研教材,弄清教材的思想性、科学性和系统性;明确基础知识和基本技能;明确教材的重点、难点和关键,在此基础上,确定教学总目标,以统领全部教学活动。

2.分解总目标,建立目标体系

确定教学总目标后,教师还要将它分解成为若干个分解目标——分目标。一个一个分目标与总目标构成目标体系,总目标的达成是在分目标连续实现以后自然达成的。这一步骤是演示设计的关键环节。

3.在教学分目标的统领下,确定演示的具体目标和任务

在这一步教师要确定的目标是教学中应用演示所要达到的目标。这一目标对教学演示实践具有直接指导作用。确定通过演示是解决突出重点、突破难点,还是要掌握关键的问题及其内容,即演示自身活动的目标。演示的具体目标比教学分目标小,直接为教学分目标服务,间接为总目标服务。

4.编写演示活动教案

为了达到训练教师掌握演示技能的目的,还应该教给教师编写演示教学的方法。要保证教学演示的效果,演示设计的最后一步是编写运用演示技能的教学片段的教案。这个教案是主教案的附教案,对主教案的教学方法,主要是演示内容进行设计。这一步既是教师设计演示的必要环节,又是训练教师演示技能的有效环节。因此,教师在教学实践中应认真编写教案,包括演示教案,才能保证不断提高教学效果和质量。

教学演示可以应用于教学的各个环节之中。比如,预习阶段、导入新知阶段等都可应用演示,而且能取得较好的教学效果。虽然,新授阶段演示应用最多,但是没有预先阶段的感性知识积累提供良好准备和教学新旧知识的自然过渡,忽视学生的好奇心与兴趣,也不能调动学生的积极性,教学的效果也必然大打折扣。因此,教学其他环节的演示也应该得到应有的重视。

在教学实践中,演示技能的应用离不开其他教学技能的应用。因此,在演示技能的训练中,也要处理好演示技能与讲解、提问、板书等技能的关系,将几种教学技能有机地结合起来运用于教学中,才能发挥教学技能在教学中的积极作用。

第五章

不同课型中的现代课堂教学技能

课型,也称课的类型。它是教学过程的基本形态,是由"课"的教学内容、教学目标、教学方式、师生双方在教学中的地位所决定的一种课堂教学结构。由于课型具有多样性,因此不同的课型需运用不同的教学技能才能保证课堂教学的有效性。

第一节 实验课教学技能

实验课是基础教育阶段自然科学类课程的一种重要课型。实验课的主要任务是引导学生通过观察实验过程或亲自动手实验来获取感性认识,检验理论观点,揭示科学规律,训练实验操作技能并培养良好的科学态度和求实精神。而为了达成实验课的这一重要目的,教师必须具备良好的实验课教学技能。本就主要介绍了实验课的主要类型、结构,以及实验教学的基本技能与要求,供读者参考。

一、实验课的意义与特点

实验是自然科学研究的重要特点,也是自然科学学科教学的重要特点之一,实验课是中学自然科学类课程的一种重要课型。实验教学广泛地应用于中学物理、化学、生物等课程的教学中。

(一)实验课教学的意义

实验是科学研究的一种基本方法,能够高度浓缩展示人们认识和发现某一知识、原理的过程;它还是一种重要的科学认识方法,有利于形成创造性思考、明智决策和有效解决各种问题的能力。[1]具体而言,实验课教学的意义主要体现在以下四个方面。

1.实验教学有助于学生理论联系实际,活化、深化知识

实验是重要的教学实践环节。通过各种形式的实验,既可以大大丰富学生的感性认识又可以加深对理论知识的理解,检验知识、深化知识、巩固知识。因此,实验教学是学生由感性认识上升到理性认识、实现认识飞跃的中介。

2.实验教学有助于培养学生的学习兴趣,激发求知欲

实验的过程新奇、充满乐趣,实验的结果令人惊异、发人深思。生动、有趣的演示实验吸引着学生,使他们跃跃欲试;学生进行独立的实验操作,则更能引起其浓厚的兴趣,激发其强烈的好奇心和学习动机,促使其积极、主动地进行实验的观察、操作,从而逐渐养成稳定的学习热情和良好的学习习惯,进而热爱课程实验,热爱学科学习。

3.实验教学有助于培养学生多方面能力,尤其是创造能力

要顺利地进行实验的操作,学生就必须掌握一定的实验操作技能,具备一定的动手能力,如初步的实验设计能力、操作能力、观察能力、分析问题的能力等等。因此,加强实验教学,对学生多方面能力的培养极为重要。应该强调的是,实验教学中要求学生应有新颖独特的思维方式,鼓励学生进行大胆的想象,将发散思维与聚合思维进行高度协调,这为学生创造能力的培养提供了良好的条件。

4.实验教学有助于培养学生科学的世界观、严谨求实的科学态度与方法

在自然科学的知识体系中蕴含有丰富的思想教育因素,通过中学实验教学可以揭示出深刻的唯物辩证法思想,这有利于学生科学世界观的形成。同时,要进行科学实验,就必须尊重事实,实事求是,在实验中,必须严谨认真、一丝不苟、不怕困难、敢于创造。显然,这对于培养学生的科学精神、科学态度与科学方法有十分重要的作用。

(二)实验课教学的特点

实验课的性质和任务决定了实验课教学具有以下几个基本特点。

1.科学性

无论何种类型的实验,都非常强调其科学性。这主要表现在实验设计必须科学合理;实验进程必须精确无误,符合基本的实验规范,有科学理论的指导;实验结论的获得必须实事求是,能深刻揭示科学规律。实验即使有误差,这种误差也必须控制在允许的范围之内。否则,科学性就无从谈起,实验教学的价值也就无从存在。

---

[1]刘强.中小学实验教学的新遵循——《关于加强和改进中小学实验教学的意见》解读[J].人民教育,2020(1):32.

2.直观性

实验教学,尤其是演示实验教学一般都有很强的直观性。这使得教师可以借助实验教学向学生直观地展示理论知识所揭示的科学规律和基本原理;引导学生在有目的的观察和操作中丰富感知、深化理解、加强巩固。

3.操作性

实验教学的主要形式是学生在教师的指导下进行实验或者独立进行实验操作,这种教学对学生而言具有突出的可操作性,在实验过程中,学生必须逐步学会实验仪器的正确使用,必须熟悉实验的各方面要求,严格按实验的规程进行实验,杜绝安全隐患。因此,实验教学中一定要注意以学生的活动为主,教师进行必要的指导,只有如此,学生才能真正掌握实验操作的技能,才能逐步学会独立进行实验的操作,实验教学也才能真正实现其教学目标。

4.启发性

实验教学的性质和特点使得这种教学比较容易引起学生产生强烈的探究心理,激发出学生持久的学习兴趣,极大地调动学生学习的自觉性、主动性,引导学生进入一种积极而活跃的思维状态,提高了教学效能。上述特点在不同学科的实验教学和不同类型的实验教学中都有明显体现。

二、实验课的类型与结构

(一)实验课的类型

按照不同的分类标准,可以将实验课进行若干种不同的分类。

按学科内容不同可分为物理实验、化学实验、生物实验。根据具体内容不同,还可将这三种实验进一步分为若干亚类。如物理实验就包括力学实验、分子物理学实验、热学实验、静电实验、电磁学实验、光学实验、原子物理实验等等。

按实验的性质不同可分为定性实验与定量实验。按实验目的不同可分为感知类实验、训练类实验、测量类实验、探索类实验、验证类实验、应用类实验、考核类实验等。

按实验组织形式不同,还可分为演示实验、随堂实验、学生实验和课外实验这四类。本研究在这里正是以这种分类方式为线索进行论述的。

1.演示实验

演示实验是指根据教学目标、教材内容和学生实际,由教师在课堂上或实验室中进行示范性实验操作,以清晰地展示观察对象,丰富学生的感性认识,扩大学生的知识面,培养学生的观察能力、分析综合等思维能力。

2.随堂实验

随堂实验即是教师一边教学生一边做的课堂实验。在这类实验过程中,教师与学生各用一套仪器、设备,教师一边讲,一边做;学生一边学,一边练,师生双方在这种教与学的过程中完成实验操作。随堂实验不仅具有一般演示实验的特点,而且也具有学生实验的某些特征,因此,尤其有利于帮助学生熟悉实验的一般过程和基本要求,对学生实验技能的入门训练特别有效。随堂实验主要应用于那些能比较完整地展现实验的基本程序和基本方法的实验教学。由于这种实验本身兼有演示实验和学生实验的优点,因此,在可能的条件下,提倡将某些演示实验改为这种随堂实验以提高实验教学的效果。

3.学生实验

学生实验是指由学生独立完成的实验,是相对于上述两种实验方式而言的。学生实验是帮助学生掌握实验技能,培养其实验能力和严谨求实的态度与科学方法的主要途径,也是发展学生的理论思维和创造能力,进行科学研究的启蒙教育的重要手段。由于实验教学在我国中学自然科学类课程中的课时比仍然较低,因此,只要条件允许,无安全问题,应该让学生尽可能多地进行独立的实验操作,这对于改进理科教学,培养学生的动手能力是至为重要的。

4.课外实验

课外实验是根据教材安排和教师的要求,从学生兴趣、需要出发,由学生在课外独立进行的实验操作。这种实验既是课内实验的延伸,也是课内实验的重要补充。课外实验主要有两种形式,一种是所谓的家庭小实验;另一种是利用课余时间,在学校开放的实验室中进行的有一定指导的独立实验。课外实验对于促进学生熟练掌握实验技能,培养学生热爱科学的态度和浓厚的学习兴趣起着重要作用。由于课外实验的主要目的是丰富学生的课余生活,培养学习兴趣,开发智力。因此,常常有一定的游艺性、趣味性;由于教师难以对这类实验进行个别的具体指导,所以难易必须适度;同时,为了提高课外实验的效果,可以引导学生以各种课余兴趣小组的形式进行。

(二)实验课的结构

实验课的结构是指一堂实验课的基本组成部分,以及各部分之间的相互关系,它主要表现为实验课各组成部分的进行顺序和时间分配。不同学科实验课的内部结构并不相同,即使是同一学科的实验课,由于具体类型不同,其内部结构也不相同;甚至虽然属于同一类型的实验课,由于具体的实验内容不同,学生年龄阶段不相同,其内部结构也会有所变化。

由于学生实验是实验课的主要构成,因此,这里主要以学生实验这种实验类型为例来分析实验课的内部结构。

第一,组织上课。这个环节主要是利用教学常规,安定教学秩序,引起并集中学生的注意,从而为进行实验教学做好心理上的准备。

第二,重点复习(或预习)。结合本次实验的基本内容,有目的地系统复习(或预习)有关的理论知识,使实验的进行有一定的理论指导,避免实验的盲目性,同时也使学生有意识地对有关理论通过实验进行验证或通过实验探究新问题。

第三,提出要求。学生进行独立实验之前,教师应明确提出实验的要求,实验中应注意的问题,对实验中的关键问题,教师还应该进行一定的示范,以保证学生独立实验能成功进行。

第四,独立实验。这个环节是实验课的主要构成部分。在这个过程中,学生以小组为单位进行实验操作,教师则进行巡回指导。对一些实验操作能力较差的学生,教师要进行具体指导,帮助(而不是代替)他们顺利完成实验。需要说明的是,在这个阶段应当尽可能让每一个学生都有独立操作的机会和条件。

第五,总结经验。学生独立实验结束后,通常应安排几分钟时间对实验进行总结,使学生对实验过程有比较全面和整体的认识,并能对实验过程和结果进行理论上的概括和阐释。

实验课的结构只是为实验课的教学进程提供了一种可供参照的程序,教师应根据学科和学生特点及实验教学的目的,根据实验教学的一般规律和特点来设计实验课的结构,避免将这种结构模式化、绝对化。

三、实验教学的基本技能及其要求

实验教学是中学理科教学的重要教学组织形式,基本的实验教学技能是中学教师教学技能的重要组成部分。中学自然科学学科如物理、化学、生物等实验性课程的任课教师必须具备熟练的实验教学技能。2019年教育部颁布的《关于加强和改进中小学实验教学的意见》中明确要求,中小学要组织开展好基础性实验和拓展性实验(含探究性实验、创新性实验、综合性实验等)。[①]因此,概括而言,各科实验教学中共同的实验教学技能主要体现在下述几个方面。

---

① 教育部. 关于加强和改进中小学实验教学的意见[EB/OL].(201911-22)[2021-05-10].http://www.moe.gov.cn/srcsite/A06/s3321/201911/t20191128_409958.html.

(一)实验的基本技术

实验的基本技术是指教师在进行教学实验时所应具备的一些基本技能,这些基本技能是在进行各类实验中都可能,甚至必然会用到的。例如,有关一些常用的或通用的仪器、设备的规范,准确的使用方法,实验中一些常见问题的处理方法,设备调试技术,测量方法,误差估计和控制的方法等。这类技术或方法的掌握和熟练运用是一个实验教师最起码的基本功。

(二)实验仪器、设备的改进与制作技能

实验教师不仅应能熟练掌握各种实验仪器、设备的使用方法,还应了解和熟悉仪器、设备的基本原理和构造,会检查和排除一般的故障,会进行简单的设备维修。而且,由于一些学校设备仪器购置不足、陈旧落后,有的仪器设备的使用效果也不尽理想,满足不了实验教学的基本需要。这就要求实验教师还应该具备一定的对仪器设备进行改进与制作的能力,能根据需要和实验特点改进,甚至研制一些构思独特、设计合理的实验设备或教具。教师在这方面的才能不仅有助于提高实验教学的效果,也有利于学生实验兴趣和发明创造精神的培养。

事实上,只有教师才对实验设备的性能、特点和设计缺陷最熟悉、最了解,因此,实验教师对一些仪器设备的改进与制作就不仅是必要的,而且是很有意义的。由教师进行的这样一些研制,往往成为某种仪器设备设计和生产的先导。

(三)教学实验的设计技能

教学实验设计是实验教学的基础,只有设计出高质量的实验,才可能搞好实验教学,提高教学质量。实验教师不论对哪一类实验进行设计,首先,应该注意根据学生特点、教材特点和现有仪器设备的条件进行设计;其次,在进行实验设计时,必须保证所设计实验的实验原理是科学的,必须符合科学性原则。教学实验设计技能集中地体现在教师能编拟出构思巧妙、设计科学的实验教学方案。

(四)教学实验的演示技能

演示实验是实验教学的一种重要形式。在教学实验中教师进行实验演示的基本技能是教师实验教学技能中的重要组成部分。教师在进行实验演示时,应当注意下述要求。

第一,演示必须要有明确的目的性,根据课题教学的需要来安排实验的演示。最好能选择与教师课堂讲授内容中的重点关系密切,对解决学生理解上的难点最有针对性的实验作为演示实验。

第二，演示必须能清晰地展示出演示实验所要强调和说明的观察内容，要使重点观察的内容得到明显的突出。为此，演示实验的仪器应尽可能大一些，结构也应尽量简单，有时甚至可用一些辅助性设备（如投影仪）使观察对象得到放大。

第三，课前认真准备，确保课上一次成功。准备不充分，就很可能导致课堂上实验反复演示多次都不成功，这既耽误时间，又使学生失去信任感。

第四，由于在实验演示中学生较为被动，观察也缺乏重点，因此，教师通常应选择和设计具有一定趣味性、新颖性的实验进行演示，演示中还应注意以提问或说明的方式对学生的观察活动进行言语指导。

(五)对学生实验的组织和指导技能

学生实验是教学实验的主要形式，对于培养学生实验操作能力有不可替代的作用。因此，教师如何对学生实验进行组织和指导是教师的实验教学技能中又一重要方面。教师应如何进行实验的组织和指导呢？

第一，在安排和组织学生实验时，应注意遵循由简到繁、由易到难的基本原则，循序渐进地安排学生实验。将一些较简单、容易进行的实验安排在先，这样就有助于学生掌握实验的基本操作，培养实验兴趣和信心；将一些较难、较复杂的实验安排在后，这就有助于训练并巩固学生的实验操作技能，培养其探索、创新精神。

在实验进行之前，要对学生进行严肃的纪律教育、实验室行为规范教育，实验中要进行必要的、有针对性的指导和监督，如指导学生正确使用仪器，及时纠正操作错误，注意学生对实验数据的记录，及时排除实验进行中的障碍，保证实验的顺利完成。

第二，由于条件的限制，学生实验常常可能分组进行。为使每一实验小组的人数尽可能少一些，实验课的教学可以小班进行，增加教师上课的次数，而每个学生上课的次数并不增加，这样可以充分发掘学校现有的仪器设备的潜力，增加每个学生独立操作的机会。

第三，鼓励学生大胆进行实验，既动脑，又动手，真正发挥主体作用。学生在实验中，常有两种情况，一种是盲目照搬实验步骤，看一步，做一步，不动脑筋；另一种是把自己置于旁观者的地位，自己怕动手、不动手或很少动手，看着别人操作。对第一种学生，教师要指导他们理解当前实验的原理和实验设计的构思，明确为什么和怎么做当前的实验。对第二种学生则要消除他们的各种顾虑，鼓励他们勇于参与，逐步树立独立进行实验操作的信心和勇气。

第四，学生实验结束后，教师应对本次实验进行简单的小结，及时指出实验中的问题和错误。同时，要对学生实验报告的撰写提出要求。通过这一环节，才能使实验教学的作用得到巩固。

第二节 活动课教学技能

活动课程作为一种重要的课程,与学科课程、隐性课程等具有共同的本质。它同样是为总培养目标的实现而服务的,也是为促进学生身心素质的全面协同发展而服务。但是,活动课程与其他课程相比,也表现出不同的特点和不同的教学侧重点。因此,教师应准确把握活动课的意义、目标以及特点,掌握基本的活动课教学技能,以更好完成教育教学任务。

一、活动课概述

当前,围绕素质教育的目标要求,我国已确立了由必修课、选修课、活动课三部分组成的义务教育课程体系。将活动课纳入课程体系是课程体系革新的标志之一。

(一)活动课的含义

活动,既是一种物质的社会形式,又是一种人类存在的现象,也是人反映对象世界的一种途径,还是人积极变革现实和发展自我的一种方式,既是人类社会及其全部价值存在与发展的本原,也是人的生命、能力、个性形成与发展的源泉。人的活动问题,一直处在各门学科代表人物注意的中心。由于活动对人的影响是极其广泛、多样性的,就决定了人们对活动的理解具有广泛性和多样化。如马克思主义的认识论将人们的"活动"划分为"认识"与"实践"两种基本形式,并揭示了"从实践到认识,再从认识到实践,循环往复以至无穷"这样一条人类变革社会,改造自然,发展自我的认识规律。而心理学家们则将人的活动分为内部活动与外部活动,认为人的内部心理活动来源于外部活动,人的能力与个性是在活动中形成的,人的活动的主动性的形成是个性萌芽的重要表现。在教育领域,通常把活动分为以教师为主的活动与以学生为主的活动。长期以来,前者一直是教育教学的中心,以赫尔巴特为代表的学科本位课程论,过分强调学科课程,强调脱离生活实际的知识体系,教师注重知识灌输,学生被动学习、死记硬背、负担过重。在学校里,以学为主的活动或被忽视或被排斥,即便作为"课外活动"列入课表也往往是形式安排而已。

《中小学综合实践活动课程指导纲要》对活动课程的界定是:综合实践活动是从学生的真实生活和发展需要出发,从生活情境中发现问题,转化为活动主题,通过探究、服务、制作、体验等方式,培养学生综合素质的跨学科实践性课程。[1]活动课程与传统

---

[1] 教育部. 教育部关于印发《中小学综合实践活动课程指导纲要》的通知[EB/OL].(2017-09-27)[2021-05-19]. http://www.moe.gov.cn/srcsite/A26/s8001/201710/t20171017_316616.html.

的课外活动既有区别又有联系。课外活动是指学校在课堂教学之外对学生实施的各种有意义的教育活动。其二者共同之处在于，都是立足于"活动"，并通过开展活动拓展学生的知识，激发学生的兴趣，培养学生的能力，陶冶学生的情操，发展学生的特长，提高学生的全面素质，力图充分发挥教育过程中学生的主体作用。从传统的课外活动到目前所开展的活动课程，并不是简单的名称上的更易，二者之间存在质的区别。首先，活动课程具有课程自身的目标体系。《中小学综合实践活动课程指导纲要》对学生的价值体认、责任担当、问题解决、创意物化等方面的意识和能力做出了明确的要求，并且在小学、初中、高中不同的阶段都有对应的具体目标体系；而课外活动虽有活动的总体目标，但往往只是停留在笼统、模糊的表面上，更多地针对某项具体的活动来确定具体的活动目标。其次，活动课程在活动的内容上，依据其课程的目标体系选择活动内容，使活动内容具有一定的规定性并形成内容体系。同时，活动指导纲要、课程规划、课程实施、活动教材、活动教学参考书予以保证；而课外活动由于缺乏系统的、明确的目标，在内容选择上存在着相当大的随意性。最后，活动课程具有评估体系，能够坚持评价的方向性、指导性、客观性、公正性等原则。坚持学生成长导向，做好真实记录，建立档案袋，开展科学评价。对教师的教学、学生的活动具有反馈与调节机制，以确保活动课的正常开展和活动质量的逐步提高；课外活动虽有一定的行政管理，但往往比较宽松，因缺乏评估机制，容易出现放任自流的情况。因此，活动课程是在传统课外活动基础上的发展与升华，在观念上不能把二者混为一谈，否则，不仅会造成理论上的混乱，还会导致在实践中将课外活动作为新的课程计划的活动课程来实施。

我国当前已在开展的新的活动课程，也不同于杜威所倡导的实用主义活动课程。具体体现在：首先，课程指导思想上的区别。新的活动课程的设置，是在社会主义教育方针的指导下，按照社会要求和学生需要相结合的原则全面地确定课程目标、课程内容与组织形式，而且，它还是我国中小学从"应试教育"向"素质教育"转变的一项重大举措。而实用主义课程理论，作为"儿童中心课程"，则更多地侧重于儿童的兴趣爱好，并以此为出发点设计课程。其次，课程结构上的区别。杜威鉴于学科课程所暴露的弊端，认为单一的分科教学形式，只能教给儿童机械的、孤立的死知识，教学内容与社会生活严重脱节，忽视儿童的兴趣与爱好，是违背教育宗旨的教育。他从实用主义教育思想出发，提出了教育即生活，教育即生长，教育是经验不断地改造和改组等教育观点，主张学校的课程应以"活动"为中心进行设计。他的追随者们，甚至完全以活动课程代替学科课程，从而彻底否定了学科课程。而新的活动课程，仍以主渠道的方式保留了学科课程，肯定了学科课程对儿童青少年传授系统的科学文化知识方面的作用，形成了学科课程与活动课程并列的组合性课程结构，以达到两种课程形态优势互补的目的。最后，课程内容上的区别。实用主义活动课程的内容的选择上，是以儿童的兴趣与需要为基点,而新的活动课程在内容的选择上坚持社会要求和学生需要相结合的原则,因而,在充分尊重儿童的兴趣与爱好的同时,还要考虑根据社会主义教育的性质,社会与科学技术发展的要求,21世纪对人才的需求等因素选择、组织活动内容。另外,与实用主义活动课程相比,新的活动课程更强调活动课程的计划,活动课程的内容结构、活动课程的教学规范,以克服实用主义活动课程内容比较松散、系统不够完整,活动随意性较大的弊端,因而,从严格的意义上说,新的活动课程更具"课程"的性质。

(二)活动课的特点

第一,活动课程具有自主性。强调学习过程是学生自主探索知识的过程。传统的学科课程强调教师的灌输,而活动课将发挥学生的主体性作为主要的出发点和归宿,十分强调在活动过程中学生自主意识和能力的培养。因此,在活动课教学中,教师应重视儿童的本性,正确处理好活动内容与方式的规定性与学生自主性之间的关系,正确处理活动过程中的师生关系。如生物老师在活动课中,让初一学生做有利于生态保护的小区设计,通过教学让学生进行实地调查、访问等活动,结果设计出了五花八门、创意新颖、科学的模型,并写出了设计报告,学生明显比过去敢想象、敢发言,各种能力得到了提高。

第二,活动过程具有实践性。强调学习过程是学生的亲身实践过程。活动课程和强调系统的间接经验的学习不同,教学活动中必须设有真实或模拟的实践活动,使学生获得第一手材料和真实的感受,以便为学生的成长和发展服务,培养学生的创造能力,即"实践—认识—再实践",从而产生认识的飞跃,并养成解决实际问题的能力。如在英语课中采用对话教学,使用各种道具,实物演示或表演的实践活动,请同学自己备课后轮流当教师等。

第三,活动课程具有互补性。活动课是我国当前基础教育课程体系中的一个组成部分,它并不像实用主义活动课程排斥学科课程而独立存在,而是力求与学科课程相呼应、相配合。因而,在活动目标的确定,内容的选择,活动的组织上都要考虑到并处理好与学科课程的关系,以使两者相辅相成,优势互补。如在课程目标的设置上,应更多地针对学科课程的不足,从而提高学生的全面素质;同时,还应注意到设置帮助学生应用、验证、巩固、深化所学学科知识的课程目标,以沟通学科课程和活动课程、直接经验的学习和间接知识的学习之间的联系。

第四,活动课程具有参与性。传统教育强调学生对知识的系统掌握,侧重于结果,导致忽视方法,危害学生身心健康。让学生在"活动"中学,无论成功还是失败,对学生自身都是宝贵的经验、教训和锻炼。这就要求教师在对活动课进行考评时,要采取不同于传统教育的方法,鼓励学生大胆参与。

第五,活动课程具有开放性。允许学生有不同的观点、模式、成果,给予学生充分的发问、辩论自由,创造自由探讨的学术性、科研性氛围,鼓励学生运用各类知识或经验去解决问题。即要培养发散式思维,开阔学生的眼界和思路,有利于创新型、开拓型人才的培养。

二、活动课的目标

开设活动课程或在学科教学中引入活动课模式,教师都应有明确的教学目标。

(一)情感目标

对待自己、他人、社会以及事物的观念和心理倾向,在思想品德教育中,通过活动课能更好地达到教育目的。例如,进行爱护环境卫生的教育,可通过参观垃圾山、垃圾处理站,访问清洁工等活动,使学生得到亲身感受,从而产生一种自然的情感,思想得到升华,进而产生自觉的环境保护行动。

情感目标包括如下层次:一是关心,即对周围世界主动地关注,21世纪教育目标之一就是学会关心,对他人和社会不能漠然,而传统教育则是"两耳不闻窗外事,一心只读圣贤书"。二是参与,即主动地采取行动参与其中,超越个人生活狭隘的圈子,产生对人类社会的责任感。这一点在传统的封闭型教育教学环境中是较难培养出来的。因为在活动实践中产生的情感体验,在社会参与中经历的心理感受,其所产生的效果与单纯的说理教育是大不一样的。三是合作,共同解决问题,共同进步。四是发展,即改变目前生活状况的意识,自我发展的意识,牺牲局部利益顾全长远利益的意识等等。

(二)能力目标

所谓能力是指顺利完成各项任务或解决某个问题的心理特征的综合。我国学生在独立思考能力、解决问题能力、信息收集和处理能力等一般能力方面表现较差,因为历来的学科教学模式对上述能力的培养效果较差。能力的培养有一个特点:能力是从培养兴趣开始,并在一系列的活动中逐步形成的。能力培养的活动也有其特点:这种活动必须是探索性、创造性的,活动主体的思维方式是发散式的,活动指导者的教法是因材施教和启发式的。在活动课中,尤其应注重以下几个方面能力的培养。

第一,研究能力、创新能力。研究能力应该从小培养。没有研究意识,缺乏研究能力,就不可能自己发现问题,探究变革措施,改变生存的处境。有研究能力,才会自觉地在研究的状态下从事学习和工作,不囿于唯一结论,不断创新。活动课程的实施常常需要学生围绕某一问题,广泛收集资料,分析资料,提出假设,验证假设,积极发表个人见解。在这种活动过程中,学生的研究能力和创新能力渐进增长。

第二，独立思考能力和解决问题的能力。在活动课中,由于有很多活动围绕主题进行,其中问题的选择、资料的收集、假设的形成与验证等,均有助于思考和解决问题能力的养成。

第三，人际交往能力。活动课程强调灵活多样的活动方式,师生之间、生生之间、师生与其他社会成员之间交流机会比较多,交际能力易于养成。

第四，动手操作能力。动手操作是活动的构成要素,操作能力在活动中容易养成。

第五，管理能力。活动的完成并非一人之功,在两人以上都会涉及组织和管理问题,怎样协调工作关系、人际关系、人事关系,怎样调动每个人活动的积极性,需要一定的经验,活动机会越多,活动水平越高,活动内容越丰富,此种经验愈丰富。

(三)知识目标

活动课程并非不注重知识的掌握,但它尤其强调知识的综合性、创新性和广博性。学科课程重在专门性知识,按一定逻辑顺序将知识分门别类;活动课程淡化知识分割,淡化学科之间的界限,以任务为中心,将知识学习融入完成任务的过程之中。活动课程主张尽可能拓宽学生的知识视野,尽可能综合学习并运用知识。如"立足两高,建设两地"这一主题,涉及政治、经济、文化、地理、环境等多学科知识,"两高、两地"等类似的知识与学生的学习生活、家庭生活以及今后的职业生活等密切相关,都是学生在活动课程中需要学习并能够学习的。学科课程的知识一般是相对稳定的、经过实践检验的真理性知识,学生不掌握这些知识,对学生来说是一大损失,但这些知识有的往往是陈旧的,因此让学生学习类似于"两高、两地"等我国最新战略方针与政策,对于促进学生的成长而言具有重要的价值和意义。

三、活动课教学技能

(一)活动课的教学设计技能

活动课具有较大的灵活性和多样性。要上好活动课,既要遵循一定的教育原则,又要讲究活动的方式方法,还要协调各方面的关系,同时应遵循一定的思路,有计划、有目的、有步骤地进行。教案是工作的计划,是事先经过认真思考或讨论拟定的具体内容和步骤。教案的形式有提纲式和表格式两大类,其项目内容由以下几个方面构成。

1.活动主题

设计和酝酿一个好的活动主题是制定整个方案的关键。在设计时,既要考虑教育目标的要求,也应考虑学生的身心发展状况和知识背景,并富有时代气息。具体而言,要符合以下几点:①教育性;②时代性;③趣味性;④可行性。

2.活动目的

活动目的是组织活动、制订计划及评价活动成果的主要依据。它是活动课目标在具体活动主题中的具体体现,因此,活动目的应尽可能在情感、能力、知识等方面提出明确、具体的要求。

3.活动对象

根据活动目的,结合学生的年龄特征、知识水平、兴趣、爱好、特长,本着自由选择、自由参加的原则,组织和选择活动对象。

4.活动内容及方式

在活动课中,活动内容不应太多,否则会冲淡主题。活动内容应含有活动的基本要求和方法指导。

一项活动内容确定后,选择新颖的活动方式和方法对活动的效果影响极大。教师应尽量使整个活动过程成为学生自学的过程、研究的过程,应充分发挥学生独立思考和钻研创造的精神。

5.活动的程序安排

一般的活动程序分为准备阶段、实施阶段、总结阶段。每一阶段的任务要制订得具体明确、分工协作、职责分明,并尽可能预想到可能会出现的问题及解决方法。对每一阶段所需的时间也要具体安排。

在安排时,要注意各个部分之间的内在联系,不仅在活动内容上,而且在活动的组织上,器材的准备上,都要统筹考虑。对于大型的专题性活动,还要对每一个子活动制订出具体进度要求和活动议程,明确职责、范围、工作量,确定具体负责人。如果活动程序较复杂,活动场所、器材要交叉使用,还要设计出活动的框架图表,以便于统一调度、组织和指导。

一个好的活动方案是集体智慧的结晶,在方案设计过程中应尽可能和同学商量,征求同学的意见,鼓励学生大胆献计献策。这样,既有利于方案的完善,也有利于学生在参与方案制订的活动中得到锻炼。

(二)活动课的教学组织技能

活动课的主要教学形式有团体活动、小组活动和个体活动。

团体活动是活动课教学普遍采用的活动形式,它可以同时吸收大批学生参加。团体活动有这样一些常见的活动形式:①讲座。时事政治教育、专题演讲和学术报告常常采用这种形式,主讲人可以是领导、教师和学生,也可请专家学者和模范人物。②主题集会。具体包括文艺晚会、科技晚会、演讲比赛、竞赛、体育比赛、主题班会等。③参观、调查、访问和游览。如参观工厂的先进设备,组织夏令营等。④观看影视片,参加社会公共劳动。

小组活动是活动课教学的基本形式,它建立在学生对某项活动具有共同的兴趣、爱好和目的基础上。这种小组以自愿结合为主,灵活方便,有利于因材施教。小组活动也是多种多样的,如无线电小组、气象观测小组、足球小组、学习小组。学校应根据自己的师资、设备和学生的兴趣爱好,组织多种多样的兴趣小组,学生自愿报名参加。每个小组学生人数少则四五人,多则二十几个。如果某项活动参加的人数太多,可分成两个或三个组安排在不同的时间内进行。活动小组可以跨班、跨年级组织。辅导员可由教师或聘请专业人员担任。活动次数不宜太多,每次活动时间也不宜过长,以免加重学生学习负担。

个体活动是一种在教师和辅导员的指导下,根据个人的兴趣和才能,组织学生个别进行活动的形式。个体活动从内容上看也是多种多样的,如独立阅读课外书籍、小型科学实验、制作动植物标本、撰写小论文。如果发现某些有特殊才能的学生,应在个别活动中加以专门指导和培养。

个体活动、小组活动、团体活动既有区别,又有联系。三种形式的活动可穿插进行、交叉开展、有机结合,使活动课生动活泼、交相辉映,让每种形式发挥出自己特有的作用,取得良好的效果。

四、活动课的评价技能

(一)评价体系

建立和完善活动课的评价体系,是活动课得以有效、顺利实施的重要保证。学校领导、教师和学生、家长要共同参与评价,做到定性和定量评价相结合,主观评价与客观评价相结合,定期评价和随机评估相结合,师评与生评相结合。活动课评价体系的建立要符合学生的特点和活动课的实际。

第一,评价标准。根据各项活动的目的、任务拟定易于操作的评价标准。现以初中生活动课评价标准为例(表5-1)展示活动课评价目标结构。

第二,评价原则。坚持活动过程评价优先、水平评价为主的原则,以保证活动课的正常开展和活动课目的的实现。

表 5-1　初中生活动课评价目标结构

一级指标	课程类别				
	做人教育活动（学会做人）	科技活动（学会学习）	体能活动（学会健身）	艺术活动（学会审美）	生活训练活动（学会生活）
个性品质（态度、兴趣、信念）	1.积极参加做人教育活动；2.关心社会、集体、他人的态度；3.独立探求活动内容的兴趣；4.健康的心理倾向。	1.积极参加科技活动；2.科技兴国的积极态度；3.科技兴趣和求知欲望；4.独立思考主动解决活动中突出问题的信心。	1.积极参加体能活动；2.主动提高体能素质的愿望；3.掌握技能、技巧的浓厚兴趣；4.公正、团结、顽强拼搏的意志。	1.积极参加艺术活动；2.寻求美、表现美的愿望；3.对文学艺术有兴趣；4.获得审美、能力和表现美创造美的信心。	1.积极参加生活训练活动；2.主动优化生活环境的愿望；3.对生活技能、技巧有兴趣；4.对提高生活质量充满信心。
实际能力（观察思考的能力、人际交往的能力、搜集整理信息能力、动手操作能力、表达能力、合作能力）	1.调查访问获取社会信息的能力；2.仔细观察分析社会现象的能力；3.运用社会常识有理有据反映生活过程的能力；4.与他人合作共同完成任务的能力。	1.运用科学方法观察事物、思考问题的能力；2.灵活、准确、快速动作的能力；3.主动、团结、协作共同完成科技任务的能力；4.对外界环境的适应能力、应变能力和抗挫折能力。	1.观察分析运动技巧要领的能力；2.灵活、准确、快速动作的能力；3.主动、团结、协作共同完成竞技任务的能力；4.对外界环境的适应能力、应变能力和抗挫折能力。	1.比较、分析、识别美的能力；2.语言、图形、形体表达美的能力；3.寻求美、感受美的能力；4.与他人合作、表现美、创造美的能力。	1.总结、借鉴生活经验的能力；2.独立完成生活训练内容的能力；3.使用简单劳动工具的能力；4.团结合作提高生活质量的能力。
综合知识（直接体验、整合知识、前沿知识）	1.了解社会获取信息；2.解决社会问题形成的知识；3.现实法律、法规、伦理常识。	1.获得综合动用科学方法的知识；2.解决实际问题的综合知识；3.科技前沿知识。	1.获得科学健体的运动的知识；2.生理卫生与运动保健的综合知识。	1.获得鉴赏美的知识；2.表现美的方法的综合知识。	1.获得劳动工具使用及技能的知识；2.环境保护质量的综合知识。

(二)评价方式

一般来说,活动课没有学科教学那样严格的考试,学生的心理压力也不大。但应当有效果检测和评价,通常采取自评、互评、师评相结合的方式。常用的评价方式有两种:第一,等级评价。各项活动可根据前述标准、原则和方法,从参加活动的情况(包括出勤、态度等)和活动效果两方面进行评价,评出相应的等级。第二,成果汇报评价。通常可举办展览、文艺汇演、报告会以及演讲比赛、知识竞赛、运动会等活动。这种方式既能检测活动课的效果,又可使学生互相学习、互相激励,进一步推动活动课的开设(表5-2、5-3)。

表5-2 学生自我评价表

评价目标	评价要求		
	个性品质是否有增强	自己认为较强的个性品质	简述不强的原因
态度			
兴趣			
信心			
观察思考的能力			
人际交往的能力			
表达的能力			
合作的能力			
搜集整理信息能力			
动手操作的能力			
评价目标	简述自己的体验和知道了哪些过去不知道的知识		
综合运用所学知识			
接受和理解新知识			

表5-3 活动课教学技能评价单

教学内容： 　　　　　　　　　　　　　　　　　　　执教者：

	评价指标	赋值	得分
1	活动设计的目的明确	10	
2	活动的选题符合学生实际	10	
3	活动方案具体可行	15	
4	活动目标体现了三维目标的统一	15	
5	活动能面向全体	5	
6	活动情境能调动学生的参与精神	10	
7	活动形式生动活泼，寓教于乐	15	
8	能合理使用多媒体等辅助手段	10	
9	活动各环节张弛有度，层层深入	10	
	合计	100	
简评			

评价人：

年　　月　　日

第三节 探究课教学技能

现代教育不仅强调学生学习的接受性、系统性和完整性,同时也重视学生学习的主动性、研究性、跳跃性和创造性。探究型课程作为一种相对新型的课程,主要在于提升学生发现问题和解决问题的能力,开发和培养学生的潜能和完整人格。本节就探究课程的内涵、教学策略、学习指导等展开探讨,以促进学习者探究课教学技能的提升。

一、探究课程的内涵

(一)探究课程的定义

探究型(研究型)课程是由学生自主发现问题、提出问题或课题,自主探究并获得体验的一种课程。[①]在高中阶段,称为研究型课程,在初中、小学阶段称为探究型课程。

从目标定位看,探究型课程注重学生获得亲身经历、实践探索的体验和感悟;培养责任感和使命感;培养合作意识和人际交往能力;培养提出问题和解决问题的能力;培养科学态度,学会科学思维的探究方法,获得科学探究的基本素养。

从功能定位看,探究型课程是为学生提供经验的实践活动课程,其功能为转变学习方式,使学生学会学习。其中,转变学习方式,学会用自主、研究的方式开展学习活动是课程的核心。

从课程的角度看,探究型课程是经验课程、综合课程、用研究性学习方式学习的课程、必修课程、国家管理学校开发的课程。

(二)探究课程的任务

1.探究课程与基础课程的区别

探究课程是一种课程形态,虽然和基础课程中的探究学习有共同点,比如:都需要由问题或设计任务出发开展学习活动;都需要通过观察、调查、假设、实验等多种形式的探究活动,提出自己的解释,或者设计和制作自己的作品;都需要通过表达和交流,验证、修正自己的解释,或者改进自己的作品。但是探究课程从课程类别、课程特点、学习内容、目标体现、学习形式和学习方式上又区别于基础课程的探究学习。如表5-4所列:

---

①钱春莱.体验探究 培养兴趣——小学探究型课程核心素养研究[J].现代基础教育研究,2016(22):144.

表5-4　基础型课程和探究型课程的对比

项目	基础型课程	探究型课程
课程类别	知识体系课程	问题解决课程
课程特点	强调知识体系,基础知识扎实,但解决问题的能力和创新精神、实践能力欠缺	强调生活经验、社会实践,对创新精神、实践能力的培养较好,但"双基"不扎实
学习内容	内容一样,无选择,主要是书本知识	内容不一定一样,可选,包括自然、社会等
目标体现	主要掌握学术性书本知识和技能	主要获得体验性知识和探究技能,强调自主
学习形式	以个人学习为主	以小组合作学习为主
学习方式	接受性学习和研究性学习相结合的学习方式	研究性学习方式

2.探究课程在各年段的任务

小学阶段:培养问题意识、好奇心和探究的习惯(利用方法自己解决问题);体验探究的乐趣,掌握基本的探究技能,培养探究兴趣和行为习惯。

初中阶段:经历、体验探究的过程(知道探究是怎么回事);掌握探究的基本方法(如调查、观察、访谈等);学会合作、交流(有分工,能承担任务,能交流思想);感受、学习各种类型的探究过程和方法。

高中阶段:能自主选题,自主编制方案,通过分析、推理等得出结论。理解、认识探究的本质和内涵,促进内化。

(三)探究课程的学习组织形式

探究课的学习组织形式主要有班级、小组和个人三种,但通常都以小组形式存在。具有合作、交流、表达的能力,学会相互协作、相互配合、有分工、有合作地完成任务,学会分享共同努力取得的研究成果,是探究型课程目标中的一个组成部分。随着社会的飞速发展,通过团队的劳动、创造,改变社会,促进人类进步,越来越多地取代了过去以个人为主的劳动方式。懂得合作,有团队精神,有健全的人格,能有效地与他人沟通、交流,是现代社会对人的发展的要求,因此,以小组为主的学习形式可以为学生将来更好地适应社会打下基础。另外,作为完善学生学习方式的合作交流学习,也是新课改的一个理念。当然,探究型课程中的学习形式还有个人和班级甚至年级的形式,需要根据具体的情况适时、适当地采用。

二、探究课程的教学策略

由于探究课教学活动开放性、自主性、实践性和合作性更强,对教师文化、学术水平及组织、研究、指导能力等提出了要求,所以教师要从知识层面,组织指导层面等角度使教学活动有序高效地开展。具体而言,探究课的教学指导环节包括:确定学习组织形式选择探究主题——设计实施方案组织方案实施——撰写探究报告形成探究成果。探究主题选择可以采用学生自选、师生协商、教师提供三种形式。方案设计主要包括探究的原因、探究主题的意义与目的、探究方法的采用、探究的过程等。方案实施是根据设计的方案步骤组织的探究活动,包括每次活动的安排、记录、小结、反思等。探究报告的撰写有观察报告、调查报告、实验报告、文献资料、分析报告、项目设计报告等。探究成果包括每个单元主题内容探究的过程资料和结果资料。

正是基于探究课程的要求较高,师生共同学习的难度比基础课更有难度,教师们在进行教学活动时,往往会遇到一些困难。按照探究课的流程环节,我们从分组准备和探究实施过程两个维度,提出具体策略和技能方法。

(一)分组准备

探究课最主要的学习方式是小组,分组准备对于探究课的实效性至关重要。分组时,一般可以采取自由组合、就近组合和选择组合三种形式。

1.合理分组,提高参与度

在小组的成立过程中,一般较常采用学生自我组合和教师按座位等原则规划小组,容易出现小组人数过多或过少的情况。因此,一要做好小组成立的动员工作,让学生明白为什么要成立小组,什么样的小组才能有战斗力;二要成立小组前定好小组成立原则,比如:确定好小组成立的人数限制、男女搭配的比例等;三要灵活处理个别问题,比如有时一组1-2人,人数过少,有时一组7-8人,人数相对较多,对人少的小组要允许其存在,对人多的小组,要提醒学生遵循小组成立原则,阐明理由,予以相应调整;四是要帮助学生明确小组成员角色及职责,这样可以引导学生思考小组的需要,从而决定小组的组成。

2.确定组长,提高管理力

由于小组合作是探究课的最主要学习形式,所以选择一个富有责任心,有一定管理能力的同学做组长有利于探究学习的展开。因此,在教学组织中,确定小组的组长,明确组长职责,关注组长能力的培养,是提高学生自主管理能力,提升探究学习有效性的关键问题之一。在选举组长的过程中,要注意以下问题:

(1)组长一般由组员民主选举产生,在选择组长之前,应该公布组长的职责,如组内分工探究任务,评价每位组员的学习情况,保管组内学习资料包,建设小组文化等。

(2)起始年级会存在有同学自告奋勇担任组长的情况,对于这一现象,教师应该特别注意保护学生的积极性。

(3)在学习小组相对稳定的状态下,可以在不同的时段尝试组长轮换制,这样可以使更多的同学得到锻炼。

(4)赋予组长组内分配探究任务以及期末评定组员学习等权利,以帮助组长提高其在组内的威信。

3.建设小组文化,增强学习效率

一个具有凝聚力和战斗力的小组,一定有通过组员认可的小组行为规则和行为取向,这些就是一个小组文化形成的主要因素。良好的小组文化有助于提高学生合作学习的效率,因此,对于小组文化的建设,要予以重视。

(1)制作小组铭牌:标明小组名称,适当增加小组其他详细信息,如小组口号等,在每节课上课时放于课桌上,这样既有利于上课时老师和同学能清楚地叫出小组名,也时刻提醒组内成员的集体意识。

(2)制作小组抢答牌:抢答牌形式多样,目的是在课堂中进行小组交流时或需要回答问题时,通过抢答牌代替传统的举手。因为抢答牌代表的是小组,小组的组员都可以担任举牌和回答的任务。在班级交流时,可以投票选出优胜小组,鼓励小组积极发言与交流。

(3)制备学习资料包:一种学习档案袋。因为探究课没有既定教科书,需要教师进行校本课程开发,因此需要收集学习资料。如果每节课将学习资料收集整理入学习资料包,长期就会形成较为丰富完备的学习档案袋,能有效地提升学生对探究课的学习成就感。

(4)制作组员档案:形式不限。对小组成员的基本情况、特长及优缺点进行介绍,可以提升学生的学习自觉性和小组集体荣誉感。

4.协调小组差异,强化协同性

由于学生个性鲜明,学习能力和行为习惯不同,组与组之间必然存在差异。因此,在分组准备时,要注意:

(1)根据各组的特点对小组成员进行微调,同时注意教育教学方法,例如先个别交流,听取学生本人的意见等,因为被调整的同学可能有些疑惑。

(2)教学设计时应当建立分层目标,根据各组实际情况有针对性地设置一些学习任务,让每一个小组都能体验到学习的成就。

(3)对能力较强的学生和小组可以以课后拓展的形式对其提出高层次的任务和要求,当他们完成以后,可以给予他们全班交流展示的机会,这时引导学生侧重于展示通过小组共同努力完成拓展任务的过程,让其他小组有榜样可依。

(4)可以采用"联合小组"的方式,即在一段时间内将能力和特长可以互补的小组两两结对,让他们取长补短,提高学习有效性,也解决了交流展示阶段受时间局限的问题。

(二)探究实施过程

1.引导确定探究主题

探究课能否得以开展,在于探究主题是否合理,那么如何引导小组或个人在单元主题下确定主题,并围绕主题展开探究活动是探究课的关键。因此,教师要精心进行课前准备,做好情境的创设和课题的引导;组织学生开展一定的校园活动;引导学生进行充分的课前准备。在确定主题时,要兼顾几个问题:

首先,探究主题要达到使学生感到诧异的效果,只有对主题的诧异能打破学生已有的认知平衡,使学生的认知状态由平衡转向失衡,促使其产生认知上的冲突,就能唤起其探究的兴趣与欲望。

其次,探究主题要涉及一定的科学原理,要使学生感到这一探究主题是可触的。所以主题的内容应是学生所熟悉的,但又要以不熟悉的方式来创设。比如可以让初中低年级学生对身边生活进行观察与体验,运用这些素材,准备与主题相关的图片、音像资料,引导学生去发现校园中与学生生活贴切的问题、现象,进而激发学生探究兴趣,在与教师讨论中确定选题。

再次,探究主题的难易程度要适中,要符合学生的认知水平,只有和学生认知水平匹配才能开展探究活动。因为,当探究主题过于容易,学生的认知结构中已经存有它涉及的所有相关概念时,学生只需同化,不具开展探究的价值。而当探究主题过于抽象,学生对探究主题中所涉及的相关变量一无所知时,又无从找到开展探究的切入点,探究兴趣会荡然无存。

最后,主题的设置要精简扼要,涉及的重要变量相对要少。探究主题能够提升学生的探究兴趣,指导学生找到探究方向和目的。但需要注意的是,如果设置过于繁杂的主题,反而容易使学生注意力分散,妨碍他们的探究自主性。

2.引导制订探究计划

学生现有的无论是知识结构还是思考能力都不全面,如果完全放手让学生自己去实践,学生就很可能找不到正确的探究方法和偏离探究的方向,使实践活动达不到目的。所以在培养学生的探究能力时,必须让学生学会制订具有操作性的探究计划,以规范学生的探究实践过程。解决方法建议教师先通过一个活动主题举例,举出以前学生在实践中的一些具体计划实例,在学生掌握了之后,再让他们自行设计。比如初次接触调研的同学,可以在老师的引导下学会制订问卷调查计划,设计调查问卷,并能依计划进行探究。那么,教师就需要首先对问卷调查计划有所了解,进而获取资料,经过思考与加工,针对学生特点与探究的方向、内容进行调整;接着,引导学生试着根据自己小组所要调查的对象、范围进行探究计划的初设定,再通过课堂的交流、整理;然后,再根据各小组的调查计划提出自己的建议,帮助学生形成问卷调查前先制订计划的良好习惯。

3.引导聚焦探究过程

学生在探究新鲜事物时,常会把精力集中在内容和结果上,对于过程往往忽视,对于寻找信息的方式和过程及结果的联系,更是缺乏逻辑性,单纯受直觉控制。比如,他们不清楚在决定变量之间的关系或检验复杂假设之前,应该先分析出情境中的问题。因此,探究课要引导学生聚焦探究过程,加强活动的意识性。

(1)使学生熟知分析因果关系的结构。

首先,教师要使儿童熟知分析因果关系的结构。萨其曼认为分析因果关系往往会涉及事物、系统、条件、事件以及特性等因素。事物是分析因果关系中最基本的元素,它是指问题情境中所有可以彼此区别开来的物质;系统是相互间有联系事物的集合体,人们可以分别讨论系统中每个组成部分的特性,也可从整体来讨论系统本身的特性;条件是事物或系统存在的维度,它是可改变的,也可通过观测直接来确定,只有通过对变化着的条件的研究,学生才能学会确定新变量以及它们跟其他变量之间的关系;事件是条件变化的结果,可从实证的角度来确定必要条件;特性是事物或系统的本质属性,对某事物的特性了解得越多,就越有可能对它所涉及的事件做出猜测,学生可通过观察和实验,经验性地确定事件或系统的特性。因此,教师需在学生进行探究时对学生进行探究训练的指导,教会学生归纳和使用上文所述因果关系结构。

(2)要促使儿童了解与掌握探究因果关系的一般程序,通常可分为三个阶段。

第一阶段是分析问题情境。在这一阶段里,为了更多地了解事物和系统的特性,首先得让学生学会分辨出问题情境中不同的事物与系统;接着要让学生学会确定事物和系统的条件,不仅需要观测它们的条件,而且还得观测两个不同时间点条件的变化;最后要教学生绘制问题情境分析图表来记录自己获得的数据。在图表中,横向排列的条件与事物、系统相对应,纵向排列的条件与每个新自变量事件相对应。这样可简化变量的比较,发现新关系的可能性增加。

第二阶段是确定与问题情境相关的变量,可以分为两步。一是确定与事件相关的变量,二是确定问题情境的必要条件。

第三阶段是引入关系模式,这一阶段没有固定模式,起到探究启发的功能就可以。比如知道问题情境存在的必要条件后,能对它的发生进行猜测与控制。但是,如果要对问题情境做出合理的解释,首先还得发现是什么物理原则或规律在支配着这些变化的发生,学生可根据自己原有的概念体系对问题情境中所存在的关系模式进行假设,随后对自己的假设进行检验。当假设得以证实时,对问题情境的合理解释也就形成了。

三个阶段有逻辑顺序,在探究课中,教师要引导学生了解这些程序,聚焦探究过程。

4.科学评价探究结果

探究课的评价至少由两部分组成,一部分是在实施过程中的作品交流、展示;另一部分应是学期或学段后的综合评价。在评价中,教师要科学合理地对学生的探究活动进行综合性评价,这样才有利于探究活动的持续开展与有效进行。

在作品展示的过程中,教师经常请其他小组或学生有针对性地进行点评,以此来激发学生思维火花的碰撞,培养他们的创新精神。但中小学学段的学生缺乏有效客观评价作品的能力。比如各小组成员在聆听其他小组介绍时,没有先冷静地反思自己在探究过程中表现的优点和缺点,在不清楚自己优点和缺点的情况下,很容易把注意力集中到自己熟悉的领域或者自己擅长的领域,用自己的长处比别人的短处。因此,在探究课中,教师应该有针对性地进行评价能力的培养。首先在评价前引导学生思考作品应该符合什么样的要求。这样学生会根据自己的理解,发表相关见解,然后归纳全班同学的意见让各小组根据意见思考、设计评价量表,并及时下发半成品的评价表,这样能有效地帮助学生提高评价作品的能力。

由于探究课的特点,教师在探究过程中很难对小组组员的学习情况一一了解,详细把控,如何在学期或学段结束后对学生进行客观、公正、合理的综合评价,是一个难点环节。可在一学期学习过程中,请每个小组设计一张记录表,如表5-5所示。针对小组同学的课堂表现和做作业的态度做好适当的记录,在学期结束时每个小组根据组员一学期的表现对组内同学的分数进行评定。这样的记录在学期结束时,可以给老师很好的参考。

表 5-5　学习记录表

小组起评分	姓名	学号	课堂感悟			学期总结			积分券兑换分	组内调节分	总分	等第
			自评	互评	师评	自评	互评	师评				

同时设置以下评分表填写原则：

(1) "小组起评分"为老师根据每组学生本学期课堂表现和学习资料包内资料积累情况给出，小组内可通过"组内调节分"根据组内实际情况给个别同学进行增减，以+X、-X表示，总和为0，最高每人不超过10分；

(2) 课堂感悟、学期总结自评满分为4分，依次是3、2、1分，互评在组内完成，记分方式同自评；

(3) 积分券兑换，每券为3分，根据实际情况加给组内相应成员；

(4) 小组表扬单不另外记分，在小组起评分中已经有所体现；

(5) 等第折算按照以下原则：总分90～100为"优"，75～89为"良"，60～74为"合格"，不满60分为"须努力"，最终成绩总计由老师和课代表合作完成，总分计算原则待定。

三、探究课的学习指导技能

(一) 激发学习动机的技能

学习动机是直接推动学生学习活动的内部动力，它能够说明学生为什么而学习、学习的努力程度以及对学习内容做出选择的原因。尽管学习动机与学习结果的关系并不总是一致，但是一般来讲，学习动机对学习有促进作用。因此，学习动机是学生学习非常重要的非智力因素之一，教师必须努力激发学生的学习动机，提高学生的学习积极性。

1.提出明确而适当的学习目标

教师在进行探究课之前,应该让学生认识到学习的目的、任务、要求,在实践中的应用价值,以及所学内容在知识体系中的地位。明确的目标指目标要具体,适当的目标指难度要合适。这样的目标学生知道如何去做,而且力所能及,容易受到强化。学习目标提得愈具体明确,愈能引起学生的积极性。研究发现,让学生学会自己设立目标也很有效。

2.创设问题情境

创设问题情境是将学生引入到问题之中的过程,通过"设疑"使学生对要学习的内容产生疑问,出现心理的不和谐状态。这是引起认知矛盾的常用方法,它能激起学生的求知欲和学习兴趣,使学生积极主动地学习。研究表明,以下几种"设疑"策略是有效的:①提出与学生已有知识相矛盾的地方。②先教给学生一个基本的法则,在学生理解之后,再给他们举出不符合这一法则的事例。③提出有几种选择答案的问题。

3.及时反馈学生的学习结果

学习结果的反馈具有信息传达的作用,通过结果反馈,学生能够知道自己在学习上取得了多大进步,在多大程度上达到了目标,从而进一步激发学习动机。很多实验研究表明,知道学习结果与不知道学习结果相比,前者效果更好;每日的及时反馈与每周的延缓反馈相比,前者对学习效率的提高更显著。因为知道结果,能看到自己的进步,从而使学习的态度和手段得到加强,激起进一步学习的愿望;同时通过反馈又能看到自己的缺点,激起上进心,树立克服缺点的决心,继续前进。

4.适当地开展竞赛活动

竞赛是激发学习积极性的有效手段。国外许多实验研究表明,在竞赛过程中,威信性动机或获得自尊和自我求成的心理会更强烈。因此有竞赛的学习效果优于无竞赛的学习,可以适当开展小组竞赛活动。过于频繁和竞争性过强的竞赛,不仅会失去激励作用,反而会制造紧张气氛,使学生产生怯场的心理状态,从而加重学生的心理负担,特别是一些学习成绩差的学生,常会因失败而丧失学习的信心和兴趣。故采用竞赛必须慎重、适量,注意方式,增加获胜的机会,竞赛后要对不同类型的学生进行思想教育,以强化其正确的学习动机,纠正错误的学习动机。

(二)阅读方法指导技能

学生的学习是以掌握间接经验为主的过程,因此阅读是学生获取知识的重要途径。据估计,中学生的学习,70%~80%都是通过阅读教科书和参考书来进行的。阅读是学习资料档案袋收集和整理的重要途径,因此,探究课仍然要重视对学生阅读的指导。

1. 加强阅读的计划性

现在适合学生需要的书籍很多,为了使学生更好地把握有限的时间,循序渐进地摄取丰富的知识营养,教师必须帮助学生制订周密的阅读计划。首先,要确定阅读的中心,指导学生围绕这个中心去读书,逐步建立起必备的知识体系。阅读中心的确定既要与专业学习相结合,又要考虑到学生的志趣。其次,要明确阅读的重点,即在一类书中要选择一本或几本作为阅读的重点,在一本书中也可以选择某些章节作为阅读的重点。总之,制订阅读计划要分先后,分主次,定目标,提要求,还要根据学生的能力,合理安排时间,确保计划的可行性。

2. 突出阅读的层次性

学生的阅读是有层次的,一般可以分为浏览、略读、摘读、精读四个层次。

浏览:就是先看看书籍的前言后记、章节目录、插图曲线、公式结论,了解其内容深浅和大致轮廓。这是判断一本书是否值得一读、应该怎样读所不可缺少的调查研究工作。

略读:在一本书的大致轮廓已基本掌握之后,如果发现书中有所需要的内容,就可以进行略读。这时不必阅读文中的每一个字,而是注意文章的标题、副标题、黑体字或斜体字、数字或图表、各章各段的开头和结尾等。略读能够帮助学生对全书进行总的观察,选择有用的内容进行阅读,可以节省不少时间。

摘读:如果书中某些章节是过去未曾学习过的,同时又是有价值的新东西,就有必要摘取这部分内容仔细阅读,以补充自己知识的不足。摘读是在略读基础上进行的,它有利于选择学习书中的新信息。

精读:是从书本的整体到局部,再从局部到整体的反复研读的过程,也是对书本内容从头到尾的深入而系统的逐字逐句的学习。精读要求读得慢、读得细、读得深,它可以帮助学生透彻地理解知识和巩固知识。

3. 培养学生快速阅读的技巧

现在的学生处于信息化时代,知识的增加和更新都非常之迅速,学生所需的阅读材料成倍增长,这就有必要使学生掌握快速阅读的技巧,提高阅读速度。快速阅读是从文字中迅速吸收有用信息的一种读书技巧。一般人往往认为阅读速度越慢,对知识的理解越深刻,但是日本学者田崎仁等人的研究表明,阅读速度越快,理解越深。这是因为快速阅读能促使学生精神更为集中,动机更强烈,更快地掌握作者的意图,对内容的理解更为连贯和深入。当然,这种快速阅读不是只求速度的表面匆匆浏览,而是一种注重质量的创造性的理解过程。教师在培养学生快速阅读技巧时要注意以下几点。①要求学生不要重复阅读。无论多么深奥复杂的书籍,永远只读一遍,眼睛不做逆向运动。只有在一章或一节读完后复习时,才可以重复阅读。②要求学生阅读时不要出声,不要用手或笔指着文字进行阅读。出声朗读是快速阅读的最大障碍。③要求学生阅读时眼睛和书本的距离不能太近,以扩大眼睛的注视范围,减少停顿的次数。④要求学生边阅读边理解。阅读文字时,要分析出关键词和主要概念。⑤要求学生根据阅读目的和材料变换阅读的速度。⑥要求学生每天读完2份报纸、1份专业性杂志和50~100页书。

4."SQ3R"阅读法

"SQ3R"阅读法是国外非常流行的一种阅读方法,它特别适用于阅读需要牢固记忆的材料。"SQ3R"是英语Survey(浏览)、Question(提问)、Read(阅读)、Recite(复述)、Review(复习)五个单词的首字母缩写。SQ3R阅读法的最主要特征是提出问题和解决问题。心里存着提问来研习课程内容是SQ3R法的一个重要内容,提问更能鼓励学生对教材加工的深化和细致化。①

(1)浏览:着重看书的序言、内容提要、目录和书中大小标题、图表、注释以及附录的参考文献等,以求对全书有一个全面、直观的大致印象,从而确定以后阅读的重难点。

(2)提问:着重读书中用黑体字或其他形式标记出的主要内容及重难点,并在阅读中随时提出问题,以激发求知欲,使整个阅读变成一个有准备的、主动的、批评性的过程。

(3)阅读:带着问题深入阅读,可以圈点、画线或写提示性批语。对书中的专门性术语、关键性文字和重点段落,应特别注意,还可以随时做些笔记,加深印象。

(4)复述:这是回忆性的复述,即合上书本,对阅读中提出的问题给予解答,并回忆各个章节的主要内容,作阅读效果的自我检查。如发现尚未掌握好的内容,则进行重点突破。

(5)复习:在复述的基础上,根据回忆中所发现的问题和熟练的程度,再隔若干天,安排几次有重点的全面复习,进一步熟记内容,巩固阅读成果。

(三)促进问题解决的方法指导技能

解决问题的能力是思维能力的核心,探究课的关键问题就是要提高学生运用知识

---

① 覃永辉,段雪峰,范大付.基于SQ3R阅读法的高等数学微课教学设计——以"函数的梯度的定义与几何、物理意义"为例[J].教育教学论坛,2019(24):171.

解决问题的能力,那么教师应该怎样指导学生更好地解决问题呢?

1.努力使传授的知识条件化、系统化和自动化

毫无疑问,丰富的知识经验是顺利解决问题的基础和前提,因为解决问题必须辨别问题,分析已知条件,这些都涉及相关的知识和经验。但是,并不是知识越多,解决问题的能力就越强,学生掌握的知识必须条件化、系统化和自动化之后才能有效地促进问题的解决。

所谓条件化是指学生不仅要学会知识,而且要知道这个知识在什么情况下使用,或者说,运用这个知识的条件是什么。教师为了避免知识的"僵化",必须使学生在大脑中储存知识时,将知识与该知识应用的"触发"条件结合起来,形成条件化知识,即在头脑中储存起大量的"如果……那么……"的"产生式"。这样,当面临这些条件时,就能有效地提取相关知识,顺利地解决问题。所谓系统化是指教师要指导学生整理学过的知识,使之条理化、系统化,形成相互联系的有层次的网络结构。当知识以一种层次网络的方式排列时,就可以大大提高知识的检索效率,有助于问题解决时的思维操作。所谓自动化是指基本知识的运用达到十分熟练的程度,甚至达到自动化的程度,能脱口而出,不需多加思考。教师应让学生及时做练习,防止因知识的不熟而影响问题解决的准确性和敏捷性。

2.结合学科内容教给学生解决问题的策略

奥苏伯尔和鲁宾孙认为,解决问题的策略通常是指选择、组合、改变或操作头脑中已有知识命题的一系列规则,以便填补问题的固有空隙。策略的功能就在于减少尝试与错误的任意性,节约解决问题所需的时间,提高解答成功的概率。

大量研究证明,学生掌握一定的思维策略,并善于在学习和解决问题的过程中"监控"自己的策略,从而及时换用更有效的思维策略,将大大提高学习效率和解决问题的能力。因此,教师应该经常教给学生一些好的问题解决策略,如产生不同寻常的新看法,改变解决问题的习惯性思维,从不同角度看问题,搞清问题的要点,注意与问题有关的事实和条件,关键时刻决定最佳行动方针等等。这些问题解决策略的训练,必须结合学科知识的学习才会有助于培养解决问题的能力。当代心理学越来越重视一种更具特殊性的策略性知识,即更多地与学科知识相联系的思维策略知识,例如解答数学应用题的思维策略,这些策略对学生的问题解决更具指导意义。

3.帮助学生克服思维定式和功能固着的消极影响

思维定式是指在问题解决的过程中做了特定加工方式的准备。一般来说,在不变的情境中,思维定式会有助于学生适应问题的需要而提高反应速度。但在变化了的情

境中,思维定式常常有消极作用,它会限制形成假设的范围,并使所尝试的问题解决方法固定化,从而干扰问题的正确解决。例如,如果问一个人:"由两个1组成的最大数字是多少?"他马上说出是11。如果问他:"由三个1组成的最大数字是多少?"他马上说出是111。这时,如果再问他:"由四个1组成的最大数字是多少?"他可能会说是1111。这个人对前两个问题的回答是正确的,但是对第三个问题的回答是错误的。由四个1组成的最大数字不是1111,而是11^{11}。这种错误就是由思维定式所引起的。

功能固着是一种特殊类型的定势,也是思维活动的刻板化现象。它是指一个人看到某个物品有一种惯常的用途后,就很难看出它的其他新用途,并且如果初次看到的物品的用途越重要,也就越难看出它的其他用途。例如,硬币好像只是一种货币,很少想到它还能用于导电。功能固着容易使学生趋向于以习惯的方式运用物品,而在解决问题的过程中,常需要改变事物固有的功能以适应新的问题情境,这正是功能固着妨碍问题解决的原因。

在学习中要克服思维定式和功能固着的消极影响,教师必须教会学生改变思维方向,进行发散性思维。教师可以运用一些训练题来培养学生的发散性思维能力。例如:请在5分钟内尽可能多地说出曲别针的用途;请在5分钟内尽量说出下图可能想象出的事物等等(图5-1)。

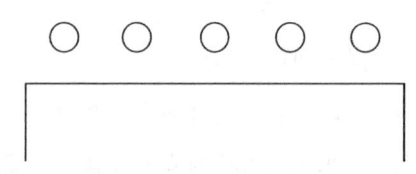

图5-1 图片想象出的事物

4.增强问题呈现的具体性和直接性

在其他因素相等的条件下,问题本身越具体,越容易解决,尤其是对年幼儿童或对问题所涉及的领域特别陌生者更是如此。例如,实物图形呈现的问题情境就比单纯以语词陈述的问题情境更有利于问题解决。并且如果问题呈现的知觉方式能够直接提供解决问题的线索,与学生已有的知识经验非常接近,就容易顺利地找到解决问题的方向和方法。相反,如果问题呈现的知觉方式掩盖或干扰了解决问题的线索,与学生已有的知识经验相差甚远,就会使解答更困难。例如,"已知正方形内切圆的半径是3厘米,求正方形的面积是多少?"这个问题的知觉呈现方式有如下两种,结果发现,学生解B图问题比解A图问题快而正确。因为B图中圆的半径容易看成为正方形的半条边,有利于学生顺利解决问题(图5-2)。

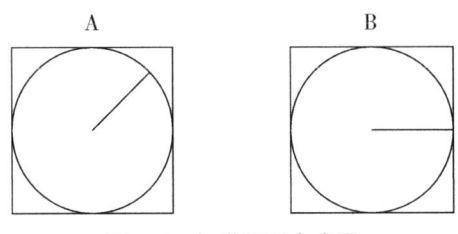

图 5-2　知觉呈现方式图

(四)时间管理技巧指导技能

时间管理是指科学合理地安排学习时间,制订适合自己的学习计划,养成良好的学习习惯,以提高学习的效率。很显然,学生学习效果的好坏并不完全取决于学习时间的长短,关键还在于学生如何巧妙地管理自己能够使用的时间,如何合理安排和充分利用时间。教师可以从以下几方面来指导学生掌握时间管理的技巧,帮助他们养成好的学习习惯,轻松而高效地学习。

1.制订一份适合自己的时间表

一份适合自己的时间表对于学生来说非常重要。它可以有力地推动学生准时开始学习,排除学习中的盲目性和无计划性,防止学生学习时避开那些不喜欢的事情,有利于学生形成良好的学习习惯和学习自觉性。时间表包括周时间表和日时间表,不论哪一种都应该注意:①第一次做计划时不要要求过高,要切合自己的实际;②要消除无所事事的时间,使每一小时都安排在计划之内;③要合理安排学习和休息的时间,劳逸结合;④不同性质的学科要交叉安排,重要的和困难的学习任务要优先安排;⑤时间安排要前紧后松,留有充分的余地。

2.充分利用学习的"黄金时间"

研究大脑生理功能的学者们认为,一天之中大脑功能最好的时刻是刚睡醒以后的三小时左右,因此每天上午10:00左右是最佳学习时间。此外,下午3:00左右也是一段非常好的学习时间。这一点已经在计算和记忆的测验中显示出来:以上午8:00的成绩为100,10:00的成绩便升高到160,至下午1:00又降到98,在下午3:00再升高到130。当然,对于晚上读书的人来说,晚上8:00到10:00同样是学习的黄金时间。而在一周之中,学习效率的最高峰是在星期二,学生可以将一些比较困难、自己兴趣不高但又不得不完成的学习任务安排在星期二,以获得事半功倍的效果。

3.不要丢弃时间的"边角余料"

无论怎样科学地安排,零碎时间还是会有的,如课余、饭前饭后、等候车船时、剧场开幕前、路途往返中等等。这些零零碎碎的时间相对于整块的学习时间来说,更富灵活性，能保持大脑的兴奋状态，极具利用价值，并且将它们加起来，也是一个非常可观的数字，所以完全有必要加以好好利用。那么如何利用时间的"边角余料"来进行学习呢？①处理学习上的杂事。学生可以利用零星时间来削铅笔、收拾用具、整理学习环境等，做好学习的准备工作。②记忆外语单词、地名、年代、公式等。学生可以随身携带一个小本子或卡片，写上要背的单词、地名等，有空随时翻阅。③读短篇或看报纸杂志。学生可以利用零碎时间来广泛摄取新知识，打开视野，拓宽知识面。④讨论、求师。把学习中积累起来的问题，利用零星时间去和学友讨论，向老师请教，是充分节约时间的好办法。⑤整理资料。学生可以利用这些时间将平时积累的资料进行加工整理，或剪贴、或摘录，进行归类整理。

4.合理安排和分配学习的时间

学习时间的安排和分配，一般有两种方式，即集中学习和分散学习。集中学习指在一段时间内集中、连续地进行学习；分散学习指将学习任务分成若干次，在两次学习之间插入一定的时间进行休息。心理学实验证实，在学习材料的难度、数量、结构形式相近的情况下，分散学习的效果大大优于集中学习。当然，学习的间隔时距要考虑到学习内容和学生的年龄特征，但一般而言，每段学习时间以不超过一小时最适宜，两个学习时段之间要休息十分钟，这样才能提高学习效率。

5.保证足够的睡眠时间

学习绝不能以牺牲必要的睡眠时间为代价，因为睡眠是休息的一种最重要最基本的形式，也是科学用脑的必要措施。睡眠能消除疲劳，恢复精力，所以睡眠充足是提高学习效率的必要保障和前提条件。睡眠的时间因人而异，18岁以上的青年每天需要睡足8个小时左右，当然更重要的是睡眠的质量。"足够的睡眠"不等于睡眠时间越长越好，也不等于想睡就睡。事实上，睡眠时间过长，反而导致睡眠质量不高，精神萎靡不振。此外，每天的午睡对于提高整个下午时段的学习效率也是非常重要的。午睡的时间不能太长，控制在一小时以内是最适宜的。

第六章

现代课堂教学技能中现代教育技术的应用

现代社会,教育已不可避免地与信息技术相融合。而在现代信息技术的催化下,一些新的教学技能与方式在课堂教学中出现。掌握基于现代技术的课堂教学技能,不仅有利于提高教师专业化水平,也能优化课堂教学过程和提高课堂教学质量。本章基于现代信息技术,帮助学习者正确认识和理解现代教学媒体等新型课堂教学的内涵,提升对现代信息技术的认识,从而提升现代信息技术的应用能力。

第一节 计算机多媒体在教学中的运用技能

自20世纪90年代,多种媒体技术便得到了迅速发展。特别是近几年来,多媒体技术在社会各个领域更是得到了普及,对人类的生产方式、工作方式乃至生活方式带来了深刻影响。由于多媒体具有图、文、声、影并茂的优势与特点,不仅能弥补传统教学手段的不足,也能提供更为理想的教学环境,因此,多媒体技术在教育领域也得到了广泛应用。掌握现代多媒体技术,已成为现代教师的必备技能之一。

一、多媒体技术简介

(一)多媒体的概念

"多媒体"不是多种媒体的简单集合,而是以计算机为中心把处理多种媒体信息的技术集成在一起,是用来扩展人与计算机交互方式的多种技术的综合。20世纪90年代初期,人机交互方式仍主要是通过基于文字或简单图形的界面来实现,枯燥而单调。

多媒体技术则为人机之间的信息交流提供了全新的手段,包括:高保真度的声音、达到照片质量的图像、二维和三维动画、活动影像等。

(二)多媒体教学系统的优势

1.多媒体计算机的交互性有利于激发学生的学习兴趣和认知主体作用的发挥

人机交互、立即反馈是计算机的显著特点,是任何其他媒体所不能比拟的。多媒体计算机进一步把电视机所具有的视听合一功能与计算机的交互功能结合在一起,产生出一种新的图文并茂、丰富多彩的人机交互方式,而且可以立即反馈。这样一种交互方式对于教学过程具有重要意义,它能够有效地激发学生的学习兴趣,使学生产生强烈的学习欲望,从而形成学习动机。交互性是计算机所独有的,正是因为这个特点使得多媒体计算机不仅是教学的手段、方法,而且成为改变传统教学模式乃至教学思想的一个重要因素。

在传统教学过程中,一切都是由教师决定的。从教学内容、教学策略、教学方法、教学步骤,甚至学生做的练习都是教师事先安排好的,学生只能被动地参与这个过程,即处于被动灌输的状态。而在多媒体计算机这样的交互式学习环境中,学生则可以按照自己的学习基础、学习兴趣来选择自己所要学习的内容。可以选择适合自己水平的练习,如果教学软件编得好,连教学模式也可以选择。学生在交互式学习环境中有了主动参与的可能,而不是一切都由教师安排好,学生只能被动接受。按认知学习理论的观点,人的认识不是外界刺激直接给予的,而是外界刺激与人的内部心理过程相互作用产生的,必须发挥学生的主动性、积极性,才能使学生获得有效的认知。这种主动参与性就为学生的主动性、积极性的发挥创造了很好的条件,即能真正体现学生的认知主体作用。

2.多媒体计算机提供外部刺激的多样性有利于知识的获取与保持

多媒体计算机提供的外部刺激不是单一的刺激,而是多种感官的综合刺激。这对于知识的获取和保持都是非常重要的。实验心理学家特瑞赤拉(Treichler)做过两个著名的心理实验,一个是关于人类获取信息的来源,就是人类获取信息到底主要通过哪些途径。他通过大量的实验证实:人类获取的信息83%来自视觉,11%来自听觉,这两个加起来就有94%。还有3.5%来自嗅觉,1.5%来自触觉,1%来自味觉。多媒体计算机既能看得见,又能听得到,还能用手操作。这样通过多种感官的刺激获取的信息量,比单一地听老师讲课强得多。信息和知识是密切相关的,获取大量的信息就可以掌握大量的知识。他还做了另一个实验,是关于知识保持即记忆持久性的实验,结果是这样的:人们一般能记住自己阅读内容的10%,自己听到内容的20%,自己看到内容的30%,

自己听到和看到内容的50%,在交流过程中自己所说内容的70%。[1]这就是说,如果既能听到又能看到,再通过讨论、交流,用自己的语言表达出来,知识的保持将大大优于传统教学的效果。这说明多媒体计算机应用于教学过程不仅非常有利于知识的获取,而且非常有利于知识的保持。

3.超文本功能可实现对教学信息最有效的组织与管理

超文本(Hypertext)是按照人脑的联想思维方式非线性地组织管理信息的一种先进技术。如果所管理的信息不仅是文字,还包含图形、图像、声音等其他媒体信息,那就成为一个超媒体系统。换句话说,超媒体就是多媒体加超文本。事实上,目前的绝大多数多媒体系统都是采用超文本方式对信息进行组织与管理。因此在一般情况下,也可以对超媒体系统与多媒体系统不加区分,即把超文本看作是多媒体系统的一种特有的功能。

如果按照超文本方式组织一本研究,就和传统的文件或印刷的书籍完全不同。这时的正文(文章、段落、一句话、一个词)都按相互间的联系被组织成正文网。这本书无所谓第一页和最后一页,从哪段正文开始阅读,以及接下来读什么都由读者的意愿来决定。选择下一段正文的依据不是顺序,也不是索引,而是正文之间的语义联系。认知心理学的研究表明,人类思维具有联想特征,人在阅读或思考问题过程中经常由于联想,从一个概念或主题转移到另一个相关的概念或主题。所以把按超文本的非线性、网状方式组织管理信息和按传统文本的线性、顺序方式组织管理信息相比较,前者更符合人类的思维特点和阅读习惯。

超文本之所以具有上述优越性是由其结构特征决定的。超文本的基本结构由节点(node)和链(link)组成,节点用于存储各种信息,节点内容可以是文本、语音、图形、图像或一段活动影像。节点大小可以是一个窗口,也可以是一帧或若干帧所包含的数据。链则用来表示各节点(即各种信息)之间的关联。节点和链均有多种不同的类型,因而形成各种不同的多媒体系统。

利用多媒体的超文本功能实现对教学信息的组织与管理,其优越性在于以下几点。

(1)可按教学目标的要求,把包含不同媒体信息的各种教学内容组成一个有机的整体。在传统的印刷教材中,有关语音和活动影像的内容无法与文字内容组成一体化的教材。只能以教科书、录音带、录像带三者各自独立的形式,分别出版。显然,这样的教科书,其内容必然是单调、枯燥的,与超文本方式组织的图、文、音、像并茂的丰富多彩的电子教材不可同日而语。

---

[1] 黄晓颖.对外汉语课堂教学艺术:来自教学实践的微技能探讨[M].北京:北京语言大学出版社,2008:57.

(2)按教学内容的要求,把包含不同教学要求的各种教学资料组成一个有机的整体。教学过程的每个教学单元均包含课文、练习、习题、提问、测验、对测验的解答及相应的演示或实验,把这些教学内容相关而教学要求不同的教学资料有机地组织在一起,无疑对课堂教学、课外复习或自学都是大有好处的。而按照传统文本的线性、顺序方式来组织、管理教学内容绝不可能做到这一点。

(3)可按学生的知识基础与水平把相关学科的预备知识及开阔视野所需要补充的知识组成有机的整体。因材施教是优化教学过程的重要目标之一,但由于学生个体之间差异很大,要在传统印刷教材中同时满足基础较差学生、一般学生和优秀学生对教学内容的不同需求是做不到的。而在多媒体电子教科书中这却是轻而易举的事情,只要利用超文本功能设置和预备知识有关的热键以及和补充知识有关的热键即可。

4.多媒体计算机可作为认知工具实现最理想的学习环境

从80年代中期到90年代初,计算机作为工具在教育领域被广泛应用,主要有两个方面:一是作为数据处理工具(如各种数据库和电子表格处理软件的应用);二是作为文字处理工具(如WPS和WORD软件)。近年来,计算机在教育领域作为工具应用的一大发展,被作为教学过程中一种有效的认知工具。

在过去的20年中,强调"刺激—反应",并把学习者看作是对外部刺激做出被动反应即作为知识灌输对象的行为主义学习理论,已经让位给强调认知主体的内部心理过程并把学习者看作是信息加工主体的认知学习理论。随着心理学家对人类学习过程认知规律研究的不断深入,认知学习理论的一个重要分支——建构主义学习理论在西方逐渐流行。由于多媒体计算机和网络通信技术所具有的多种特性特别适合于实现建构主义学习环境,换句话说,多媒体计算机和网络通信技术可以作为建构主义学习环境下的理想认知工具,能有效地促进学生的认知发展。所以随着多媒体计算机和Internet网络的飞速发展,建构主义学习理论正愈来愈显示出其强大的生命力,并在世界范围内日益扩大其影响。

二、计算机辅助教学

计算机辅助教学(CAI)是将计算机用作教学媒体(工具),为学生提供一个良好的学习环境,使学生通过与计算机的交互对话来进行学习的一种新型教学形式。作为教学媒体,计算机与其他教学媒体(如黑板、投影仪、电视机、录像机等)一样,都能够帮助教师提高教学效果、扩大教学范围、延伸教师的教育功能。但是,由于计算机具有交互特性而且具有快速存取和自动处理等功能,不仅能够呈现教学信息,还能接收学生的回答并进行判断,进而能对学生进行学习指导。因此,在利用计算机进行学习时,能够使学习者有多种控制。如选择学习内容和进度;根据学生的学习情况,选择不同的学习路径;可实现个别化教学和因材施教;收集每个学生在学习过程中的执行信息,以便为教师提供多方面的报告;学生在这样的学习环境中,必须保持注意力高度集中,不允许像在课堂上那样走神等。显然,这些功能是其他教学媒体无法做到的。计算机之所以能够做到这一点,一方面是计算机设备本身具有的能力;另一方面,也是最重要的方面,就是教师事先编制好了具有各种功能的CAI软件,计算机只是执行这些软件。总之,在学习CAI时必须深刻地理解它的交互性和个别化特点。

三、CAI的基本原理与CAI系统

(一)基本原理

将计算机用作教学媒体,可以完成教学过程中对教学信息的处理和传递。由于计算机在程序的控制下可以通过输出设备(如计算机的显示器)向人们呈现各种信息,通过输入设备(如键盘)接收使用者输入的各种信息,并对输入信息进行判断,根据判断结果进行转移和提供有针对性的提示信息。因此,把具有教学功能的软件(即通常所说的课件)配置到计算机之后,计算机就能像人类教师那样,与学生构成教学系统,完成一定的教学任务。学生通过与计算机的交互作用进行学习。其基本过程如下。

1.选择学习内容

在一个庞大的CAI系统中,通常存在着多种科目的课件。而每个科目又按内容的不同以章、节进行组织,即使是较简单的CAI系统,也能提供内容丰富的学习材料。因此在一开始学生要根据自己的需要或教师的安排来选择学习的内容。

2.计算机呈现教学内容

计算机将有关的教学内容按一定的结构,用文字、图形、动画、声音等形式呈现出来,在生动、有趣的环境中向学生说明一个概念或某种技能,特别是对抽象的概念,通过形象的方法使概念变得容易理解。

3.学生接收教学信息

学生通过自己的感官,接收计算机呈现的教学信息,经过思维加以理解和记忆。

4.计算机提问

当一个概念讲解或演示完后,计算机立即提出一些问题要求学生进行回答,这在CAI中是必不可少的,通过提问了解学生对刚学过的内容掌握的程度。

5.学生反应

学生根据对所学知识的理解,通过思考和判断,对计算机提出的问题做出反应,从键盘(或其他输入设备)输入自己的回答。

6.判断和反馈

计算机接收学生的回答,判断学生做出回答的正确程度,根据不同情况给出适当的反馈信息,这包括在学生做出正确回答时给以肯定和表扬;在学生做出错误回答时,指出其回答的不对之处,必要时还要分析错误的原因,并鼓励学生再次回答。

7.反馈的强化作用

反馈在CAI中是十分重要的,它具有明显的强化作用。学生在做出反应之后,对自己的回答结果特别关心。这时看到计算机提供的反馈信息,给他的印象就特别深刻。

8.做出教学决策

根据学生完成回答或测试的情况,计算机做出下一步的决策:是继续学习,呈现新的教学内容;或是复习,呈现原来的教学内容;或是进行补习,提供更为详细易懂的学习材料;或是结束学习。这些决策也可以由学生自己做出。需要指出的是,上面描述的CAI的大致过程,并不是说所有CAI都是这样,不同的CAI模式,其过程也不尽相同。但不管出现的基本过程有多大差别,在交互性、个别化、调动学生的学习积极性等方面应是共同的。

(二)CAI系统

CAI系统是指开发和使用CAI课件的计算机系统。开发CAI课件所使用的CAI系统除了常用的计算机硬件和软件(如主机、显示器、硬盘、操作系统、语言处理系统)之外,还应有图形输入设备。写作语言、软件工具、写作系统、学习终端等。使用CAI课件时,与开发时有所不同,此时不需要写作语言、软件工具、写作系统等。

1.硬件

硬件是指计算机系统中各种实际的物理设备,包括主机(控制器、运算器、内存储器);输入设备(键盘、光笔、鼠标等);输出设备(显示终端、录音机、录像机、打印机、绘图机等);外存储器(磁盘等);教学终端和通信线等,习惯上把主机以外的其他设备统称为外部设备。硬件是实现CAI的物质基础。

在硬件方面,CAI系统与通用的计算机系统有许多是相同的。例如,主机的基本作用都是用来存储和处理信息;输入设备是将信息(包括程序和数据等)输入给主机;输出设备是将主机处理后的信息输出来。

2.系统软件

从一般意义上讲,系统软件也叫系统程序,它是指在计算机系统中,所有供用户使用的软件,包括操作系统、汇编程序、编译程序以及各种服务性程序等。系统软件是计算机系统的重要组成部分,没有系统软件的支持,仅有硬件(称为裸机)什么事情也做不成。因此,对于计算机系统,不仅要有功能齐全的硬件,更重要的是要有丰富的软件,这样才能充分发挥计算机的作用。

3.应用软件

工具软件——为了适应某些形式CAI的需要,许多CAI系统提供了功能较强的工具软件,例如图形开发工具、表格处理工具、文字处理工具等,这些工具软件常以软件包或组合软件包的形式提供给用户。

课件写作系统——课件写作系统是各种写作工具中功能最强的系统,也是较复杂的软件系统。由于许多课件不仅要求具有文本和图形,而且要求有声音、动画等。因此,一般的课件写作系统都能够支持文本、图形和声音的编辑。

根据功能划分写作系统可分为样板型写作系统和集成型写作系统。样板型写作系统是根据某种教学策略,通过人机交互作用,写作者把教学内容写入系统提供的结构内,系统自动形成教学软件。写作系统的这一特点,使不懂得编程技巧的教师也能够编写课件。集成型写作系统是功能更强的课件生成系统,它不仅具有样板型写作系统的全部功能,写作者不必编程即可产生课件,而且还提供一种写作语言,给写作者以充分的灵活性,能够根据具体合格的教学目标,利用写作语言编写出更具特色的课件。

课件——课件是计算机辅助教学系统中的核心部分,它是为进行教学活动,采用计算机语言、写作系统或其他写作工具所产生的计算机软件以及相应的文档资料,包括用于控制和进行教育活动的计算机程序,帮助开发维护程序的文档资料以及与软件配合使用的课本和练习册等。随着多媒体教学系统的发展,在多媒体CAI中使用的视频、音频媒体更加丰富多彩,这些媒体也属于CAI课件。

四、CAI的基本模式

在CAI中,所谓模式是指根据教学目标和教学内容所选择的教学方法,也称教学策略,它反映了利用计算机进行教学活动时的交互方式。

(一)个别指导

个别指导能起到代替教师呈现信息和指导学生学习,使学生获得知识的作用。在这种模式中,在程序的控制下,计算机与学生之间有着良好的交互对话,计算机呈现教学信息,向学生提出问题,学生通过输入设备回答问题,计算机接收回答、判断并呈现有针对性的反馈信息,像家庭教师那样对学生进行个别指导,在CAI发展初期,个别指导广泛用于各种CAI课件中。

(二)操练和练习

许多教育者认为操练不能充分发挥计算机的优势,许多操练通过使用工作手册或闪烁卡是很容易实现的。确实,大多数现有的操作,未能充分发挥计算机的效能,但计算机的操练比起工作手册、闪烁卡、教师控制的操练来说,显得更加有效。实际上,教师不可能像计算机那样同时对那么多学生快速地、准确地、不知疲倦地为学生提供操练。在教学过程中,练习是非常重要的。操练和个别指导等方法结合在一起为学生提供练习,特别是对于一些诸如基本数学技能、外语、拼写等需要熟练掌握的教学内容,是十分必要的。操练是跟在用来提供信息和指导学生的教学方法之后。在计算机辅助教学中,操练是在适当的个别指导和模拟之后,即以计算机为基础的操练,是在阅读活动、一节课或小组讨论之后进行的。

(三)模拟

模拟是在控制状态下对真实世界的再现。模拟中的控制可以通过计算机软件实现,模拟软件在显示器上呈现某种真实现象或过程的情景,学生通过键盘或鼠标输入适当的参数,可观察到屏幕上情景的变化,并在短时间内看到真实事物长时间的变化过程;也可以通过硬件实现模拟中的控制,这些硬件通常称为模拟器,它实际上是一种设备的复制品,一般用于教学生如何操作或维修实际的设备。

在教育中,模拟是一种通过模仿或再现真实世界的某些方面而教授有关知识的有力工具。模拟课件不仅能激发学生的学习动机,还能通过交互作用促进学习。

与交互式指导不同,它不是通过提供信息和应用适当的"提问—回答"技巧帮助学生学习,而是让学生通过在一个类似于真实世界的背景中实际操作将要学习的活动从而进行学习。

根据模拟实现的目标可将模拟分为两大类,即教授知识的模拟和教授技能的模拟,前者可分物理模拟和过程模拟。后者分为程序模拟和情境模拟。

实际上,绝大多数模拟不能单纯地归入某一类,而是不止一种类型的组合。

1.物理模拟

在计算机辅助物理模拟中,一般是在屏幕上呈现一个物理实体或现象,让学生学习有关知识。例如一个物理实验模拟,在实验中,学生推动一个炮弹从加农炮中射出,改变射出的速度、角度和其他参量。程序显示炮弹的路径并用图形显示其他信息,学生可以观察到什么样的加农炮角度可使炮弹射得最远。利用模拟做这个实验的好处是学生可以付出比在实验室中用真实实体做实验更少的努力而完成更多次的尝试,学生能够比较在不同条件下实体射出的路径。在真正的实验室中,学生只能研究一个有限的速度范围内实体的发射,而不能操纵摩擦力或其他参数,也不能观察到发射体的精确路径。

2.过程模拟

过程模拟与物理模拟都试图教授有关事物的一些知识,在这一点上它们十分相似。过程模拟一般是用来告知学生有关一个过程或概念的知识,而这个过程或概念在现实中是不能以视觉形态呈现给学生的,比如经济如何运作、供求规律如何影响价格变动、人口如何增减等。

过程模拟另外一个显著特征是它是真实过程的加速或减速的变形,即它们将真实的情境过程中发生的速率改变到可以促进学习的那一种状态。一些行为太快以至不能观察到,比如电子的运动或光的传播。另一些行为则需很长时间,以致要获得有关这些过程的结果是很困难的,例如,遗传模拟课件,能使学生在几分钟内就能了解基因遗传规律,类似的有关人口数量的模拟,可以帮助学生研究各种不同因素对人口增长的影响。

3.程序模拟

绝大多数程序模拟的目的是教授能构成一个程序的行为序列,例如操作一个手持计算器或电话机,诊断一个设备的故障或使航天飞机着陆等。

程序模拟的一个重要类型是"诊断"模拟。学生面对一个需要解决的问题,必须遵循一系列步骤来确定解决方法,例如在医疗情境中,学生必须诊断病人的病情并开出合适的处方,其他的模拟像诊断电子设备或汽车的故障,鉴定未知物质或矿产等。

程序模拟的一个主要特征是学生学习操作的一些行为序列,会有一个或多个正确的或为某些学生所喜爱的步骤顺序,然而,达到同样的结论,也许有许多不同的方式,但它们并不是同等有效的,程序模拟给学生提供了探索这些不同路径及其相关结果的机会。

4.情境模拟

情境模拟是研究处于不同情境下人们的态度或行为,而不是技能性操作。与教授系列规则和程序模拟不同,情境模拟通常允许学生探索一个情境中采取不同方式行为的结果,或在其中扮演不同的角色,在所有的情境模拟中,学生都是情境的一个组成部分,承担其中一个主要角色,其他角色可以由与同一个程序有交互作用的学生承担,亦可由扮演人的角色的计算机来承担。

(四)游戏

游戏是通过熟练地使用一套规则而成功地达到目标的过程。游戏软件经常给参与游戏的人构成一种拼搏和解决问题的环境,使他们受到刺激,激起对最后的结果——获得胜利的期望,从而进行激烈的拼搏。

关于游戏的定义至今还没有一个公认的令人满意的说法。但是当我们考察各类教学游戏时会发现它们都在不同程度上显示出一些共同的特征,这些特征是:

目标——每一个游戏都有一个目标,这是每个游戏者最终要获得的结果。在一些游戏中这种结果是分数;在另一些游戏中,这种结果可能是解了多少个谜,答对了多少个单词,或者解决了多少个问题等等。

规则——规则是在一个游戏中允许的行动和强加的限制。规则可以更改,以适应变化的需要,使游戏更加有趣。

竞争——游戏通常包含某种形式的竞争,这种竞争可以是与对手对抗,与自己对抗,与机遇对抗或与时间对抗,许多游戏将这些要素合并在一起。

挑战性——游戏最具吸引力的特征之一是它提供某种类型的挑战性,与目标不同,它促使游戏者采取各种行动以便达到目标。

幻想性——游戏通常依靠幻想性来激发动机,幻想性的程度可以是接近真实情景或远离真实,直到一种完全是想象出来的游戏。

(五)测试

测试是教学活动中的重要一环。利用计算机进行测试是计算机辅助教育的一项重要内容,它是CAI不可缺少的组成部分,其作用是:判定学生知道什么,不知道什么;根据学生表现排顺序;安排升级或降级。更重要的作用有大学升学考试和干部选拔考试等。

在测试过程中使用计算机有两种主要途径:一是在计算机的帮助下构成测试,二是使用计算机管理测试。在计算机构成测试中利用计算机出题、打印、阅卷判分。另外随着微型计算机和带终端的网络计算机的大量使用,通过计算机或终端直接管理学生的测试已经成为可能。这两种应用各有优势和局限,但只要使用得当就能在保证质量的情况下节省大量时间,通常还能够提高测试质量。

(六)问题解答

问题解答型课件是为使用者提供一个软件环境,以帮助他们对计算问题和操作性问题的求解。

在计算软件包中含有各种计算程序,学生可以根据需要进行调用,让计算机完成计算问题,而学生把主要精力放在分析实际问题、建立表达式上。

在不存在数学训练情况下,可以使用模型或计算机程序等各种技术来辅助问题求解。

例如,商业学校利用交互式财政规划系统IFPS(Interactive Financial Planning System)来帮助学生掌握与财政规划有关的内容以及成本与售价间差额单的使用等。程序还允许学生根据预算、产品、销售以及其他因素来建立一个商业模型,然后操纵这个商业模型,以进一步提高他们规划商业的能力,这实际上是一个模拟问题。

利用计算机进行问题解答与通过其他方法进行问题解答之间没有什么本质区别,在这里计算机是学生们必须学习操纵的工具,如同他们操纵其他工具那样。但是利用计算机进行问题解答能够以新的方法获得更多的学习经验。

(七)发现学习

发现学习模式是教师将学生置于构造好的环境之中,并给他们提供探索、分析和掌握新概念和原理的工具,通过学生自己的探索进行学习。许多开拓性工作是由美国麻省理工学院的西摩·佩伯特及其合作者指导完成的。佩伯特很久以前就注意到了学生掌握数学的基本概念和运算中的问题。他将数学学习和语言学习做了比较,并且推断学生学习语言比学习数学容易,因为语言是他们日常生活中最活跃的部分,而且是他们论及周围世界的最重要的工具。

佩伯特试图利用计算机为学习数学建立一个环境。他研究了一种叫作LOGO的计算机程序语言,允许学生用简单的术语与计算机通信。LOGO能按指定的方向画线,学生按照一定的语言规则在终端屏幕上移动一个"海龟",以产生各种各样的图形。学生学习语言操作,试着使用各种命令及其新的组合,产生预期的或偶然发现的几何图形。因此使他们以极高的兴趣,主动而自然地应用和了解数学原理。

第二节　计算机多媒体课件创作

一、多媒体创作工具

多媒体的创作(Multimedia Authoring)又可称为多媒体写作或者多媒体著作。多媒体创作系统是指一套用于创作多媒体应用程序的软件工具。而创作工具则是在创作应用程序中可完成一至多项任务的计算机程序。市场上流行的创作工具数以百计,可服务于不同目的,适应于不同水平的创作技能。有些创作程序试图在一个程序中提供功能齐备的一套工具——一整套创作系统。这种软件对某些作者很有帮助,但在特定领域的作用却无法与只侧重于该领域的专业工具软件相比。

创作通常要求有支持音频、视频的特殊硬件,并加入计算机的操作系统软件中。这种要求衍生出"创作环境"这个概念,它是指用于创作的一整套硬件和软件。

创作环境——用于创作的整套硬件、驱动程序、支持软件和应用软件。

创作系统——环境中所有专用于创作的软件程序。

创作工具——环境中一个专用于创作的软件程序,它可完成一项和多项创作任务。

集成工具——用于安排多媒体对象、处理其时空关系使之集成为一个简报或应用软件的工具。

二、创作过程

多媒体的创作一般可分为以下六个步骤:概念、设计、准备素材、集成、测试、发行。

概念——确定项目目标,把应用软件的类型具体化。

设计——详细确定项目所包含的内容(内容材料是什么)和表现手法。

准备素材——以恰当的数字方式来收集和处理项目所需的全部数据、音频、视频和图像。

集成——建构项目的整体框架,把各种表现形式集成起来并加入一些交互特征。在这个创作阶段用到的工具叫作集成工具。

测试——运行并检测应用程序以确信它是否能按作者意图来运行。

发行——重新制作(编译)应用程序并发送到最终用户手中。

三、创作任务

一个创作项目将包括许多任务,例如:创作一个简单的线性展示软件就必须做以下的工作。

文件管理——建立一个或一组用于应用程序运行所需的文件,另外,在创作过程中需读出和写入文件。

屏幕建立——生成用于展示的各个画面,这是最复杂的部分,它包括选择背景、颜色和风格,输入、格式化和定位文本,捕捉图像或生成图形;输入、改变大小和定位图形和图像。

建立顺序——按照展示的顺序安排各个画面的位置。

增加动态性——包括选择画面之间的转换、添加动画、捕捉音频信号或活动的视频信号，并将它们排列在合适的位置。

编辑——在展示软件生成之后，应该能重新访问和修改其中的各个部分。

测试——运行该展示软件的各个部分，以确保运行结果符合设计的标准。

发行——将完成的结果展示到观众面前，可以通过在屏幕上的展示，输出到纸上，输出到35mm的胶片上，或用液晶投影出来。

包装——当需要将展示软件转移到其他平台上运行时，就必须将它们单独分离出来，并确保能脱离创作环境而运行。

上面只是对于一个线性展示软件而言，如果加上交互性的要求，则还需要加上以下几个步骤：

结构——定义用户在每个交互选择后的结果，还要指定在什么地方保存程序指令。

用户控制——选择和建立用户可使用的按钮、菜单及其他的控制。

变量和计算——由于应用程序的要求，需要定义变量，并记住计算的结果。

条件——当应用程序必须对各种条件给出应答时（不只是指用户的直接输入），必须定义相关逻辑。

输入/输出——有些应用程序需要进行通信或要求有硬拷贝输出。

第七章

现代课堂教学技能的教学素养论

基于教师基本素养层面的教学基本技能是指教师完成教学工作所必需的基础层面的条件性技能和技巧。这些技能也是教师完成教学工作的必要条件。换言之,如果教师不具备这些技能,教学工作将无法顺利实施和完成。基本素养层面的教学技能包含多种,本书以一种新的视角,将教师基本素养层面的教学技能归纳为课堂教学体态、教学语言、教学板书、教学管理等四个方面。本章围绕这四个方面展开解析。

第一节　课堂教学体态

教学体态在教学的表达系统中属于非言语表达系统。教学体态与语言表达系统有着密切的关联,它不仅辅助教师的语言表达,同时还有其相对独立性。教学体态由多方面的内容构成,如面部表情、手势、身姿等。教师对教学体态技能的良好运用,能收到"无声胜有声"的效果,对于提高课堂教学质量有着极大的促进作用。

一、体态、教态及其作用

体态又称态势语言。它是一种以人的表情、手势、动作等身体各部位的变化所呈现的形态来传递、诉诸他人视觉的无声伴随语言。我们将课堂教学中教师的体态变化称为教态,它是老师上课时出现在学生面前的整体形象。[1]在中小学里,教师和学生之间的人际交往和信息沟通主要是通过口头语言和体态语言两种方式进行的。体态语言是口头语言的辅助、补充、强化和完善,有着口头语言不可取代的重要作用,具体体现在以下几个方面。

---

[1]徐晓燕.小学语文教学探索与实践[M].成都:电子科技大学出版社,2015:128.

(一)教育作用

身教重于言教。教师的身教反映在许多方面,而体态行为是身教的一个重要部分。教师在学校与学生的接触交流中,通过站立姿势、手势、眼神甚至服装、发型等方面所展示的态度、情感、气质和修养,无一不对学生产生潜移默化的深远的影响。教师的体态是教师个人职业道德、人格修养最为直接的外显和反映。在课堂教学中,教师展现的仪态美更加有利于营造和谐的课堂氛围,有利于学生更加轻松、愉快地投入到学习活动中去,充分发挥学习的积极性和主动性。

(二)传递信息的作用

在课堂教学中,教师传递知识、交流思想感情的最主要工具是口头语言。但是,用体态教学来吸引学生的注意力,更为生动、准确地传递教育信息和交流情感,也是教学中不可缺少的重要方面。一方面,体态语言有时有直接表意的作用。如在课堂上,教师只用眼神、表情就可传递肯定或否定的意思。而且,口头语言与体态语言所代表的意义不一致时,学生相信的不是嘴上讲的,而是体态语言所代表的意义。另一方面,它又是口头语言最微妙的诠释,最默契的知音,可以把那些只可意会不可言传的信息传达给学生,学生能从教师的体态语言中读出情感,读出态度,读出言外之意。它使那些抽象深奥的理论变得更为通俗易懂,浅显明白。教师的讲述会由此变得生动、形象、具体、可感,从而加深学生对教育信息的理解和记忆。

(三)强化信息的作用

现代心理学研究成果证明:用视听两种途径接收的信息的效果比单一听觉渠道的效果要好得多。美国心理学家艾帕尔·梅拉列斯认为,人接收信息的效果是7%的文字、38%的音调与55%的面部表情之和。[①]可见,教师体态行为对于教学具有不可忽视的强化作用。教师可以借助面部表情、手臂活动等方便有效的教学辅助手段,更加生动、形象、鲜明、深刻地外化教材的主题、情感、知识,让学生在不知不觉中把握教材内容并发展思维。

二、体态技能的主要内容

课堂教学的体态技能主要包括面部表情、手势、身姿以及仪表四个方面。教师对体态技能的有效运用,将为营造良好的教学氛围提供极其有利的条件。

---

① 李琴.教师如何让课堂更加生动有趣(修订版)[M].长春:吉林大学出版社,2010:199.

(一)面部表情

面部表情是由脸色的变化、肌肉的收缩舒展以及眼、眉、鼻、嘴等部位协调运动所构成。正如古人所言,人身之有面,犹室之有门,人未入室,先见大门。面部表情是人思想感情最灵敏、最复杂、最微妙的"气象图",是教学中很丰富的信息源。在课堂教学中,教师的表情变化对学生的听课情绪有着十分重要的影响。那种喜怒不露、情绪冷淡、态度冷漠或者总是居高临下、板着面孔、不苟言笑、过分严肃的老师,是学生最不喜欢的老师。教师丰富适当的表情,有利于创设教学情境,激发学生的学习兴趣,营造富有美感的教学气氛,引导学生全神贯注地进入学习角色,积极思考,获得知识。

教师的面部表情,最关键的是把握眼神和微笑。

1. 眼神

眼神也称目光,是在教学中通过"视线接触"而传递信息的窗口。它较为准确、直接地反映人的内心情感和思维活动,是教师心灵的窗户。目光较之其他体态语,是一种更复杂、更深刻、更微妙、更富有表现力的语言。在教学中巧妙运用眼神可以起到传情达意、导向以及组织教学的作用。应用眼神要注意:首先,若要与学生建立良好的默契,任课教师应有60%~70%的时间注视学生,这会使得学生喜欢听教师讲课;同时教师也能从学生的目光中去探测他们对课程的反应。其次,在课堂上注视的位置也应集中在学生前额上的三角区(两眼至额中间所形成的三角区域),形成一种认真、严肃的气氛,使学生集中注意力,聚精会神地学习。再次,可以运用各种方式来传情达意。上课之始,教师可以扫视全班学生,以集中学生注意力,造成上课的气氛和良好的秩序;上课时发现某学生开小差、做小动作,教师可以稍长一点儿时间注视这位学生,以示提醒、指责,等等。最后,眼神的变化要富有积极倾向和真情实感。注意多用亲切和蔼、柔和热忱、鼓励赞扬、坦荡自如的眼神,尽可能少用或不用游移不定、厌烦不安、藐视、斜视甚至鄙夷不屑的眼神。还应根据教学内容的需要,有意识、有目地地适当变换眼神,或坚定自信、智慧幽默,或沉默悲伤,或惊喜万分,直观生动地表达出自己的感情,引发学生共鸣,深化学生对教材的体验和理解。

2. 微笑

微笑是指嘴角微翘、笑不露齿的面部情态。教师经常面带微笑是充满自信的表现,是对学生真诚、热情、友好、爱护、赞美和谅解等态度的象征。在讲课中适当地运用微笑可以起到事半功倍的效果。上课开始,教师面带微笑走进教室,表示上课的愉悦和对学生的亲近;上课过程中的微笑,表示教师对教学内容的自信,对教学过程的从容,对学生答问的满意和赞许,对学生思想和行为的理解,对学生的信任和肯定;当学生提出问题时,教师边微笑边解说,则让学生觉得亲切、可信,容易沟通;当学生回答问题出现错误时,教师用微笑做出回应,则不会使学生感到难堪。

教师要能够习惯微笑,善于微笑,自觉控制不良情绪,就必须注意以下几点:首先,应转变教育观念,改善师生关系。教师应认识到让学生愉快地、主动地学习是教师的责任;尊重学生的人格,尊重学生的个性是教师职业道德的重要体现;微笑在调节师生关系中能发挥重要作用。其次,教师应加强心理素质锻炼,增强自控能力。切忌学生一出现问题行为,就火冒三丈、大发脾气,更不应该由于自身不愉快而影响师生的交流,更不可带有任何偏见和私心杂念来面对学生。最后,微笑的应用还应注意自然得体,切不可无笑装笑、皮笑肉不笑,以免弄巧成拙,适得其反。

(二)手势

手势严格地讲是身姿语言的一种。由于手势语言的表达力发展得已相当丰富,而且信息传达比其他身姿语言要确定一些,所以,实际上已形成了一种有自己特定动作要素和动作体系的体态语言。手势确切地是指人的手指、手掌和手臂的动作姿态之总称。常言道:手是人的第二张脸。适当的手势不仅可以增强语言的表现力和感染力,而且是一种美的展现。在课堂教学中,手势是强化教学效果的重要方式,可以使教师更充分地表达自己的情感,大大增加信息传输的强度,吸引学生的注意力,调动学生的学习热情和求知欲,活跃课堂气氛,促使学生更为自觉地学习。

手势从教学功能方面大致可分为四类。指示性手势:这种手势主要用于指示具体对象或数量,表意具体明确,易于辨识和理解。如在教学中教师要求学生注意黑板上的关键字就用手指指点等。模状手势:这种手势主要是模拟形状或物体,往往给学生一种形象可感的印象。如对方圆、大小、长短的模拟,使事物特征更为形象、直观,易被学生接受。象征手势:这种手势用于表达抽象的意义。如理想、未来、高尚、坚定等。使用此类手势的关键在于在把握说话的内容同时做出相应的动作,以启迪学生思考,使其产生联想,形成共鸣。如伸出右手,掌心向下,缓缓移动,说道:"月光洒在弯弯曲曲的小路上,透过树枝留下碎银般的斑斑点点。"这类手势不宜过多,但运用恰当却有很强的表现力。情意手势:这类手势主要用来表达喜怒哀乐的感情,使之形象化、具体化。如:赞许时,亲切地用手拍拍学生的肩膀等。

手势从活动范围上划分为三区。上区:肩以上的位置,是上位手势。多表示号召、赞扬、激动等激昂的思想感情。中区:腰部以上至肩的部位是中位手势,多表示感情色彩不浓的一般事实陈述、知识要领讲解或论证。下区:腰以下的部位,是下位手势。多表示否定、蔑视、憎恶等意思。在实际应用中这种分区是相对的。在课堂教学中,由于教学内容所决定,手势的活动范围多在中区。

在使用教学手势时,我们应注意:首先,动作应规范适度,流畅自然。伸出手掌时,拇指伸开,四指并拢。以肘关节为轴,自然弯曲。课堂上的手势一般手臂不宜伸得过长、过高。手势的形状、速度与语言的内容和节奏相协调。其次,手势的选择原则是有助于表达教学的内容、主题和情感,不宜过分单调重复,单调重复使人感到修养不够。再次,慎重选择习惯手势。如安静,我国大多数地区习惯竖起食指放在嘴前(有时还配合嘴唇发出"嘘"音)。但个别教师却选择用食指关节敲桌子(或用黑板擦敲击桌面)的习惯手势,显得较粗俗。最后,应注意避免一些不文明的手势在课堂上出现,如:对学生指指点点,手指在教桌上盲目地乱画,打捻指等。

(三)身姿

身姿,是指人的身体姿态,由头部、躯干和双腿的动作构成。[1]它也是人体的主干发出某种信息的姿态。俗话说:"站有站相,坐有坐相,走有走相。"中国人历来都非常注重用举止行为来展示良好的品行和优美的仪态。"站如松,坐如钟"就是这个意思。在课堂教学中,教师举止得体、稳重洒脱的身姿配合有声语言传递教学信息,将收到良好的效果。因此,教师要特别注意课堂上的举止,坐、站、行都应表现出教师应有的文明、庄重且洒脱大方的气质和风度。

1.站姿

教师的站姿应该自然、挺拔、庄重、文雅。良好的站姿可以更为准确地体现一种精神状态和教学风度。站姿的基本动作要领是:头要平抬,颈要直,肩稍向下压,挺胸收腹立腰,双腿直立,双脚要稳。教学时,为了表达喜悦、愤恨等感情和肯定、否定的态度,头部可以适度地左右上下活动,但要少而精,幅度不能太大。双脚直立时可并拢,可自然分开略成八字形,也可两脚前后自然分开,以免给人呆板、僵直之感。根据教学需要应有适当的站姿变化,或侧向部分学生或侧向黑板,或间歇走动。但上课时一般是站在黑板与课桌之间。注意避免一些不应该有的站姿:或忸怩作态,或呆板僵直;或双手支撑在讲桌上一直不动,或双脚交叉显轻浮之感;或战战兢兢,或单脚抖动;等等。

2.走姿

教师在课堂教学中,有许多必要的走动,如走进教室,走向讲台,走近某位同学,在同学间巡视走动等等。协调稳健、自然大方的走姿既可以展现教师应有的风度、气质,也可以传递一定的教育信息。教师走姿的动作要领是:双肩平稳,双臂前后自然摆动,摆幅保持在30°左右;两只脚的内侧落地时理想的行走线迹是一条直线,全脚掌着地;上身挺直,重心稍向前倾;步伐稳健,步速中等稍慢。教师在课堂上走动时应注意以下问题:首先,走动时不能分散学生的注意力。走动的次数、速度、姿势都应注意适度。其次,走动或停留的位置要方便教学。讲解主要教学内容时,以在讲台周围的范围走

---
[1] 张克.体态语与教育传播[M].武汉:华中师范大学出版社,2010:5.

动为宜;提问讨论时,应更多地走近同学或同学座位中稍靠前的地方;监考时,最佳位置是教室的后边,这样,教师既可观察到整个教室,又不会造成学生的情绪紧张,影响他们的思维活动;只有在进行辅导、检查时,才在学生中间走来走去,尽可能关注到每一位学生。

3.坐姿

教师优美得体的坐姿可以给学生以美感,也是教师气质、素养和个性的显现。坐姿的动作要领是:头正颈直,双目直视;挺胸立腰,双腿并拢或略微分开(女教师应注意保持双膝并拢);脚位随凳子高矮、服饰、所处环境适当变化,应注意协调庄重,动作舒展大方。教师的坐姿忌摇摇晃晃,或跷二郎腿,或弯腰弓背,或叉开双腿向前长伸等不文明动作。

4.蹲姿

在学生面前做下蹲的姿势虽然机会较少,但也应适当加以注意。蹲姿的动作要领是:双脚前后站立下蹲;前脚的全脚着地,后脚的脚掌着地,后脚的脚跟可略提起;臀部向下;上体正直。女教师应注意下蹲时两腿要靠紧,男教师两腿间可有适当距离。教师的蹲姿切忌弯腰前倾,臀部向上撅起,这是非常不雅观的姿态。

(四)仪表

仪表,指人的外表。在这里,它主要包括服饰、容貌和发型等方面。教师的仪表美是其形体美、服饰美、容貌美及发型美的有机结合,是内在美和外在美的统一,是社会美和自然美的结合,是静态美的展示。教师的仪表是教师人格、个性、情感、观念等的外化反映和真实写照,更是一种强有力的教育因素。整洁、协调、端庄、典雅的教师仪表,能给学生以示范作用和美的享受。

1.服饰

服饰是指一个人的衣着穿戴,包括服装和饰品。教师的服饰搭配应注意:首先,要符合教师自身的体型、肤色、年龄以及性格、气质等特征,力求做到服饰与人融为一体,协调自然。其次,讲究整洁。整洁是职业着装最重要的要素,整洁具有一种无形的魅力。再次,追求服饰的职业特色。千百年来人们形成的教师形象是值得信赖、有学识有品行的人士,教师服饰的传统定位是规范、严谨、庄重、典雅的。因此,教师的服装应款式简洁、线条流畅、色彩协调、明暗适度。既不过分前卫、裸露,又不古板僵化;既能保持和谐端庄,又不失时代风尚、个人风格,恰到好处地展示出教师美好的风度和气质。

2.化妆

适当的面部妆容,有助于教师在课堂教学中保持良好的精神状态和积极情绪来吸引学生。因此,教师做适当的化妆修饰是必要的。一般说来,女教师上班前应适当地化妆,而男教师在特殊的重大场合下也可适当修饰面部。化妆是一门艺术,它需要一定的知识和技能,也与人的艺术修养、人生哲学有关。就教师的化妆而言,它属于生活妆。生活妆分日妆和晚妆两类。教学化妆一般属于日妆。教师化日妆时应注意:选择符合自己皮肤性质、色质的化妆品,并应在不同季节、不同环境根据肤质更换不同的化妆品,讲究科学性。同时,教师日妆应遵循既可调整美化肤质又显自然清雅的原则,不可过分追逐流行时尚。净面之后涂上润肤霜,薄施粉底,轻点朱唇,淡描眉。妆色要健康、明朗、端庄、自然,全无虚假做作、过分雕饰之感,寓修饰于自然健康之中。

3.发型

发型是个人整体形象塑造的重要组成部分。教师应该为自己选定一两种最适合自己、最能表现自己文化气质和精神风貌的,同时也适合课堂教学环境的稳定的发型,以配合教师的职业形象。不同的发型表现不同的风格,教师应注意选择大方、美观、洒脱、雅致的发型,而且要与自己的发质、脸型、体形、年龄、性格相协调,给学生以整体美的形象。

表7-1 课堂教学体态技能训练评价单

教学内容: 　　　　　　　　　　　　　　　　执教者:

	评价指标	赋值	得分
1	眼睛有神,注意与学生交流对视	10	
2	面部表情自然、生动,情绪表达与教学内容协调一致,富有感染力	15	
3	与学生互动对话时注意控制情绪,面带微笑,态度温和	15	
4	手势指示得当,调控适度	15	
5	身体姿态协调自然,庄重大方,具有美感	15	
6	服饰整洁文雅、得体美观,风格职业化	10	
7	头发干净清爽,发型协调、美观	10	
8	女教师会做恰当的妆容修饰	10	
	合计	100	
简评			

评价人:

年　月　日

第二节 课堂教学语言

在课堂教学技能中,课堂教学语言是最基本的技能之一。在教学过程中,从课堂教学的组织到知识的传授,从学生能力的培养到学生智力的发展,任何教学活动的进行都需要教师的教学语言来进行提示、示范和指导。教师教学质量的高低,往往受到其教学语言的影响。因此,教师课堂语言表达能力的训练是教师专业化发展中的一项基本内容。良好的课堂语言表达能力是现代教师进行教育教学活动的必备条件。

一、课堂教学语言概述

教学中充斥着语言,不管是从现实来看还是抽象地探讨课堂教学的本质,课堂教学都离不开语言,语言是师生互动、对话、交往不可或缺的途径。课堂教学在一定程度上可以说是一种特殊的人类语言实践活动,主要有讲授、解释、讨论、回答、阅读、写作、倾听等一些语言活动。课堂教学从知识传授到精神引领,从观点表达到知识理解,从意义建构到体悟真理,这些互动均离不开语言。苏霍姆林斯基曾说过:教育的艺术首先包括说话的艺术,同人心交流的艺术。[1]课堂教学语言作为一种独特的教育现象和教育事实,既区别于日常生活中的"说话",又不同于"教科书"式的话语表达,课堂教学语言是在课堂教学这一育人环境中所生成的一种独特的文化现象,具有独特的内涵、意义和特征。

(一)课堂教学语言的内涵

世界上有人的地方就会有交谈的声音——语言,它不仅是人类沟通和交际的基本工具,同时也是人类形成和表达思想的重要手段。人类的生存、发展和文化传递离不开沟通,同样也离不开语言。课堂教学不仅指向学生的身心发展和生命成长,更推动人类文化、文明的"繁盛"。课堂教学实质上是师生对话、互动和交往的过程,并经由语言这一中介和桥梁实现师生精神的相遇和碰撞。语言与课堂教学之间具有天然的联系,但课堂教学语言区别于其他人类实践活动场域中的语言和一般意义上语言,课堂教学语言是客观地存在于课堂教学过程中并通过师生对话和交往以促进学生发展为根本指向的语言符号系统。育人是课堂教学的根本使命,语言作为课堂教学中师生交往、对话和互动的工具,课堂教学语言势必紧紧围绕学生发展这一课堂教学育人的根本命题。也就是说,课堂教学语言紧紧围绕学生发展,围绕教育性这一根本属性,逐渐

---

[1]苏霍姆林斯基.教育的艺术[M].肖勇,译.长沙:湖南教育出版社,1983:32.

延伸和发展其他属性、特征、功能和意义等。

语言在课堂教学中无处不在，从广义上说，课堂教学中的一切师生对话和交往过程都可称为课堂教学语言活动。根据课堂教学语言存在的不同形态，可以将其划分为言说的课堂教学语言和无声的课堂教学语言。前者主要是指课堂教学中教师的讲述、提问、解释等有声表达。这类语言在传统的课堂教学过程中，尤其是在以讲授课为主要形式的课型中占比较高。随着当前课堂教学改革的深化发展，我国课堂教学越来越注重学生主体地位，直接地表现为学生观点的表达和思维的参与，对教师在课堂教学中的言语和讲授追求"少而精"，还追求教学语言的"品质"和讲授的"深度"。从这个意义上讲，本书之所以将语言作为课堂教学的基本技能，意在引起教师对课堂教学语言这一技能的高度重视，不断打造高水平优质的课堂教学，提高教师教学水平，促进教师专业发展。后者主要是"无声"的言语，如肢体语言、情绪表达、板书等。无声的语言同样是课堂教学中不可忽视的存在，有时它所发挥的作用甚至远远超过直接的言语表达。在一定程度上可以说，课堂教学语言的艺术往往追求"无声胜有声"，通过潜移默化的方式达到"润物细无声"的育人效果。

根据课堂教学语言的不同功能，可以将其划分为组织类语言、问题类语言、反馈类语言和阐述类语言。组织类语言主要是指教师在课堂教学过程中，为了组织课堂教学、维护课堂教学秩序等所使用的语言。如当前不少小学或是用口令组织课堂教学，"一二三，请坐端；七八九，闭上口"，或是通过手势维持课堂教学秩序等。问题类语言主要是指在课堂教学过程中，教师为达到教学目标，将教学内容转换为一系列有意义的教学问题。如为了巩固和检验学生对"4乘以6等于24"这一知识的掌握，教师既可以问"4乘以6等于几？"，又可以问"4乘以6等于26吗？"，还可以问"6加6加6加6等于几？是否可以使用其他运算规则快速计算？"。不同的语言陈述和表达，教学的意味和深度也就各有不同。反馈类语言是指教师在课堂上对学生的学习成果、学习表现等思想和行为做出点评、评价的教学语言。反馈类语言对于升华课堂教学中师生对话、把控课堂教学节奏等具有重要的价值和意义，因反馈类语言既可以起到画龙点睛的作用，又可能存在画蛇添足的效果，所以对反馈类语言的使用教师一定要注意节奏和时机，否则容易出现适得其反的效果。阐述类语言又可称为讲授类语言或解释类语言，主要是指在课堂教学过程中，教师向学生讲述概念、分析证明定理判断、推导公式、文本解读时所使用的语言。阐述类语言是最能直接体现教师教学水平和教学风格的课堂教学语言类型，因为阐述类语言多直接来自教师对教材的文本解读，是教师学科知识转化为学科课堂教学知识的直接体现，是教师理解、消化教材内容后重新组织和打磨所形成和使用的语言。它不仅考验教师对学科内容知识的把握和理解，也考验教师对基本学情和教学方法、技巧的掌握。

(二)课堂教学语言的意义

中小学阶段是学生掌握和学习语言的重要时期,心理学和语言学的研究表明,儿童语言的学习以及语言能力的发展,主要不是通过外部强化和灌输,更多是通过观察和模仿。作为课堂教学中的"权威",教师在课堂教学中的一言一行都对学生具有重要的示范作用。《礼记·学记》中写道:"善歌者使人继其声,善教者使人继其志",不同学科教师以及不同风格的课堂教学语言往往为学生树立"榜样"起到潜移默化的作用,成为滋养学生发展的"第一资源"。总体而言,教学语言是达成教学目标的重要依据,是教学内容的载体,是实现教学内容的主要手段,是教师情感的传递,是课堂教学调控的手段,还发挥着评价的功能。

就教师个人来讲,语言是思想的表达,课堂教学语言既是教师教学思想和教学理念得以展开的重要方式,又是衡量教师教学水平的重要指标。就学生发展来说,课堂教学语言是开发学生智能、激发学生思维能力和创造力的中介和工具。董远骞曾指出:"每天都在和学生进行言语交流活动的教师,其言语的条理不清、逻辑不明,势必阻碍学生思维和语言的发展,而教师具有逻辑牵引力的言语则能帮助学生理清思路,在教学中听得明白、记得清楚,从而推动学生思维向抽象逻辑方向发展。"[1]总而言之,不管是课堂中知识与经验的传递过程,还是师生对话、交往、互动过程,抑或是思想、精神和灵魂的相遇与碰撞,课堂教学语言都具有重要的价值和意义。

课堂教学语言是衡量教师教学水平的重要指标。课堂教学无论是知识传递、思维发展、智力开发、创新能力的养成还是学生品德的陶冶,究其根本是教师和学生在教与学之间,相互传递信息,经由语言为中介所达成的。教师传递的信息和知识能否被学生掌握和理解,关键就在于他所使用的语言。只有借助一定的课堂教学语言,才能够将人类知识转化为学生可以接受的精神财富。因而,教师不仅要具有一定的教育教学基本能力,具备相应的学科专业基础知识,同时还必须具有一定的语言组织能力。教学中常见两位教师讲同一教材,教学环节安排、分析讲解方法或者板书设计等均无差距,但因课堂教学语言素养、表达能力的不同,而塑造出不同课堂氛围、教学效果。朱光潜曾直接指出,教师课堂教学语言的动听程度,直接决定了教师语言感染力的大小和学生的语言接受程度,它与教师的课堂教学效果明显地呈正相关关系。不少课堂教学实践也表明,教师课堂教学语言准确、清晰、生动、有趣、简约、逻辑性强,学生就会乐听、爱听,能够有效地激发学生学习兴趣,集中学生的注意力。甚至在不少的新教师专业成长实践中,打磨教师的课堂教学语言,是学校对新教师的课堂教学能力的首要关注点。

---

[1] 董远骞,等.教学的艺术[M].北京:人民教育出版社,1993:87.

课堂教学语言是培养良好师生关系的关键,师生可以通过课堂教学语言进行知识的传递、思想的碰撞。教学的过程就是师生不断沟通的过程,沟通也是实现教学目标的重要手段。沟通是师生交往的基本形式,通过沟通,学生可以在教师的帮助下认识到自己的能力、优缺点,形成自我概念、促进心理的健康发展。课堂教学语言是师生沟通、感情交流的桥梁。师生关系的融洽程度与教师的课堂教学语言水平有很大关系。具有高超语言技巧的教师,往往能赢得学生的信赖,也就更容易建立友好的师生关系,创造良好的学习氛围;相反,不善于运用语言的教师,师生关系往往较为疏远,有时会因表达不当伤害学生,造成学生的对立情绪,不利于教学的有效开展。例如,当学生在课堂上踊跃发言时,教师一句赞扬的话;当学生在遇到难点时,教师一句及时的点拨;当学生遇到难堪时,教师一个巧妙的解围。这些都是增进师生情谊、使师生关系和谐的有效方式。优秀的教师通常比较重视语言在调节师生关系中的特殊作用,善于借助语言的魅力,达到理想的教学效果。

(三)课堂教学语言的特征

课堂教学语言实质上是教师在一定的教育目的的指引下,为了促进学生的全面发展而与学生沟通、对话、交往和互动的重要工具。它也是一种包含艺术特质的专门行业的交际用语。[①]因而,课堂教学语言除了具备一般语言的特点外,还应该紧紧围绕育人这一课堂教学语言特征。换句话说,教育性是课堂教学语言的根本属性,围绕课堂教学语言的教育性这一基本特征,延伸和发展出课堂教学语言的科学性、逻辑性、示范性和艺术性等。

1.课堂教学语言的教育性

教学永远具有教育性,课堂教学语言处于教与学的关系之中,处在教学的语境中,作为教学的工具,它必然要符合教学的规范。首先,课堂教学语言要遵循教学目的的规范。教师总是根据一定的目的组织和选择教学内容、方法和途径,课堂教学语言就是将这些内容、方法和途径转化为语言,根据不同的目的、内容、方法和途径组织和选择不同的言语方法。其次,课堂教学语言要遵循教学的价值规范。教学语言作为教学活动的基本工具,要激发学生对真、善、美的内在需求和欲望。因而,课堂教学语言本身的形式、内容和所表达的意义必然要符合真、善、美的价值规范,体现对真、善、美的价值追求。再次,课堂教学的根本目的是促进学生的全面发展,课堂教学语言不仅要遵循学生的发展规律和特点,更为重要的是课堂教学语言要紧紧围绕学生的全面发展这一基本目的,只有达到和实现了学生全面发展这一目的的课堂教学语言才算真正实现了其教育性这一根本特性。

[①]韩承红.教师语言[M].北京:北京师范大学出版社,2013:246.

2.课堂教学语言的科学性

所谓课堂教学语言的科学性,主要是指课堂教学语言要包含科学的内容,遵循基本的学科框架和知识结构。展开来说就是,首先,教师的课堂教学语言必须是科学的、正确的,符合客观现象和规律,教师绝不能把没有经过验证的,或错误的东西,或存在争议的话题随意传递给学生。其次,教师要注重课堂教学语言的学科属性,每个学科都有相应的术语和思维方式,教师不仅要用规范的表达方式,不能滥用口头禅或口语化的表达,更为重要的是注意本学科独特的言说方式和表达技巧。总之,课堂教学语言的科学性就是要求以科学言语表达学科真理性的内容。我国学者庄文中先生在《教师教学语言艺术讲座》中曾经多次强调课堂教学语言的科学性要优先于教育性,其实质就是强调学科素养之于教学的重要性。他认为每一门学科都有特定的科学知识和能力结构,也有特定的教育内容和教育目标。尤其是在当前探索和构建学科核心素养的时代背景下,教师更应该将语言的教育性寓于学科知识和能力之中。

3.课堂教学语言的逻辑性

课堂教学语言的逻辑性简单来说就是课堂教学语言要符合思维的规律和形式,讲究逻辑的层次性,即课堂教学语言应该有条理、层次分明、言之有据、言之有序。以往教育者在探讨课堂教学语言的特点时,往往将逻辑性与规范性相提并论。随着我国教育教学的不断发展,在新时代背景下,我国课堂教学基本上已经普及普通话,对规范性的要求应该从更高水平上追求课堂教学语言的"品质",即逻辑性。相比于规范性要求表达方式符合语法语义,用词规范、简明、准确,逻辑性则要求教学语言要条理清晰,既要追求语言逻辑的基本规律,如概念准确、判断恰当、推理合理,又要讲求逻辑的层次结构,做到语句通顺连贯、循序渐进,并且在更高层次上做到课堂教学语言与教学内容逻辑一致。例如,在讲授《四季之美》这篇课文时,教师的课堂教学语言尽量与清少纳言的表达风格一致,轻柔细腻,委婉动人。

4.课堂教学语言的示范性

众所周知,学生天然地具有向师性,正如花草树木趋向于阳光一样,学生也有模仿、接近、趋向于教师的自然倾向。其中教师的课堂教学语言是学生首先模仿的对象,并且这种模仿是一种不自觉的过程。正如美国教育心理学家林格伦在《课堂教育心理学》中所指出的那样:"我们模仿所欣赏的人的样子来改造自己的行为而自己常常并不自觉为什么这样做。"教师的课堂教学语言不仅会潜移默化地影响学生的价值观和世界观,而且学生也会不自觉地学习教师的语言表达;甚至在很多时候学生通过教师的课堂教学语言进入学习情境中,通过课堂教学语言的示范,思维得以激发。

5.课堂教学语言的艺术性

课堂教学语言的艺术性来自语言所具有的审美属性。自古以来,语言都被人们赋予了艺术和审美的力量。雨果曾说语言就是力量,语言是人类智慧的象征,生动形象的语言能够让人如临其境、如见其人、如沐春风。尽管教师的课堂教学语言不像诗歌、音乐等语言艺术那样富有节奏美、音律美,但也要求教师的课堂教学语言要善于修辞、富于渲染和幽默风趣。此外,教学也是一门艺术,因而课堂教学语言的艺术则体现较强的综合性。首先,课堂教学语言要生动形象。学生的学习总是始于具体形象,从感性认识到理性认识的过程。在教学过程中,教师要尽量使用各种方法让语言生动、形象。其次,语言要含蓄,具有启发性。问要问到疑处,点要点到妙处,让学生学有所思,进而有所得。再次,课堂教学语言要做到幽默风趣,激发学生兴趣,促进学生思维发展。在课堂教学中,幽默的语言能够给学生的学习、思考和思想的碰撞带来极高的精神愉悦感,不仅能够有效打破课堂沉闷的局面,调动学生学习的积极性,而且对缩短师生情感距离,增加学生学习的主动性都有极大的作用。

总而言之,课堂教学语言能够极大地启迪学生的智慧,塑造学生的心灵,给学生以积极奋发、砥砺前行的动力,让学生获得健康高雅的美的熏陶和享受,激发学生对美的鉴赏、追求和创造。因此,课堂教学语言从最高层次和水平上说是基于教育的力量产生的美的艺术。一言以蔽之,课堂教学语言应该是"外美内育"的。

二、课堂教学语言艺术的养成

课堂教学实质上就是教师运用课堂教学语言指导学生学习,使学生从未知达到已知,从"不能"到能力的养成,最终实现独立分析问题、解决问题的过程。课堂教学语言艺术则是教师针对特定的对象,为达到特定的教学目的和要求而创造性地运用语言技能、技巧的总和。换言之,就是教师在课堂场域中创造性地运用语言技巧,产生吸引力、渗透力、感染力,及立德树人的艺术魅力,激发学生学习的积极性和思维参与的主动性,不断优化教学效率,进而实现迅捷、愉快、彻底地"将一切事物教给一切人类的全部艺术"的课堂教学艺术。教师是课堂教学语言的创造者和使用者,课堂教学语言艺术的养成与教师密切相关。因而,养成课堂教学语言艺术要紧紧围绕教师的专业素养的提升、和谐师生关系的构建和课堂教学语言表达的改进三个方面来进行。其中提升教师专业素养是养成课堂教学语言艺术的根本保证,构建和谐的师生关系是从课堂教学的现实发生视角探讨如何形成课堂教学语言艺术,改进课堂教学语言的表达则是从语言运用的角度探讨如何养成课堂教学语言艺术。

(一)提升教师的专业素养

教师专业素养的高低直接影响课堂教学水平和质量,同时教师专业素养也是教师课堂教学语言艺术养成的关键。教师素养简单来说可以理解为教师在教育、教学实践活动中表现出来的,决定其教育、教学效果以及对学生全面发展有直接而显著影响的心理品质的总和。而教师专业素养则是强调教师作为一种专业性的职业,对教师业务水平和素养提出更为标准的要求,具体来说表现在三个层面:首先,要有专业的理论知识和专门的业务技能。语言即艺术,但必须有基本的专业知识和技能作为支撑,教师要培养一定的语言艺术,就必须夯实专业基础知识和专业基本技能。其次,作为专业性的职业,教师有重要的社会责任。这就要求教师具备把社会利益和学生发展放在首位的从业精神,这也是形成课堂教学语言艺术的伦理要求。最后,作为专业化的职业,教师要在本专业发展上有一定的主动性和自主性。教学是一项"人"的事业,是教师主体的、自觉的活动,而非是机械的"教书匠"和"知识的搬运工"。教师专业素养的提升和课堂教学语言艺术的形成必须最终落脚在教师的自主和自觉实践活动上,不能是外在强迫或者跟风的行为,要着力提升实践活动的自觉性和主动性,构建个体教学的"意义世界",从而实现教学从职业向专业、事业和志业的转变与发展。因而,提升教师的专业素养,养成课堂教学语言艺术,具体可以从以下四个方面进行。

1. 形成良好的教育思维

从语言与思维的关系来看,语言是思维的工具,是外壳,思维是语言的内容。课堂教学语言是教师在反复的课堂教学实践中所形成的一种思维工具和思维习惯,同时教师的思维过程和表达离不开语言,因而,教师要养成一定的课堂教学语言艺术,首先要培养一定的教育思维。所谓教育思维,是指教师在教育教学实践活动中的思维活动,是以有效促进学生发展为根本指向的思维方式,重视教师的教育眼光和教育情怀。

2. 具备丰富的教育知识

教育知识既是提升教师专业素养的基础,也是养成课堂教学语言艺术的基本前提。脱离教师专业知识的课堂教学语言将是空洞的、苍白的和无力的。教师的教育知识并非日常所理解的学科或科学的知识,更多的是强调教师顺利从事教师事业和教师教育教学实践活动所需要的知识,是一种实践性、情境性和个体知识。同时这种教育知识也是教师教育思维外化和生成的知识,它通过教育思维形成一种认识和思考教育教学问题的眼光和敏感性,教师用这种眼光和敏感性认识教育教学现象,分析、解决实际的教育教学问题。

3. 确立坚定的教育信念

教学是基于信念的事业,教师的专业素养必定包括坚定的教育信念,教育知识和教育思维只有转化为教育信念,只有受一定教育信念的指引才能产生真正的效用。教育信念是教师对教育教学事业、教育理论以及基本教育主张的确认和信奉。教育信念是教师从事教育教学活动的内在动机和推动力量,是教师在教育教学过程中的认知、情感和意志的统一。从认知角度看,教育信念包含了教师对教育事业、教育知识、教育理念和教育行为的确信;从情感来看,教育信念表现为教师对教育的敬畏之心和所确信的信念的尊崇;从意志角度来说,教育信念是教师在教育教学中克服困难、坚持自我的重要精神支柱。总而言之,教育信念是教师教育教学行为的逻辑地图,是驱动教育行动的内在动力,是课堂教学语言艺术的"皇冠"。

4.涵养通达的教育智慧

教育智慧是教师专业素养的最高表现。一个具有教育智慧的教师才能够灵活运用课堂教学语言展开教学实践活动,涵养通达的教育智慧是养成教师课堂教学语言艺术的最高、最有效的要求。教育智慧是教师在认识教育教学活动和从事教育教学实践时所表现出来的知、情、意的一种整体存在状态,以观念与情感的形式内在于教师自身,并作用于教育过程,最终指向学生的全面发展和师生的生命共生、共长。教育智慧既凝结着教师德性的教育价值取向,又包含了与教育教学实践活动相关的知识和经验,外在表现为教师的教育能力,其核心是教师对教育教学敏锐的观察力、深刻的理解力和对教学实践有效的决断力。如果说教育信念是课堂教学语言艺术的"皇冠",那么教育智慧则是课堂教学语言艺术"皇冠上的明珠"。

(二)构建和谐的师生关系

课堂教学语言并非教师的独白,而是存在和生成于一定的教学关系中。换句话说,教师的课堂教学语言既处在教学的时空中,更是在一定的教学关系之中。在具体的课堂教学过程中,即使教师的课堂教学语言再生动、有趣、形象,如果学生根本不听课,或者是让一群中学生听大学生的课,那么师生之间也并没有建立起教学关系。教学关系的建立意味着师生围绕一定的教学目的和内容共同参与课堂教学活动,其基本前提在于师生在交往、互动和对话中相互理解、共同发展。师生正是在相互理解、共同发展的教学关系中构建了课堂教学语言的语境。所谓语言就是言语意义的生成、表达与理解。在所有课堂教学语境中,言说的主体——教师和学生是关键,而师生"同一"关系的建立则是最为关键的。教学关系的建立过程本质上就是语言主体——师生关系的生成过程,也就是语境的生成过程。语境是课堂教学语言意义生成的决定性因素,课堂教学语言艺术的养成离不开课堂教学语境和课堂师生集体场域这一存在基础。

此外,教学关系是一种抽象的师生关系,建立教学关系不仅意味着师生围绕一定的教学目的和内容展开对话、互动和交往,更为重要和现实的是它意味着师生的注意力和意志力,包括认知、情感、意志和行动的交往与互动,其中最为核心的是师生之间思维的对话和碰撞。从教师角度而言,教师应积极促进师生教学关系的建立,激发和促进学生思维的参与。这就要求：首先，教师要具有较高的教育专业素养，获得学生的认同，这是建立和谐师生关系的前提性因素。其次，教师一定要树立一定的权威意识。尽管教育界一直倡导师生地位平等，这本身是构建和谐师生关系的前提，但并非"绝对"平等。教师作为课堂中的权威，必须具有一定的权力和威信，这种"权威"正是学生"向往"教师、亲近教师和模仿教师的重要条件。教师要善于利用"权威"身份构建和谐的师生关系。最后，在教学实践中，教师要善于观察、把握和理解学生的心理特征，养成一定的教育机智和智慧，与学生建立和谐的"心理关系"。善于把握学生的兴趣、期待和意向，增强课堂教学语言的趣味性，引导学生的思维跟上教师的步伐和课堂节奏，师生共同谱写一首心理互动、生命共长的课堂乐章。

（三）改进课堂教学语言的表达

课堂教学语言的表达艺术直接决定了教师如何构建个人独特的课堂教学语言风格和艺术，而教师课堂教学语言艺术也必然直接体现在教师的课堂教学语言表达之上，因而，改进语言的表达是提升课堂教学语言艺术的关键策略。具体来说可以总结为三个原则。

1.适应性原则

课堂教学语言要适应不同的学生、教学目标、教学内容以及表达时机和场合等。首先，适应不同的学生是课堂教学语言要遵循的根本要求，既要适应学生的身心发展规律、符合学生的认知水平和认知能力，同时也要适应不同学生的个体差异和个性需求。其次，课堂教学语言要适应一定的教学目标和教学内容，与本节课的育人要求融合起来，打造"完美"的课堂教学。最后，课堂教学语言一定要适应和抓住相应的时机和场合，在具体的场域和节奏中点燃课堂教学语言的育人力量。

2.共生原则

教学始终是以语言为基本媒介展开师生对话、交往和互动的过程，因而，能够促进师生思维同频共振、生命共生共长是课堂教学语言表达的重要标准。共生原则是保证师生对话和沟通顺利进行的基本原则，主要包含量、质、关系和方式四个方面的准则。量的准则是教师的教学语言所包含的内容既要满足教学交往的需要，也要满足交际的需要，即教学语言的信息量要适度；质的准则要求教师言说的内容与客观实际相符合，即不说虚假的话和缺乏证据的话；关系准则要求教学语言要与教学目的、教学主题、语境等密切相关；方式准则要求教学语言避免使用晦涩的词语和产生歧义，说话要简明扼要、要有条理。

3.得体原则

课堂教学语言的得体原则是指为了取得理想的效果，语言要恰当、准确、恰如其分，努力将语言表达的真、善、美与课堂教学过程融合起来。具体来说，包含两个层面：课堂教学语言要得体，要符合价值原则和语效原则。价值原则即追求语言表达的真、善、美，凸显课堂教学语言的音之美、意之美和形之美。语效原则即课堂教学语言应该适应教学语境，并取得良好的语境效果，有效促进课堂教学目标的达成。价值原则和语效原则是构成课堂教学语言得体的两个条件，也是实现课堂教学语言的本真意义的最高要求。

对上述三种课堂教学语言表达的原则的运用是一门艺术，教师要自觉总结在课堂教学过程中运用教学语言的巧妙技能，从表达方式、表现手法、修辞和语篇结构等方面系统打磨个人的课堂教学语言风格和艺术，不断提高教学水平和专业素养，并最终形成具有个体鲜明艺术特征的教学理念和教学方法。

第三节　课堂教学板书

在教学活动中，教师为了有效传递信息，不仅需要良好的语言表达能力、端正得体的教态，还需要设计合理、字体规范端正的板书。教师将板书技能与其他教学技能综合运用，才能更好地完成教学任务。即使是在多媒体时代、智慧课堂时代，板书仍然是师生交流信息的重要方式，其发挥的作用也是其他媒体手段所不能代替的。因此，正确认识、合理运用板书技能，是教师提高教学质量的重要保障之一。

一、板书的意义

板书是课堂教学的书面语言，教师在课堂上为传达教学信息而在黑板上书写的文字、图表、作的图画等属于板书范畴。板书虽是一种重要的教学辅助手段，但它却是课堂教学的有机组成部分，是教师必备的一项基本功，它和课堂教学的口头语言、体态语言或先或后或同步出现，相辅相成，丰富着课堂教学的表达力。

（一）突出教学重点

在教学中，板书如能紧紧围绕教学中心，抓住重点，画龙点睛，就便于再现事物的本质特征，突出教学重点，深化课文的思想内容。

例:《桂林山水》(原人教版小学语文四年级下册)教学中,一位教师设计了如下板书(图7-1)。

```
        山水甲天下
     ┌静          ┌奇
  水 ─┼清       山─┼秀
     └绿          └险

      综合:美丽的画卷
```

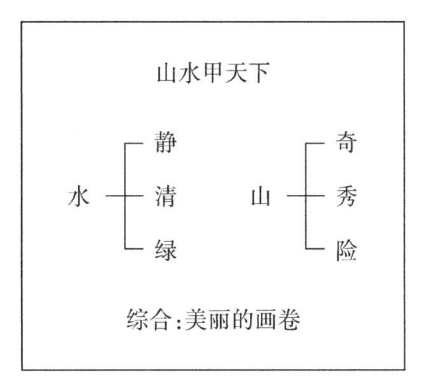

图7-1　"山水甲天下"板书

图7-1板书以"山水甲天下"一句总起,接着分述了山水的特点,最后总写美丽的画卷,突出了教学重点。

(二)能引导和控制学生的思路

课堂教学中,教师往往是随着自己的讲解,将一些重点的内容板书出来,或展开对事物的描述,或对问题进行讲解,或进行演绎推理。学生看着黑板上的板书,听着教师的讲解和讲述,就会边听边思考教师在黑板上所提示的课题,板书的内容就可以引导学生的思维,使学生定向注意和定向思考。

(三)有助于学生厘清教材脉络,加深对所学内容的理解

每门学科的知识都不是杂乱无章的,知识与知识之间都有一定的内在联系,形成一定的知识结构,表现出一定的知识体系。这种知识体系如用口头语言表达就不太容易全面把握。教师用板书表达,既能帮助学生理解知识,又能一目了然地看清框架,厘清脉络。例:一位生物教师在教学"生物链"时设计了如下板书(图7-2)。

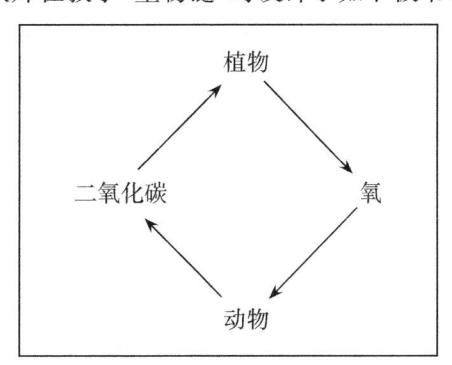

```
          植物
         ↗    ↘
      二氧化碳   氧
         ↖    ↙
          动物
```

图7-2　"生物链"板书

图7-2板书表现了生物链的循环结构，反映了四者环环相扣的关系，很好地表达了教学内容的特点、内在联系，有助于学生理解知识。

(四)帮助学生记忆

在课堂上学生接受知识信息的渠道有两个：视觉、听觉。板书使学生通过视觉获得知识信息，这是最简便、最有效的渠道。在学生接收信息的视、听两个渠道中，通过视觉获得信息的保留时间，比从听觉获得信息的保留时间要长几倍。同时，教师边讲边板书，学生在听了讲解之后，又看到板书，再抄到笔记本上，这样一个过程调动了眼睛、耳朵、手等器官，容易在大脑中留下深刻的印象。听一遍，看一遍，写一遍的记忆效果比只听一遍的效果大大加强了。

(五)有助于学生思维能力的发展

板书是一种直观的教学手段，好的板书提纲挈领，既概括了课文的要点和难点，又体现了教学内容的前后逻辑联系，有助于学生在听课中完成分析综合的思维过程。学生通过对板书内容的比较、分类、抽象、概括，将感性知识上升为理性知识，从而提高分析问题、解决问题的能力，促进思维能力的发展。

二、板书设计的种类、内容和技能要求

板书设计主要是根据教学内容，抽取其关键词句，按照其逻辑关系和结构方式组成一个有机整体的过程。

(一)板书的种类

根据板书的形式特征把板书分为提纲式、词语式、表格式、图文式四种。

1.提纲式

提纲式板书是按照教材内容和教师讲解顺序，提纲挈领地编排教学语言的书写形式。这种板书以大小不同的编号按约定的层次、含义标示相应语句的逻辑地位，以此体现教学信息的基本逻辑结构和体系。这种形式主要是纲要性地突出重点，逻辑性强，重点清晰，便于学生理解、记忆和掌握教学内容。例：某心理学教师在讲授认识过程时设计了如下板书(图7-3)。

```
(一) 认识过程
  1. 感觉
  2. 知觉
  3. 记忆
  ……
```

图7-3　"认识过程"提纲式板书

这类板书主要的特点是逻辑性强,重点突出,便于学生学习和记忆。

2.词语式

词语式板书是指整个板书构成主要是词语,这些词语都是一堂课教学内容的关键词或重点词,用词语排列的顺序体现板书结构或体现教学内容的基本逻辑联系。这类板书对教学内容有"画龙点睛"之妙,有"辨一叶以知全秋"的作用。

例:某教师讲授《东郭先生和狼》(原沪教版小学语文四年级下册)时设计了如下板书(图7-4)。

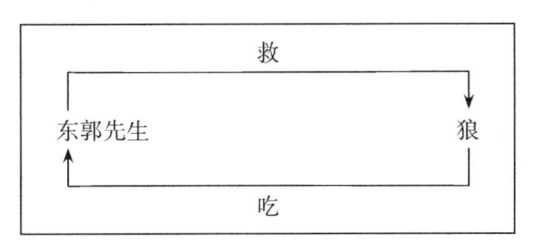

```
           救
东郭先生 ────────→ 狼
        ←────────
           吃
```

图7-4　《东郭先生和狼》词语式板书

上述板书只不过几个字另加了几个符号,学生看了板书就能联想课文的内容、事件发展的经过和结果。又如某教师在讲授《少年闰土》(部编版小学语文六年级上册)时设计了如下板书(图7-5)。

```
我         闰土
少爷       忙月的儿子
喜欢       海边农村少年    紫色的圆脸
                        头戴小毡帽
                        颈套银色项圈
佩服       聪明能干        捕鸟
           活泼可爱        拾贝壳
                         看瓜刺猹
                         看跳鱼儿
怀念
```

图7-5　《少年闰土》词语式板书

这一板书由三个纵排组成。第一纵排是关于"我"的,描写词语有"少爷""喜欢"

"佩服""怀念";第二和第三纵排是关于闰土的,第二纵排是其特点的概括,第三纵排是更具体的描写词语。从横向上看三个纵排分成几个相对的描写部分,如第一纵排"我"的"喜欢",横向对第二纵排"海边农村少年"闰土,和第三纵排的"紫色的圆脸""头戴小毡帽""颈套银色项圈"。这一横向关系表明"我""喜欢""闰土"这位"海边农村少年",其形象特点是"紫色的圆脸""头戴小毡帽""颈套银色项圈"。这种板书用词语的顺序来体现逻辑结构,如果语词的顺序不正确,便会严重影响板书的逻辑性和清晰度。

3.表格式

这种形式的板书是根据教材内容可明显分类、分项的特点而设计的,教师根据教材内容设计表格,提出相应的问题,在讲解中将关键词填入表格。这类板书最大的特点是易于把握事物的特点,比较容易进行区别和比较。

例:一位教师在讲解巴甫洛夫的高级神经活动类型与气质学说时,设计如下板书(表7-2)。

表7-2 高级神经活动类型与气质

强度	平衡性	灵活性	类型	气质类型
强	平衡	灵活	活泼型	多血质
强	不平衡	—	兴奋型	胆汁质
强	平衡	不灵活	安静型	黏液质
弱	不平衡	—	弱型	抑郁质

再如:小学语文《新型玻璃》(原人教版小学语文五年级上册)一课的板书设计也体现了这类板书的特点(表7-3)。

表7-3 《新型玻璃》表格式板书

种 类	特 点	用 途
夹丝防盗玻璃	通电源,可与自动报警器相连	博物馆、银行、珠宝店等
夹丝不防盗玻璃	坚硬、粘	高层建筑物
变色玻璃	阳光反映改变颜色	调节室内光线
吸热玻璃	阻挡强烈的阳光和冷空气	使室内凉爽、保暖
消音玻璃	消除噪音	闹市临街的建筑物

4.图文式

图文式板书是指以形象或接近形象的图样及部分文字组成有关教学内容的板书。

它的特点是形象展示了教材内容。只可意会不可言传的事物,一经图示,则一目了然。图文式版书能生动形象地再现原文,引发学生积极主动地学习。

例如:一高中物理教师在物理课中关于《杠杆原理》(人教版八年级下册)一节设计了如下的板书(图7-6)。

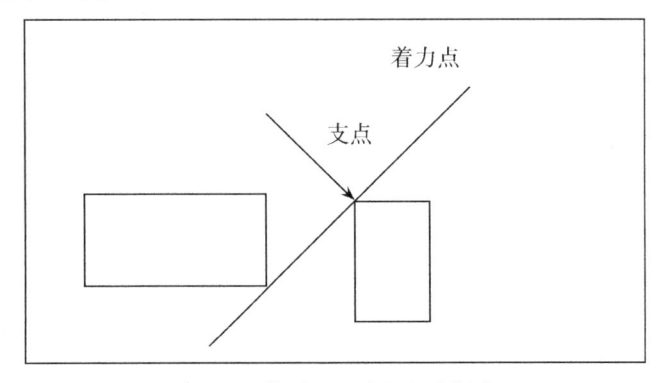

图7-6 《杠杆原理》图文式板书

图文式板书在各级各科教学中应用较多,如物理、化学、地理、生物等关于自然科学的课程。几乎可以说,在这些课程中,如果没有图文式板书来"画"出现象的状态,就不能很好地讲解与此有关的概念和原理。

(二)板书的内容

板书应当反映教学内容的系统、重点和层次,也就是说要体现内容的深入发展过程。在以下几个方面应有所反映:

第一,教学的提纲,即大、中、小标题。

第二,教学的要点,尤其是一些教学的重点、难点内容。

第三,公式及其推导过程。

第四,例题及解题过程。

第五,必要的图表、图解和图画。

第六,结论。

当然,由于每门学科都有其自身的特点,加之每堂课的教学内容不同,板书的内容也不尽一致,不能一概而论,应该根据具体的情况而定。但不管怎么样,较好而完整的板书,应能概括一节课的主要内容。

(三)板书设计的技能要求

1.简明扼要,提纲挈领,具有概括性

板书设计的概括性有三个要求:一要注意紧扣课文,否则概括就失去了对象;二要挑选关键词,否则概括就没有根据;三要做到精练恰当,否则概括就无法体现。就是说要用最精确的文字或者符号,用最清晰的板书格式把文中最重要的内容、内容之间的相互关系及作者的思路等,随着教学过程的进展,逐渐在黑板上再现出来。少而精的板书,内容突出,便于学生直观地掌握要点内容。写得太多、太杂,就会使整个黑板出现"甲乙丙丁,一二三四"开杂货铺的现象,教师不胜其苦,学生不胜其烦,效果甚差。学生一节课都在拼命记笔记,思维活动必然处在被阻状态,既消耗了大量体力,又分散了听课的注意力。心理学研究指出,学生在全力以赴完成抄写动作时,必然使大脑皮层额叶区成为优势兴奋中心,而"听"的颞叶区就会出现抑制状态,故而出现"听而不闻"的现象,影响了对知识的真正理解和掌握。这种板书方法,显然存在着使学生"上课抄笔记,课后背笔记",学生对知识囫囵吞枣、不求甚解的弊病,压抑了学生智力的活跃发展。

例:有位教师教《渔夫和金鱼的故事》(原西师版小学语文六年级下册),按照故事情节展开,作了如下板书(图7-7)。

贪→贪→贪→贪→贪(一无所得)

图7-7 《渔夫和金鱼的故事》板书

教师的五个"贪"由小到大排列起来,非常精练,使学生领悟了课文的中心,收到了较好的效果。这种板书言简意赅,鲜明醒目,教师易写,学生易记。

2.精选内容,突出重点,具有典型性

凡与教学目的密切相关的,出现板书,可使学生加深印象;凡与教学目的关系不大的则不出现。例如《将相和》(部编版小学语文五年级上册)教学目的之一就是认识蔺相如和廉颇两个主要人物的品质。在分析蔺相如这个人物时,一位老师设计了如下板书(图7-8)。

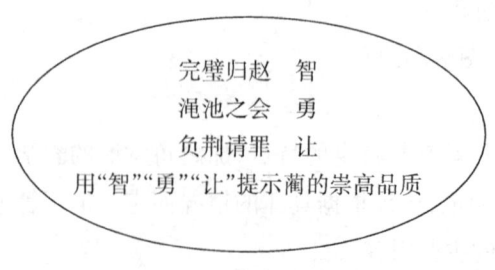

完璧归赵　智
渑池之会　勇
负荆请罪　让
用"智""勇""让"提示蔺的崇高品质

图7-8 《将相和》板书

3.条理清楚,逻辑严密,富有启发性

板书能弥补语言讲授的不足,能把教材脉络结构和重点条理化、直观、清晰地展现在学生面前。因此在设计板书时务必做到条理清楚,逻辑严密,大、中、小标题层层相扣,低一级的标题要能说明上一级标题的内容。标题序号要体现层次性,如按"一""(一)""1""(1)""A"的顺序进行。同时,板书是静态的,而学生的思维是动态的,教师在设计板书时要富有启发性,力求做到使静态的文字、符号变成学生头脑中积极而又有效的思维活动,这就是"静中有动",一般采用"对比法""渲染法"和"画图与讲解配合法"。

所谓"对比法",就是把正反词语或容易混淆的概念板书在一起,以便于学生对照、比较、区别、分化,这种板书由于正反鲜明,对比强烈,能使学生获得对知识记忆准确而巩固的效果。

所谓"渲染法",就是放大字体或用彩色粉笔装饰,以创设情境、催人深思、强化效果,这种板书就像电影特写镜头一样,顿时扑入眼帘,特点突出、色彩鲜明、感染力强,使人久而不忘。

所谓"画图与讲解配合法",就是按教材要求和讲解顺序逐步完成,教师画图不仅要逼真,要有艺术性,而且要边画边讲,在"动"中进行,对学生可以起到"看起来自然,听起来明白,记起来深刻"的良好效果。

4.布局合理,形式多样,具有欣赏性

板书设计的一般"模式"常把黑板分为主体部分(主板书)和辅助部分(副板书)。主板书作为讲授教材内容的系统板书之用。副板书可灵活机动,常用来作为书写需要提示的字、词、概念和与本节课有联系的知识之用,可以根据需要随擦随写。下课后,别人一看板书,尤其是主板书,就能知道这节课所授知识体系的内在逻辑结构和教学过程,清清爽爽、一目了然。教师不能上得堂来,兴之所至,这里一个公式,那里一个标题,写了擦,擦了写,随心所欲。

同时在板书设计中人们经常使用的并且为大家共识的符号应该牢记于心,如用"↓"表示事物的发展;用":"表示提示;用"{"表示事物之间的包容关系;用"≈"表示重点;用"→←"表示两个事物之间相互影响、辩证统一。记住这些符号,有利于板书设计得形象直观、美观大方。

5.随机应变,不墨守成规,具有灵活性

在课堂教学活动中,常常会遇到许多意想不到的情况,使原定的板书难以自然出现,不能"水到渠成",这时候,就要在不影响教学要求的前提下,适当地采取随机应变措施,而不可墨守成规、一成不变。为此,除了尽可能周全地设想板书方案以外,设计时还要适当留有余地,主动地给学生"留有想头",使他们获得"填补空白"的思维机会,享受发现与创造的乐趣。这样做,不光能使板书设计更完美、更合理,而且上课时也更灵活自然,学生的学习积极性能够得到进一步调动。

如:某教师讲授《林海》(原人教版小学语文六年级上册)这篇散文时,根据她的备课,设计了如下板书[图7-9(A)]。

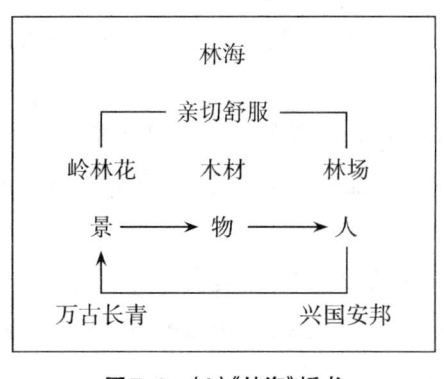

图7-9 (A)《林海》板书　　　　图7-9 (B)《林海》板书

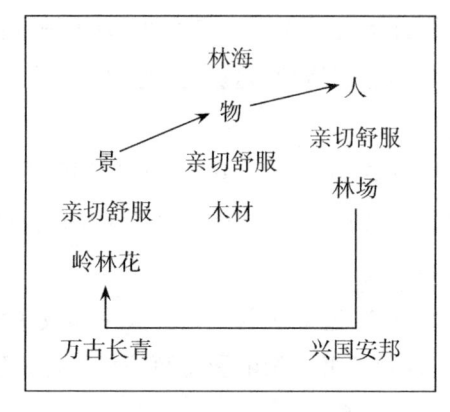

可是检查学生预习时,有的学生提问说:"为什么书中三次提到'亲切、舒服',这样写不是太重复了吗?"学生提的问题正是本文的重点之所在,作为教师不仅在讲课的过程中要帮助学生解决这个问题,而且在板书设计中也要帮助学生理解这个问题。因此,这位教师重新设计了板书[图7-9(B)]。板书(B)的设计抓住了"亲切舒服"四个字,三次出现,在书写安排上略有斜度,并用三个箭头把它们联系起来,不仅强调了课文的中心,而且有助于学生理解三次出现"亲切舒服"是作者感情一次比一次升华的结果,有助于学生理解岭与人的关系:岭养人,人育林,是社会主义祖国的人们使大兴安岭万古长青。大兴安岭可以永远为人类造福,这样就能使国家兴旺发达,人民安居乐业,也就是起了兴国安邦的作用。随着课文的讲解,教师一步一步地展示板书,学生对自己提出的难点理解了,觉得三次出现"亲切舒服"不是多余的重复,而正是文章写得好的地方。

三、板书书写的要求

一些教师的板书语言不规范,有错别字,字迹不清,潦草;或太稚气,龙飞凤舞,歪歪倒倒。而好的板书首先应该是板书书法整齐简洁,板书文字正确,笔画清晰,版面干净,纵横排列平直,书写速度适度,从容不迫。为此,要做到以下几点。

(一)粉笔字的书写规范

教师板书主要是用粉笔在黑板上书写的文字、图表、图像、符号、线条等。板书与使用钢笔字、毛笔字书写相比,除了工具上的不同,姿态上通常也很不一样。粉笔字是立式书写,书写的版面与人是平行的,所以最初操作起来不如钢笔字、毛笔字伏式书写那么习惯。粉笔字的书写工具粉笔没有笔锋（笔尖），运行起来不方便，这也给粉笔字的书写带来了困难。但只要注意以下几个方面，粉笔字也同钢笔字、毛笔字一样，书写起来可以得心应手。

执笔。粉笔的执笔是"指实掌虚，五指齐力"，下笔时斜度应保持在45°左右，书写时粉笔的末端基本上对准掌心。

运笔。是指粉笔在黑板上的运转，包括指运、腕运、臂运。注意这些书法技巧，书写时就可以避免直横拖笔和字迹呆板的现象。

用笔。主要是指点画的书写法则。我国书法艺术经过人们数千年的不断实践，总结出一整套书写法则，如逆入平出、藏头护尾、无垂不缩、无往不收、中锋用笔等等，这些法则都可以作为粉笔字书写的参考。

结构。粉笔字必须结构合理、匀称、规范。

笔顺。教师书写粉笔字无异于为学生做示范，因此笔顺同样不能忽视。书写时笔顺错误，就会给学生的书写带来混乱。

书体。对于不同的对象，书写的书体和字的大小也不尽相同。对小学低中年级的学生，教学时应写楷书，做到准确、美观，不可随意乱写，以形成良好的书风。对小学高年级和初中学生，教学时可写点行楷，但不要以快速的自由体代替行书。对于高中以上的学生，教学时则以写行书为主。字的大小，应符合用眼卫生的要求，使坐在教室最后一排的学生也能看得清楚。

同时，汉字是方块字，讲究间架结构、气势神韵，教师写粉笔字时要注意每个字的重心、平衡、统一、对称、协调和呼应等因素，有人甚至把字比作人的仪表外观，认为"一点失所，若美人之病一目；一画失节，如壮士之折一肱"。不言而喻，可见间架结构的重要性。

（二）板书的版面整洁

教师的板书应该有所设计。好的板书应做到版面整洁，纵横排列平直，行间疏密匀称和谐，始终保持版面的整齐干净，为学生提供一个内容完整的听课笔记。

（三）书写速度适中，书写时机适宜，书写姿态得体

教师应该以尽量适中的速度和流畅的笔头进行板书，既保证板书的信息量，又保证板书的质量，写得过快、过多，一堂课下来满满一黑板的内容容易产生字迹潦草的问题，学生看不清楚，把握不住重点。写得过慢，比如有教师背对学生写板书，一写就是两三分钟，课堂教学节奏过慢，学生容易出现注意力不易集中等问题，同时教师背对学

生时间过长,师生之间的交流减少,也容易出现课堂纪律涣散的现象。

教师的板书时机应该是边讲边写,随着教学的进行,有计划、有步骤地把板书内容写在黑板上,这样容易控制、引导学生的思路,集中学生注意力。如:有位教师在讲《狼牙山五壮士》这篇课文时先板书"五壮士",说明这篇课文是讲五个壮士的故事;当讲到"奉命在'狼牙山'一带坚持游击"时板书"狼牙山";当五壮士完成掩护任务,准备转移,却有两条路时,一条是狼牙山,一条是主力部队,板书"主力军";当讲到五位壮士在狼牙山射击时,板书画出箭头并指向狼牙山;当他们成功把敌人引向狼牙山、弹尽粮绝、相继跳下之时,板书"舍身"。至此,黑板上出现狼牙山五位壮士英勇奋战、为国牺牲的故事。如果上课前,教师就把整个板书内容呈现给学生,反而容易造成本该学生注意力集中的时候,学生兴趣已转移。

教师书写的姿态应得体、从容不迫。教师握笔手势中空,下笔得力、优雅,轻重得当。写完一组字后,用黑板擦沉着自然地擦去,要避免慌乱及动作过粗过躁。有的教师在板书过程中写错一个字就赶紧慌乱地用手擦去,这都极大地影响了教师的形象美。

四、板书的训练

板书是为传达教学信息而用粉笔书写的文字、符号等。整个过程有三个环节:一是针对教学内容对板书进行设计,确定写什么或其结构形式;二是把设计好的板书写到黑板上去,即板书的书法问题;三是以怎样的顺序和时机把设计好的板书写到黑板上去,即板书的运行过程。板书与具体专业、具体课程教学内容及课程体系有不可分割的直接关系,这些也是各学科教学法的一大专项教学任务。这里只谈涉及各学科、各专业、各种课堂教学内容的板书设计、书法、运行过程中共同的也是最基本的要求。

(一)板书书法(粉笔字)训练

许多教师执教多年,有了相当丰富的课堂教学经验和水平,唯一遗憾或最感到遗憾的是自己的粉笔字书写不如意。同样,许多初始执教者最羞于在学生面前亮出的,也是自己的粉笔字。然而,作为教师想要避免写粉笔字是不可能的。

粉笔字训练可细分为文字字体训练、版面训练(文字排列)、书写速度训练和书写姿态训练等几个部分。总的训练要求是规整、清洁、流畅、速度适中、从容,能在黑板上写一手规整、清洁又漂亮的粉笔字,可以给学生带来清爽、美观的视觉美感,增强课堂教学信息的可接受性。

1.字体的训练

①每天端正写10个粉笔字,采用立式书法,注意上下结构、左右结构、里外结构的字要兼顾。

②向有书法基础的老师请教汉字基本笔画的书法要领,按规定每天写10个汉字,一周后进行互评。每三周进行一次粉笔字对比自评,制订训练计划,并依计划继续训练下去。

③参加专门的粉笔书法培训班或粉笔书法课。

2.版面训练

①选一短篇文章,先横后竖抄在黑板上,要求横平竖直,大小均匀。

②在黑板上写一粉笔字,然后间隔2个字距再写一个字,如此类推,纵向也依此书写,尽可能保持横平竖直。

③选3种不同种类的板书移到黑板上,注意各部分比例大小和关系协调,然后大家互评。

3.书写运行和姿态训练

①以尽量适中的速度和流畅的笔画书写。先依次抄文句,避免下笔迟疑和停顿,或拼凑笔画;同时一定要注意板书文体和版面的要求。

②正面对黑板,立定抬手,从容运笔,使用黑板擦要沉着自然地擦,避免慌乱或动作过粗过躁。

③握笔下笔注意手势中空、得力而且优雅,下笔轻重得当,字迹明快。

(二)板书设计训练

讲同一内容,不同的教师在课结束后留在黑板上的板书肯定是不一样的,也就是说,如何通过板书传达教学信息,各个教师都有自己的考虑。这就需要课前在吃透教材的前提下精心设计板书,只有这样,写出的板书才既合乎教学内容,简明扼要,又有严密的逻辑系统。

1.切合原意的训练

无论质量多高的板书,前提是要符合教学内容的原意,符合教学目的,要根据原教学内容的特点和逻辑联系选择和设计板书。

例1:下面是两个板书的实例。一是《狼和小羊》(原苏教版小学语文二年级上册)(图7-10),另一个是《生态系统的物质循环》(人教版高中生物选择性必修2)(图7-11)。

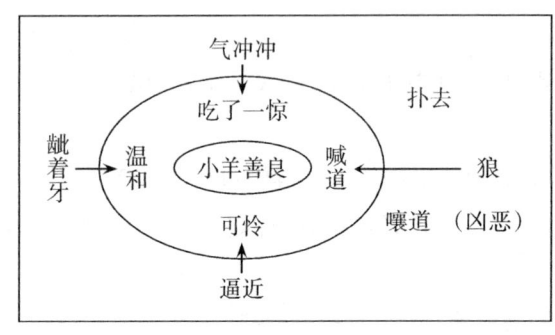

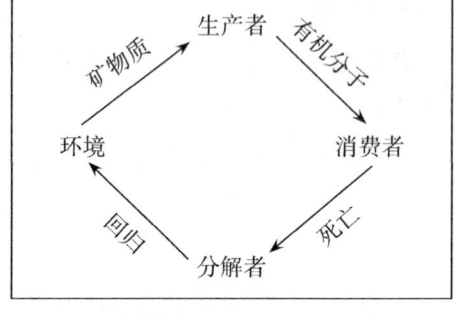

图 7-10 《狼和小羊》板书　　　　图 7-11 《生态系统的物质循环》板书

《生态系统的物质循环》的板书很好地再现了教学内容的特点和内在的联系，形象地反映了生产者、消费者、分解者和环境的关系，环环相扣，反映了一个环形的链条式的客观规律，有助于学生理解教学内容的本意。而《狼和小羊》的板书虽采用了图文式板书，也与教学内容之间有联系，但未必是很恰当的。原因有二：一是教学内容中狼和羊没有构成环环相扣的关系；二是教学内容的中心与板书的中心不相符。从板书上看课文的内容是以小羊的善良为中心的，写狼是为了写羊的善良而服务，但事实上，课文的教学内容的主要大意是写狼的凶恶和小羊的善良，二者形成鲜明的对比，而且从课文最后一句话——"想伤害别人的人总是找得到理由"来看，认识狼及类似狼的人的真正面目，才是教学内容的核心。所以，《狼和小羊》的板书看起来热闹，也费了心，但并没有忠实教学内容原意，还可能使学生产生误解，不算是好板书。

2.简明扼要的训练

在切合原意的前提下，板书设计要注意的第二个方面是简明扼要，即简单明了、不能烦琐，不能模糊不清。

例1：某教师在讲《守财奴》（原人教版高中语文第四册）这篇课文时，设计了如下板书（图7-12）。

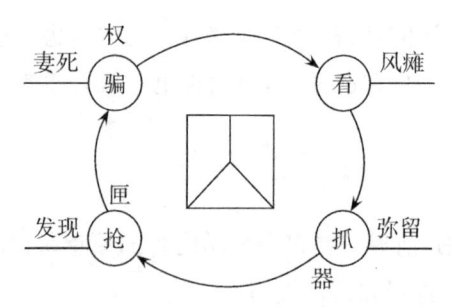

图 7-12 《守财奴》板书[①]

《守财奴》一文用变形的"囚"字来创意板书。变形后的大圆上，又有四个小圆，分别代表四个重要情节，箭头表示情节发展的顺序。这个设计既彰显了葛朗台与"铜钱"

[①]板书设计来源：佳文与美图比翼　形象共理趣生辉——语文"图形"板书创意谈，开封市第七中学语文组。

的"剪不乱、理还乱"的关系,又暗合他掉进了"钱眼"里,作"钱"自缚,终是钱之"囚徒"的主旨,耐人寻味。课堂教学和板书的动态生成,宛如一幅卷轴画徐徐展开,令人赏心悦目。

例2:一位实习教师讲解高校公共课《形势与政策》第二章"战后世界政治的新格局"时,部分板书如图7-13。

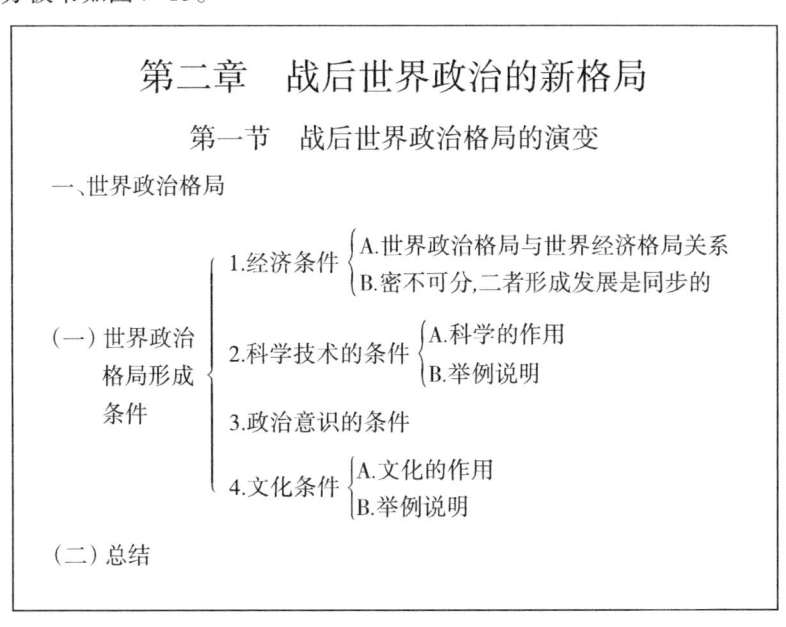

```
第二章  战后世界政治的新格局
    第一节  战后世界政治格局的演变
 一、世界政治格局
                        ┌ A.世界政治格局与世界经济格局关系
              1.经济条件 │
                        └ B.密不可分,二者形成发展是同步的
(一)世界政治              ┌ A.科学的作用
    格局形成  2.科学技术的条件│
    条件                  └ B.举例说明
              3.政治意识的条件
                        ┌ A.文化的作用
              4.文化条件 │
                        └ B.举例说明
(二)总结
```

图7-13 《战后世界政治的新格局》板书

上述板书每一个条件后都有A、B两项,既没有突出关键部分,又显得比较烦琐。

3.逻辑关系训练

板书要符合教学内容原意,简明扼要,此外,各部分内容间的逻辑关系要清晰,使学生抓住一点顺着板书显示的关系便能知晓左右上下的主要内容,或者根据左右上下部分,更能清晰地认识这一点以至若干点。

例1:比较下列两例同一内容"高级神经活动方式"板书[图7-14的(A)和(B)]。

```
         高级神经活动方式
(一)定义
(二)基本方式——条件反射
1.反射
2.非条件反射
3.条件反射
(三)人高级神经活动的特点——第一信号系统
```

```
        高级神经活动方式
                  ┌ 非条件反射(人与动物均有)
 反射             │
(神经活动  ┤      ┌ 第一信号系统
 方式)     │条件反射│
           └ (高级) └ 第二信号系统
```

图7-14 (A)"高级神经活动方式"板书   图7-14 (B)"高级神经活动方式"板书

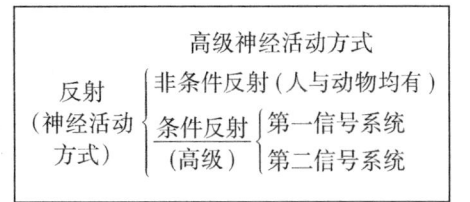

这两个板书在紧扣教学内容重心和简略性两点看,都符合要求,差异在逻辑关系和关键词上。从这两点看,板书(B)明显比板书(A)要好。从板书(B)一眼看上去便知高级神经活动方式最基本的是条件反射,而条件反射又分为两种,"第一信号系统"和"第二信号系统",前者为人和动物共有,而后者却只有人具有。板书(A)一眼看上去,得不到这样清晰的认识,板书上面的(一)(二)(三)点之间逻辑关系不明朗,也缺乏具有重要区别意义的关键词句。

逻辑关系纲领式板书是高校教学采用的最普遍也是最基础的板书形式。这种板书是用由上到下的短句排列和用大小番号来表示各板书成分之间的逻辑关系,如一、二、三等番号的并列和一、二、三;(一)(二)(三);1、2、3等番号表示相互从属等等。然而,许多教师只注意了番号和排列顺序及形式的方面,忽视了这些番号和顺序是由各成分内在逻辑的必然所决定,于是便产生了许多看似有逻辑性,逻辑关系层次分明,但实际上缺乏逻辑性,逻辑关系层次混乱的板书。例2就是这样的板书,而例3所反映的课文的内在逻辑关系就比较明晰。

例2:"幼儿园的教育"看似逻辑分明,但实际逻辑关系层次混乱(图7-15)。

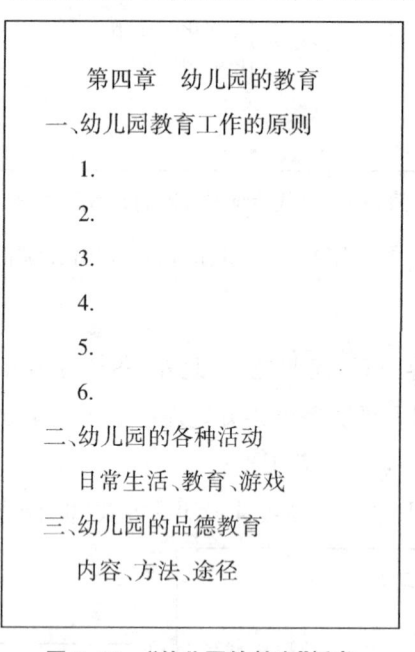

```
        第四章  幼儿园的教育
    一、幼儿园教育工作的原则
            1.
            2.
            3.
            4.
            5.
            6.
    二、幼儿园的各种活动
            日常生活、教育、游戏
    三、幼儿园的品德教育
            内容、方法、途径
```

图7-15 "幼儿园的教育"板书

例3:《卖火柴的小女孩》(部编版小学语文三年级上册)的板书,以5次美妙的幻想为线索,通过两两对比,用雁行式的结构反映出了课文的内在逻辑关系(图7-16)。

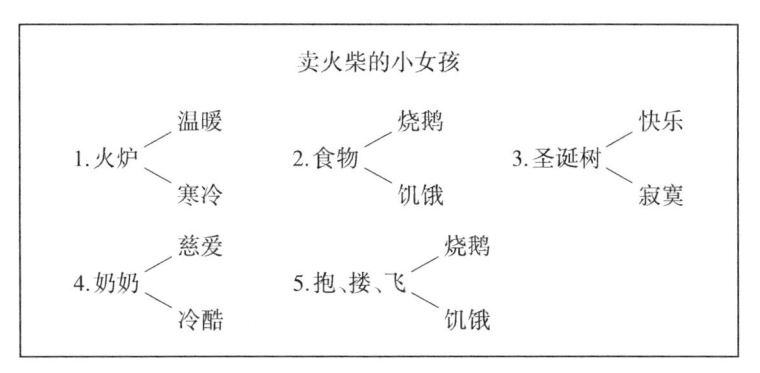

```
        卖火柴的小女孩
       温暖        烧鹅        快乐
   1.火炉    2.食物     3.圣诞树
       寒冷        饥饿        寂寞
       慈爱              烧鹅
   4.奶奶         5.抱、搂、飞
       冷酷              饥饿
```

图7-16　《卖火柴的小女孩》板书

4.关键词句训练

要使板书切合原意、简明扼要、重点突出、逻辑严密，板书就应当有体现教学内容的关键词句。在简明清晰且有严密逻辑性的整个版面上，这些关键词句犹如浮雕一般凸显出来。如果板书是教学内容的浓缩，那么关键词句则是浓缩后的浓缩。通过关键词句，学生对有关教学内容的重点、难点、要点留下了深刻、清晰的印象，也便于理解、记忆（图7-17）。

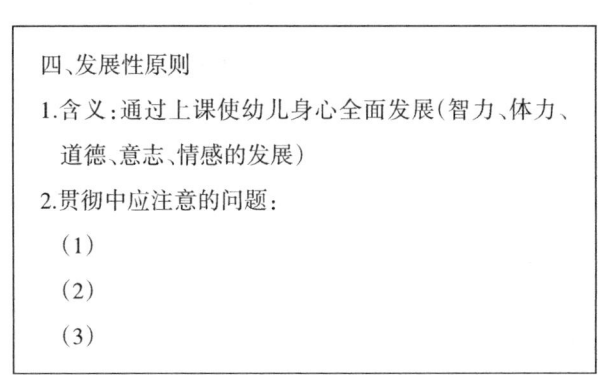

```
四、发展性原则
1.含义：通过上课使幼儿身心全面发展（智力、体力、
   道德、意志、情感的发展）
2.贯彻中应注意的问题：
  （1）
  （2）
  （3）
```

图7-17　"发展性原则"板书

从关键词角度归纳起来，这类板书的问题主要有两个：一是把教材上很长的定义（或含义）几乎完全照抄在黑板上；二是把本来很重要的内容简化得只剩下番号或页码（图7-17）。这两个的性质是同一的，即没有对教学内容认真分析并提取出关键词。因此解决这两个问题的方法也是完全同一的，即从教学内容中（包括定义或含义中）提取出关键词句。

例2：下图是小学课文《狐狸和乌鸦》（原苏教版小学语文二年级上册）的板书，因为抓住了关键词句就显得比较凝练（图7-18）。

```
        狐狸和乌鸦
    狐狸          乌鸦
     ↓            ↓
     馋            叼
     ↓     ?      ↓
     叼 ←―――――― 馋
```

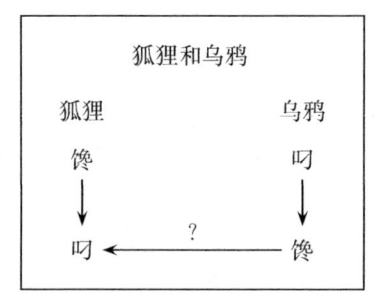

图7-18 《狐狸和乌鸦》板书

(三)板书运行技术训练

板书运行过程即在课堂教学中把板书各部分逐步呈现出来,直至呈现出全貌的过程。这一过程操作的行为规则是:出示的顺序符合逻辑且便于学生理解,出示时机恰当,与口头语言和体态语言协调配合。

一堂课也许可以从头讲到尾,但如果在黑板上从头写到尾那就是问题了。在实际教学中我们发现,即使不是整堂课写,只要教师连续板书数分钟以上而不言语,学生就会感到气氛凝固,思维不通畅,从而影响教学效果。板书只是教学内容的关键部分、结构关系的书面呈现,它应随着课堂教学口头语言而间断写出。板书与口头语言的最大的不同点是它对口头语言的依附性和间断性。

板书是随着课堂教学口头语言而间断写出的,它与教师的口语、体态语相互配合,这就涉及板书运行的时机问题,也就是说,口头教学语言说到什么时候书写一次板书才合适。一般而言,其运行时机是口头教学语言谈到某纲领和语词时,即写出相应的板书内容,从左到右、从上到下依次完成板书,全课结束后,板书的全貌呈现在学生面前。由于板书的间断性,它是随着教师的讲解而不断呈现在学生面前,因此同样的教学内容,同一的板书设计,同样的板书结果,但不同的教师其板书的运行过程有可能完全不一样。

例1:一小学数学教师在讲完四边形后,进行归纳总结,设计了如下板书(图7-19)。

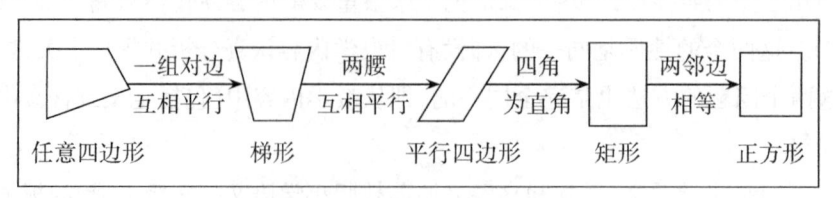

```
任意四边形 →一组对边→ 梯形 →两腰→ 平行四边形 →四角→ 矩形 →两邻边→ 正方形
           互相平行       互相平行            为直角        相等
```

图7-19 "四边形总结"板书

教师讲课过程中边讲边写,教师讲完以后,黑板上留下完整的板书;学生也随着教师的讲解、板书,得出正方形是条件最严格的四边形。

例2：一中学教师在教课文《变色龙》（部编版语文九年级下册）时，所设计的板书不是一下就呈现在学生的面前，而是随着教师的讲解，逐步展开的，板书设计如下（图7-20）。

	变色龙	中心事件:狗咬人		中心人物:奥楚蔑洛夫		
反应＼狗主	不知	将军	不是	将军	不是	将军哥哥
情状	严厉	脱衣	斥狗	穿衣	斥狗	含笑
评狗	疯狗	小狗	下贱	妖贵	野狗	伶俐
处理 对狗	弄死	辩护	断气	送去	弄死	逗趣
处理 对人	罚款	鬼东西	同情	混蛋	维护	收拾

=狗走（走狗）　　中心思想:人不如狗　　反动腐败

图7-20　《变色龙》板书

教师书写板书的顺序是：

第一步：在黑板上方板书课题《变色龙》；

第二步：板书中心事件、中心人物；

第三步：画表，师生共同讨论填充；

第四步：最下方板书"狗走"，为点明主人公是沙皇忠实的走狗做准备；

第五步：从狗走导出走狗；

第六步：板书中心思想。

第四节　课堂教学管理

课堂教学管理技能，简称课堂管理技能。它是教师在课堂教学过程中用以有效地维持学生的适宜行为、保持良好课堂秩序的活动方式的熟练化表现。课堂教学管理是课堂教学活动能否顺利开展的基本保证，同时，它也是课堂教学技能中最具综合性的一项教学技能。我们可以认为，没有有效的课堂教学管理，就谈不上有效的课堂教学。因此，在教师的课堂教学技能训练中，课堂教学管理技能的训练是重要的一环。

一、课堂教学管理的意义与管理意识的形成

(一)课堂教学管理的意义

1.稳定和促进学校全面工作

教学工作在学校各项工作中处于中心地位,教学工作组织协调得好,不仅有助于建立稳定正常的教学秩序,促进教学质量不断提高,而且有助于带动其他各项工作的开展。

2.直接影响着学生的学习质量

教学过程绝不是单向的知识传授过程,而是在教师的指导下,学生德、智、体、美、劳全面发展的过程。学生在教学过程中,获得了知识,发展了智能,逐步形成了良好的思想品德,与此同时身体素质也不断得到增强。

3.提高班级学生课堂学习行为的规范化水平

我们培养的学生,是具有社会主义觉悟和行为道德规范的学生。由于现阶段我们的教育管理面临许多新问题,部分学生的行为规范离国家规定的达标合格率的要求仍有一段距离。为了改变这种状况,我们的老师,就要通过对课堂教学管理的研究,认识其规律,了解其方法,并以其掌握的规律和方法有效地去指导我们课堂管理工作的实践,促进班级学生行为规范合格率的增长。

4.增强教师教书育人的意识

在学校,每个班集体作为校园中的一个群体,除承担传授各学科基础知识的任务外,还负有教育、培养和改进人的光荣任务,也就是说,教师必须做到"教书育人"。我们的教师,为了增强自身教书育人的意识,就需要加强对课堂管理理论的学习和研究。通过对这些管理理论的研究,每位教师必然会提高自身的管理水平,教书育人的意识就会在其管理水平不断提高的过程中得到增强。

5.实现班级学生管理的科学化

班级是一个群体,是一个系统,班级各方面要取得满意的成绩,达到良好的效果,实现既定的目标,班级的管理必须科学化。就是要我们重新认识班级管理工作的特点,掌握班级管理工作的规律,提高班级管理工作的水平,实现班级管理工作的科学化。

(二)课堂教学管理意识的形成

教学过程是一种特殊的控制过程。课堂教学过程,对学生来说是一个在教师指导下的学习心理过程,对教师来说是一个以学生为对象的工作过程,是一个对学生的学习心理过程进行调控的过程。

1.实施目标教学的有效管理

(1)强化教师和学生的目标意识

充分认识教学目标在教学活动中的重要作用。目标对活动起导向、激励、评价的作用。在教学活动中,教学目标是教学活动的出发点和归宿,教师和学生活动的导向,教学活动的内容、教学活动的方式方法、教学效果的评价,都受教学目标的制约,都要围绕实现教学目标来设计和实施,它在教学活动过程的诸要素中是起决定作用的要素。因此,教师备课,首先要下功夫拟定合适的教学目标。组织教材和选择教法,要围绕教学目标,引导学生学习,还要引导学生明确学习目标。评价学生的学习,要依据教学目标。总之,要围绕教学目标来开展全部教学活动。

当前一些教师,尤其是一些未接受继续教育的教师,缺乏教育目标和评价的基础知识和拟定教学目标的基本技能。在编写教案的教学目标时,往往习惯于用传统教学的"教学目的""教学要求"的老一套来代替"教学目标"。在这种情况下,很难要求这些教师用教学目标来调控全部教学活动,所谓强化目标意识也就成了一句空话。改进这一缺陷的措施,就是组织教师学习现代教育目标和评价的基本理论及训练他们拟定教学目标的基本技能。

强化目标意识,还应表现为教学目标在教师和学生的头脑中很明确、具体。教师头脑中有明确、具体的教学目标,有赖于教师掌握表述教学目标的知识和技能;学生头脑中有明确、具体的学习目标,有赖于教师的引导。

(2)拟定出全面、适度、明确、具体的课题目标和课时目标

教学目标全面、适度、明确、具体。全面,就是既要有知识方面的教学目标,也要有能力、情感、习惯方面的教学目标。适度,就是要求不过高,也不过低。一堂课的容量既不太多,也不太少。目标要从教材和学生的实际出发,体现层次性,分别适合于上、中、下不同水平的学生。明确,就是目标要抓住教材的重点,不要不分主次地选出一连串教学目标。具体,主要是指知识方面的教学目标,要用学生的学习结果来表述,不要用教师或学生行为过程来表述。如,可用"学会……"来表述,不用"教……"或"学……"来表述。这样才能检测教学是否达到了预定的目标。下面引用一个例子,以帮助读者的目标教学管理技能的形成。

例一,某数学教师教《分数的初步认识》(部编版小学数学三年级上册)时拟定了如下教学目标:

第一,认识分数的产生,认识几分之一和几分之几;认识分数各部分的名称,掌握分数的读法和写法。

第二,能用分数表示图形里的阴影部分,也能在图中画出阴影部分表示分数;能说

出几个几分之一就是几分之几和几分之几包含几个几分之一,并能在数线上标出一定的分数;提高观察、操作和用完整数学语言表述的能力。

第三,养成用尺画数线的习惯,培养学习数学的兴趣、自觉性和克服困难的意志。

这里既有知识和技能方面的教学目标,又有能力方面的目标,还有情意和行为习惯方面的目标,体现全面性。认知领域的目标的表述采用了"认识""掌握""能用……表示""能说出""能标出"等反映学生学习结果的行为动词,这就使教学目标具体,便于操作和检测。

例二,某语文教师教《曹冲称象》(部编版小学语文二年级上册)这课时拟定了如下教学目标:

情意领域

通过学习曹冲称象的故事,了解曹冲称象的过程,从中学习考虑问题的方法。(懂得要灵活运用学到的知识,善于把事物联系起来进行比较和联想。)

认知领域

第一,识记:学会10个生字,读准字音,熟记字形,并会写8个词语。

第二,了解:了解生字的字义,体会句子中用与不用带点字词有什么不同,懂得怎样按事情发展顺序叙述。

第三,简单应用:会用"议论"造句,会按课文内容填空,会给句子加冒号、引号。这一课的教学目标也体现了全面性。对不同的知识点提出了不同的学习水平达成度,采用了可检测的行为动词。有了这些明确、具体的目标,就便于教师用他们来调控教学过程。

目标要有层次性。拟定教学目标,除了项目要全面以外,还应特别注意面向全体学生。有些目标项目可能只有一部分学生能达到,这些教学目标可用分层要求的方法来拟定。

2.培养课堂超前管理意识

教师要成功地进行课堂教学管理,就必须对课堂发展态势有较准确的预测、估计;要成功地对课堂进行管理和有效控制,就应该提高超前管理的思维能力,不断锤炼和提高自己积累的对教学进行有效控制的预测能力,有意识地进行课堂超前管理意识的培养。

(1)充分认识课堂超前管理的必要性

课堂教学管理是复杂的学校管理工作中的根本内容。课堂的有效管理可以使教师"传道授业解惑"的愿望同学生自觉主动的学习相吻合。但作为课堂教学主体的学生,特别是中小学学生的生理心理特点决定了课堂管理具有艰巨性,学生的课堂问题行为会干扰正常的教学秩序,许多偶然发生现象也有其固有的原因。因此在课堂局限的时间空间内要有效地处理这些问题,无疑是很难的。如果能从超前的管理中,把将会造成的不良后果的隐患及其根源消除掉或降至最低限度,那么,这将使课堂管理更为有效。

(2)自觉学习一定的现代管理学理论

教师从事的工作也涉及管理科学,需要有超前管理理论为指导。超前管理的理论基础就是信息科学。因此,不学习一定的信息论、管理学的知识,就不能真正把握超前管理的本质规律,至多是机械地囿于超前管理的模式程序中。

(3)大胆进行超前的课堂教学管理

许多有经验的教师对课堂的预测和针对性地提出控制对策本身就是超前管理的过程。但这大多数对策均为自发的、零碎的。真正要有意识地进行课堂超前管理,不仅要具备超前管理的基本理论,还应在教学过程中大胆地进行尝试。在尝试中,要消除失败的恐惧感,克服急于求成的急躁心理,应不断总结成败的经验教训,同时也要防止刻板的模式化。

(4)不断总结成败的经验教训

在课堂超前管理的实践中不断总结成败的经验教训,探索总结出课堂超前管理的合理途径,以此丰富和发展课堂超前管理的理论和方法。

二、课堂教学管理的内容和技能

在课堂教学中,教师作为管理的主体,为保证教学顺利进行,需要对自身教的行为、学生学的行为做出及时有效的监控和调整,从而有效地实现教学目标。[1]课堂教学管理是对教学的课堂进行管理,更是对课堂上的教学进行管理。[2]因此,课堂教学管理的内容和技能主要聚焦在教学活动上。

(一)上课的管理

上课是向学生传授知识、训练技能的直接过程,是钻研大纲和备课的主要目的,因此,必须管理好课堂教学。一个教师在课堂教学过程中,要掌握课堂教学结构,依据一堂好课的标准,认真教学。一堂好课的标准应从这几方面考虑:教学目的的确立和实现、教学内容的处理、教学方法的应用、教学过程的组织、教学效果的好坏程度、教学语言、板书等情况。

---

[1]李莹.追求"教学合一"的课堂教学管理研究[D].南京:南京师范大学,2016:2.
[2]黄伟,凌佳.焦点重聚与价值更新:课堂教学管理变革刍论[J].教育发展研究,2016(C2):56.

要管理好上课,学校应制订教学领导管理者的听课制度。特别是分管教学工作的副校长、教导主任和教研组组长应把深入课堂听课作为管理工作的主要内容之一。听课可根据教师的情况和管理者的目的采用不事先通知的随堂听和事先通知、听有准备的课两种方式。无论采用哪种方式,听课都必须有目的、有针对性、有准备、有听课记录,课后除特殊情况外都应与任课教师交换意见。

(二)作业的管理

作业是上课的延续,是巩固所学知识,形成技能、技巧的重要方面。对于作业,在管理上应做好三方面的工作,一是作业的布置。布置作业要以教科书为依据,无论课内作业还是课外作业,都要以教材练习为主,不能离开教材另出作业题,作业的分量要适当,不能对学生形成过重负担。二是要对作业进行指导。指导作业要立足于引导学生分析问题,启发他们思考,寻求解决问题的方法,而不是要教师把现成的答案告诉学生。三是认真批改作业。在批改作业时要把带倾向性的错误记录下来,并针对错误进行评讲。

为督促教师在这三个方面做好工作,教学管理人员要定期或不定期地进行检查。检查可从两个方面进行,一是请教师汇报自己已做了的工作和准备做的工作;二是查阅学生的作业本。

(三)辅导的管理

辅导是上课的必要补充,对学生知识的查漏补缺有重要作用,同时也是贯彻因材施教原则的重要途径。辅导应有突出的针对性,通常情况下是抓两头带中间。一是对程度较差、理解教材有困难的学生,应重点辅导。辅导中应首先调动他们的积极性,使之积极思考;其次,对教材要由浅入深、耐心地向他们讲解。二是对优等生,应是启发他们寻求多种解题方法,并适当加大作业分量和难度。此外,还应指导他们读一些课外书籍。

(四)考试的管理

考试是教学工作的基本环节,是评定学生成绩和了解学生情况的重要途径之一。考试成绩可以在一定程度上影响学生的升级和留级。

考试分平时考和阶段考。平时考是指在上课过程中对某一方面的内容进行测验,它的好处是能及时地了解学生掌握知识的情况。阶段考是指期中或期末总结性考试。在学生的总成绩中,平时考试成绩应占一定比例,这有利于全面反映学生的情况。

对考试的管理应采取以下措施:掌握试题难度的难易和分量,规定教师出A、B两套试题,要求教师出好试题标准答案,做好试题保管和保密工作,制订考场规则,并组织好考试工作。

(五)群体的管理

1.课堂里的群体以及对个体的影响

课堂里的每个学生不是孤立存在的个体,他们通过相互交往,形成各种群体。课堂内各种群体,会对个体行为产生巨大的影响。

学生群体对个体的活动产生助长作用还是致弱作用,取决于四个因素。一是活动的难易。如果学生所从事的像打扫卫生、公益劳动等简单的手工操作或机械操作,其他成员在场,会使活动者工作得更出色。如果所从事的是像写作文那样需要复杂的判断、推理活动,其他成员在场则会产生致弱的作用。二是竞赛动机的激发。当他人在场时,个体的求成动机容易转化为竞赛动机。一旦个体希望自己做得比别人好,容易产生社会助长作用。三是被他人评价的意识。当被他人评价的意识适中时,容易发生助长的作用。若被他人评价的意识过于强烈,活动的难度大而复杂,容易引起焦虑过度而产生致弱作用。四是注意力的干扰。如果其他成员在场会引起活动者的注意力分散,容易发生致弱作用。

2.正式群体与非正式群体的协调

首先要不断巩固和发展正式群体,使班内的学生之间形成共同的目标和利益关系,产生共同遵守的群体规范,并以此协调大家的行动,满足成员的归属需要和彼此之间相互认同,从而使班级成为坚强的集体,班级集体会通过赞许和否认等两种控制手段,调节学生的行为,使其遵守集体规范。其次,要正确对待非正式群体。对积极型的非正式群体,应该支持和保护。可以利用其成员间感情密切的特点,引导他们相互学习,取长补短;利用其成员的相互信任、说话投机的特点,引导他们开展批评与自我批评;利用其成员间的信息沟通迅速的特点,可以及时搜集学生的反映,做到心中有数;利用其归属感强、爱好社交的特点,把正式组织无力顾及的工作交给他们去完成;利用其自发形成的领袖人物威信高的特点,可授予适当的合法权利,使之纳入班级目标的轨道。对中间型的非正式群体,要持慎重态度,积极引导,联络感情,加强班级目标导向。对消极型的非正式群体,要教育、争取、引导和改造。而对破坏型的非正式群体,则要依据校规和法律,给予必要的制裁。

3.群体动力的利用

不管是正式群体还是非正式群体,都有群体凝聚力、群体规范的压力、群体气氛以及群体成员在相互交往的基础上形成吸引与排斥、竞争与合作等人际关系。所有这些群体问题与成员个人行为发展变化的力量的总和就是群体动力。教师在课堂管理中要善于利用这些群体动力,实现课堂管理的促进功能。

(六)特殊学生的管理

一个班级除了反映该集体大多数学生的基本现象之外。必然存在着反映在某些个别学生身上的特殊现象。这类学生为数不多,但其行为不仅影响其本身的发展,而且也会传染和扩散给其他学生,造成对课堂秩序的干扰和危害,给课堂管理带来很大的困难,所以我们必须对这类"特殊学生"进行有效的管理,只有这样才能体现出课堂管理工作的全局性和整体性。

什么叫特殊学生?特殊学生就是指那些需要改变正常的学校计划和年级规章制度其潜能才能发挥出来的学生。我们把班级常规学生之外的学生均视为特殊学生。

1.特殊学生的种类及其特征

(1)特殊学生的种类

①学习成绩后进生。这些学生虽然在学习成绩上属于不正常,但导致学习成绩差的原因却不一致,如果笼统地用一种方法去管理由各种不同原因引起的学习成绩差的学生显然不能成功,所以有必要再根据引起成绩差的原因进行分类,这样大致可以分为三类:低智能的学生;行为有障碍的学生;学习进展缓慢而智力正常的学生。我们指的智力低下就是有轻度智力障碍的学生。而行为有障碍的学生是指智力水平正常,但有先天的心理异常,有的行为反常,即出现行为障碍。行为障碍严重者会阻碍学生认知和技能的发展,导致成绩较差。学习进展缓慢但智力正常的学生之所以成绩差,原因是多方面的,只要消除这些原因其成绩可以上升,我们平时称这类成绩差而智力正常的学生为"学习后进生"。所以按原因可将学习差的学生分为以上三类。

②学习成绩优等生。成绩特别突出的学生,智力发展较快,心理状态稳定,这类学生最容易被教师所忽视。而这类学生也有极为脆弱的潜在弱点,同样需要注意采用特殊方法加以引导和管理。这类学生通称"优等学生"。对这四类特殊学生管理的目的是消除隐患,发挥其潜能,管理的方法和技巧均须与各类特殊学生的特点相联系。

(2)特殊学生的特征

①智力障碍学生的特征。智力障碍学生是因为先天发育不良而造成智力低下。智力障碍有轻重程度之分,能进入常规学校学习的轻度智力障碍学生,虽然对外界刺激的认识和分辨能力弱,但感知有一定的基础,在感知的基础上可以逐步发展和培养认识、记忆和技能;同时轻度智力障碍的学生的感觉和经验是很贫乏的,但他们对周围他人的评价反应又很敏感。因此在帮助智力障碍学生时,既要弥补智力上的缺陷,又要考虑到敏感性的作用。

②行为障碍学生的特征。行为有障碍的学生的智力水平正常,但因后天的教育方式或环境异常而造成心理的某些异常,使得某些行为的获得与形成很困难,或具有特别异常行为表现为行为障碍。这些学生除了行为的某些方面不符合正常水平外,其余方面均与其他正常学生一样。比如在对外界某些刺激过分迟钝或过分敏感的刺激分辨的行为障碍;缺乏有效的对付情境所需要的适当行为的技能的行为障碍;过度饮酒、性变态等有害社会的行为障碍;慢性抑郁、自我悲观的"自我厌弃症"等类似的自我强化的行为障碍。其中学生中的行为障碍主要是抑郁症、多动综合征、孤僻和迟钝、神经官能症等。这些行为障碍都不同程度地引起学生对学习的兴趣下降,严重时阻碍认识水平的发展与提高。目前学生中的行为障碍的人数和种类正呈上升趋势,因为后天的教育不当,环境的不适刺激导致认知的异常,表现为行为的异常。因此,不同种类的行为障碍的消除是教师对行为障碍学生管理的主要工作,但应以改变认知为主的行为修改治疗术为主要方法。

③后进生的特征。一般而言后进生占学生人数的3%~7%,但为数不多的后进生其行为却很容易影响其他学生,给班集体秩序造成混乱,影响课堂教学的顺利进行。因此,对后进生的教育与管理是深化课堂管理的重点。

第一,低龄性。后进生中很多学生的年龄是同年级学生中较低的,其知识阅历、生活经验以及接受知识的能力等均不及适龄学生。自控能力也较差,所以相比之下学习进展就显得缓慢。

第二,群体性。后进生中有一些人私下参加了不正规的群体,俗称"兄弟伙",如以破坏纪律取乐的小团体等。这些群体与学校的要求相背离,主要成因是相互感染,"哥们义气"的侵蚀。

第三,好动性。后进生多表现为活动范围大,频率高,其思维敏捷,但对错误的东西很容易接受,乱打乱闹,课内坐立不安。

第四,逆反性。后进生令教师最为头痛的就是其逆反行为,总是与正确的要求背道而驰,而且在许多场合表现为放荡不羁,其行为有较强的对抗性。

第五,盲目性。后进生大多无明确的学习目的,不知道为什么要学,更谈不上如何学。不了解校规校纪以及班级常规,不懂法律,对社会公德亦熟视无睹,其行动具有很大的盲目性。

第六,综合性。多数后进生是几种不良行为并犯。例如,福州市一次调查发现中学后进生中,犯有打架、偷盗、严重违纪等错误以及进行早恋的竟占90%左右的比例。

④优秀学生的特征。单凭考试的分数来判定一名学生是否优秀是不全面的。因为考试分数不能全面反映一个学生的整体素质。优秀学生应该是政治思想好,目标明确,有报国之志,有较强的探索欲望和勇于献身的精神;应该是基础知识和语言能力扎

实,同时对某学科有特殊兴趣,具有某方面的特长或潜力;自制和自学能力强;具有一定的文化艺术修养和良好的体质。在心理素质方面,优秀学生爱好广泛,注意力集中,记忆力强,逻辑思维敏捷,情绪稳定。在优秀学生中,还有极少数智力超群的学生,其心理素质和智能水平均大大高于其年龄阶段的正常水平。当然优秀学生并非十全十美,也存在着自身的不足和需要加以纠正的问题行为,如骄傲自大、自我优越感过强、虚荣心重、思想包袱和精神负担过大等。因此,在对优秀学生的管理中要注意扬长避短,发挥其已有的水平,挖掘潜力。使之成为德、智、体真正全面发展的优秀学生。

2.特殊学生的教育

四类特殊学生在心理及行为方面都各有其特点,因此在指导特殊学生、帮助其发展智力和技能、发挥其潜能的方法上均须以此为基础,并且基于特殊学生的特殊性,所以采取的措施也各不相同。

(1)智力障碍学生的教育

规则要求清晰化。一般情况下对智力障碍学生提出的要求应该简单明确,该做什么,不能做什么,要很清楚地告诉他们,不必做复杂的"为什么"一类的解释。规则要求提出后,智力障碍学生很容易遗忘,教师要反复强调,使其在多次重复中逐渐记忆下来,并及时纠正与要求相悖的行为。

激发成功意识,增强内部导向。仅仅让智力障碍学生记住老师的要求还不够,还需要激发他们的认识能力,增强内驱力和内部导向。要逐步向他们表明受到老师的奖励还只是小小的成功,要鼓励他们争取更大的成功。但成功与否不在命运,而在自己的努力。因此老师要让他们逐渐明白并坚信一个道理:个人的努力总是会有收获的。当他们受挫时要激励道:"做得还是不错,就是没有尽全力。"通过激发他们渴望成功的内部导向,就可以逐步提高他们的认知能力。

(2)行为障碍学生的教育

行为有障碍的学生表现为智力正常,但心理行为的某一方面有很大的困难。有的行为障碍对学生的认识和智力发展、技能的提高有严重的阻碍作用,必须通过一定的方法加以修改。

行为治疗技术。行为治疗术目前有医学治疗和行为治疗两大类方法。

第一,医学行为治疗法。坚持医学治疗行为障碍的学者们认为,行为障碍实质上是机体内的病变在行为方面的病征表现。要消除行为障碍,就应该用药物一类的医学手段加以治疗,根除其体内疾病。

第二,行为学治疗法。行为学治疗的学者们认为,变态的行为(即行为障碍)首先是心理的病变。后天的因素引起的心理病变诱发出行为的变态。所以行为治疗就是要削弱或消除心理障碍来治疗不适行为,建立并加强正常行为。这种行为治疗法的有效性已广泛地被行为治疗的临床所证实。目前常用的临床方法有以精神分析为主的系统脱敏术,治疗焦虑最成功的交互抑制术,常用于一般不良行为治疗的负性活动练习术,以及厌恶疗法、条件反射疗法等,这些治疗技术还在不断创新和发展,但他们的共同之处就是都根据行为学的理论而制订出操作性方法。因此,对教师所遇到的行为障碍,重要的就是要了解行为障碍的成因及治疗的理论基础。具体讲,即在掌握"学习途径"理论的基础之上,采用相应的具体方法,才能真正根治学生学习有严重阻碍的行为障碍。

行为治疗术中的学习理论。行为学治疗术中运用的学习理论有经典条件学习理论;操作学习理论;模仿学习理论;认知学习理论。作为一个课堂教学管理者,应在这些理论的指导下,对行为障碍学生进行全面而有效的管理。

(3)后进生的教育

①发现闪光点,培养自信人。虽然后进生的一些问题令人头疼,但后进生也有许多不为人所注意的优点。这些或大或小的闪光点往往是点燃其已泯灭的自信心的火星。这些优点就是所谓的"成材因子"。只要深入了解他们的志趣爱好,发现他们身上的闪光点,使之扩大为前进的动力,那么,许多后进生就可以转变为好学生。许多成功的教师都注重了解学生,重视培养学生的志趣、爱好,使他们将自己的长处发挥出来。比如后进生大多活泼好动,因此可以为他们组织各种有益的课外活动。并充分信任他们,当他们感到了老师的信任并为取得的成绩而高兴时,要及时引导他们相信自己可以像其他好同学一样表现得很好。老师从这些活动中发现了学生的许多闪光点,并使之扩大教育效果。

②充分信任,多给表现机会。从初次成功的荣誉感中体验到欣喜的后进生,开始有了自信心,在课堂上也会有跃跃欲试之举。当他们在上课举手要求发言时,教师应首先给他们以发表见解的机会,同时在其回答问题之时教师要以亲切、和蔼和信任的目光注视着他。如果不能答对,不必批评,相反应表扬其主动回答问题之举,鼓励其继续保持,若不能回答完全,教师也应多予启发使其回答完整并给予充分的肯定。切忌害怕他回答不对或不全会影响教学进程而对举手的后进生熟视无睹。在实验课上,可以让后进生担任实验小组长,让他们做一些实验器材的收发等事务,使他们能得到锻炼而获得自信心。在课外体育活动中,后进生大多因活泼好动而表现活跃,可以组织一些集体性的比赛,充分显露他们的优势。这些方法都是取得成功的经验。

③适当处理差错,切勿简单粗暴。后进生多是在低年级时因错误而受到处罚后失去自信心所致。一般的批评他们极易意识到,认错极快,但不思悔过,所以对后进生的批评要讲究方法,处理要恰当适度。

④纠正错误认识。后进生不是思想不好而是对事物认识不全面,或因年幼而接受了不正确的思想。教育后进生的首要任务是根除错误意识,但这不是首要的步骤。首要的措施还是要培养后进生的自信心。后进生精力充沛,具有一定的创造性,但因不能正确理解什么是勇敢、大无畏而表现出淘气、恶作剧,通过破坏纪律来逞能;部分后进生受到周围环境中影视画面的影响,不能正确认识男女的生理差异,不能正确理解什么是爱情而盲目陷入早恋;不能正确理解友谊的真正含义而盲目地推崇侠义的"哥们义气"等。这都是认识的缺陷,分辨力差的表现,根源是认识的错误。因此在后进生有所转变之时应向其耐心说明这些道理,帮助其改正错误认识,深思悔悟,更加坚定他们的自信心。

⑤重犯错误,耐心引导。后进生的意志、毅力差,不能持之以恒,所以在转变过程中,并非能一下子改变过去的不良习惯。相反,因其已固定的心理定式和行为之故,常在受到引发错误的条件刺激出现时再次出现错误,教师应该正确地认识到后进生的这种重犯是具有普遍性的,不是什么不思悔改,因此需要更耐心地劝导,帮助他们分析原因,启发他们分辨引起错误的刺激,教师切忌产生怨恨和急躁的情绪。

(4)优秀学生的教育

①巩固正确的目标。优秀生学习目标的建立也有一个过程,要经过从趣味性、游戏、依靠直接兴趣转移到克服了认识上的困难、找到了解决学习任务的独创途径而体验到一种满足的动机上;转移到深刻地认识学习的社会意义的发展过程。已建立了最高的学习目标,教师应在不同场合稍加强调,注意巩固。

②尽量满足求知欲。优秀生具备十分有利的精神心理条件来进行积极的学习,因此他们对课堂教学和课外活动都有特殊的要求:a.课堂教学。他们迫切希望得到较难的知识,特别希望获得更多的关于现代科学成就的信息也更希望完成老师指定的实验及有趣的作业。这就是说教学难度有别于平常同学的需要。对混合班中的优秀生的需要在课堂教学中一般是不易达到的,因为教学要兼顾各种层次的需要,主要是照顾中间层次的需要。只有通过课后的时间的个别指定作业及辅导来达到。因此,在课堂教学管理中,要采用恰当的时机和恰当的组织教学形式来完成对优秀学生的教学。b.课外活动。课外活动对于一般同学仅是获得有趣的、对日常生活有用的知识,而优生参加课外活动的目的在于力求深入掌握教材并检验自己的能力。他们广泛而稳定的课外兴趣在课外活动中得到满足,有利于他们在学习和课外活动中更为广泛地表现出创造性。

③增强集体意识。优秀学生的优越感很强,有脱离集体而单独从事活动的潜在倾向,这对学生的心理健康和行为发展不利。因此须吸收优秀学生参加各种班集体的活动,通过参加集体活动来填补他们与一般同学间的心理鸿沟。

④防止骄傲虚荣。大多数优秀学生是学习上的"常胜将军",容易高估自己的能力,滋生虚荣心。有少数优秀生表现是很好的,但内心却有强烈的虚荣心理,这类学生一旦受挫会陷入深深的自责或一蹶不振。因此必须防止骄傲的虚荣心理,消除其隐患,使之健康发展。这就要求教师在对优秀学生的评价方式和表扬频率上要因人而异,同时,部分优秀生对分数很敏感,将其作为成败的唯一标准。学校长期采用按分排队,会使一些优秀生对失败产生恐惧心理。有时甚至诱发出为高分而弄虚作假的行为。因此防止骄傲、杜绝虚荣是对优秀学生的行为管理的重点。

(七)课堂教学的纪律管理

1. 课堂结构与课堂纪律

课堂结构与课堂纪律是以教室为活动场所,通过师生之间的分工合作和职权、责任的制度化而有计划地协调师生活动,以达到教育目标的一种组织系统。在这个组织系统中,在教师指导下进行学习的学生、学习过程和学习情境是课堂的三大要素。这三大要素的相对稳定的组合模式就是课堂结构,它包括课堂情境结构与课堂教学结构。

(1)课堂情境结构

班级规模的控制。过大的班级规模限制了师生交往和学生参加课堂活动的机会,阻碍了课堂教学的个别化,有可能导致较多的纪律问题,从而间接地影响学生学习。然而,过小的班级规模又是极不经济的。一般而言,中小学的班级以25~40人为宜。

课堂常规的建立。课堂常规是每个学生必须遵守的最基本的日常课堂行为准则。上课、发言、预习、复习、作业、自修等课堂常规赋予学生的课堂行为以一定的意义,使学生明白行为所依据的价值标准,具有约束和指导学生课堂行为的功能,从而使课堂行为规范化。学生在课堂常规影响下所表现出来的服从,可能是自愿的,也可能是被迫的。只有当课堂常规真正为学生所采纳和接受时,才能逐渐内化为自觉行为。课堂常规应该通过学生们的充分讨论,由全班学生共同建立。因为参与共同决定,会使每一位学生都对课堂常规承担责任,提高他们遵守课堂常规的自觉性。

学生座位的分配。分配学生座位时,最值得教师关注的应该是对人际关系的影响。人际关系和谐了,会有助于课堂纪律的维持。当座位被调到前排或中间位置时,学生大多能感受到教师的关注和重视,体验到教师对自己有较高的期望,容易集中注意力。而当座位被调往左右两边或后面时,学生常有被教师忽视之感,容易发生违反课堂纪律的行为。同样,让课堂不得安宁的部分调皮男生与性格文静的女生坐在一起,他们失去了共同违反纪律的伙伴,能比较有效地控制男生的课堂行为。但中学生们大多了解教师安排男女同桌的意图,男女同桌实际上往往无法防止中学生发生纪律问题。所以,学生座位的分配,一方面要考虑课堂行为的有效控制,预防纪律问题的发生;另一方面又要考虑促进学生间的正常交往,形成和谐的师生关系,并有助于学生形成良好的人格特征。

(2)课堂教学结构

课堂教学结构能使教师满怀信心地按照教学设计,有条不紊地进行教学。教师良好的心理状态又会感染全班学生,增强大家的安全感和自信心,减少背离性,避免课堂秩序混乱。

①教学时间的合理利用。美国一些心理学家的研究发现,如果学生每天在校时间为5小时的话,学业学习时间最多的班级平均为111分钟,而最少的班级平均才16分钟,几乎相差7倍。虽然我们不能要求学生将在校的每一分钟都用于学习并获得成功,但学生不应该将过多的时间花费在从一种活动转移到另一种活动、做学习准备、等待教师帮助、上课做白日梦以及在课堂里嬉闹等方面。如果每天能增加40分钟的学业学习时间,1学年就可能增加8000分钟。看来,关键就在于建立完善的课堂秩序,有效地将学生吸引到学业学习上来,使花费在维持纪律上的时间减少到最低限度。

②课程表的编制。课程表是使课堂教学有条不紊进行的重要条件,它的编制首先应尽量将语文、数学和外语等核心课程安排在学生精力最充沛的上午的第一、二、三节课,将音乐、美术、体育和习字等技能课安排在下午。其次,将文科与理科,形象性的学科与抽象性的学科交错安排,避免同类刺激长时间地作用于大脑皮层的同一部位而导致疲劳和厌烦。最后,青年教师教两个平行班时,第二班的教学效果往往优于第一班,两个平行班的课以间隔短时间为好。而老教师却相反,他们熟悉教材,对学生了如指掌,讲起来驾轻就熟,感情投入真切,上第一班课就能发挥得十分出色,而第二班属于简单重复,容易产生乏味感,教学效果反而略显逊色。安排他们的课,一方面可有较长的时间间隔,另一方面应使两个班的课先后交替安排。

③教学过程的合理规划。教学过程的合理规划是维持课堂纪律又一个重要条件,不少纪律问题是因教学过程的规划不合理造成的。

2.问题行为与课堂纪律

(1)问题行为的类型

我国心理学家根据调查研究认为,从学生行为表现的主要倾向来看,可以把学生的问题行为分成两大类。一类是外向性的攻击型问题行为,包括活动过度、行为粗暴、上课不专心、与同学不能和睦相处,严重的还有逃学、欺骗和偷窃行为;另一类是内向性的退缩型问题行为,包括过度的沉默寡言、胆怯退缩、孤僻离群,或者神经过敏、烦躁不安、过度焦虑。

（2）问题行为导致纪律问题

研究表明，有些课堂问题行为会直接扰乱课堂秩序。例如，打骂、推撞、追逐和嬉笑等侵犯他人的行为；交头接耳、窃窃私语、擅换座位、传递纸条等过度亲昵行为；高声谈笑、口出怪音、敲打作响、做滑稽表情与怪异动作等故意惹人注意的行为；故意不遵守规定、不服从指挥、反对班干部和老师等盲目反抗权威的行为；恶意指责、互相攻击、彼此争吵、打架斗殴等冲突纷争行为。而有些课堂的问题行为，例如，上课时凝神发呆、胡思乱想、抄袭作业等草率行为，迟到、早退、逃学等抗拒行为，胆小害羞、不与同学交往等退缩行为，寻求赞许、期待帮助等依赖行为等虽然不会直接干扰课堂秩序，却会妨碍该学生本人的学习，同样影响课堂教学的效果。

（3）课堂问题行为的处置与矫正

①正确对待学生的三种课堂行为。一般说来，课堂里往往存在积极的、中性的和消极的三种行为。积极的课堂行为指与促进课堂教学目的实现相联系的行为。中性的课堂行为是既不促进又不干扰课堂教学的行为。消极的课堂行为则是那些明显干扰课堂教学的行为。

尽管中性行为影响了学生本身的学习，但毕竟没有干扰其他同学的学习，因此教师不宜在课堂里停止教学而公开地指责他们，使其成为全班学生的注意中心。教师可以采用给予信心、邻近控制、向其发问、排除诱因、暗示制止、合理安排和课后谈话等措施，以利于把中性行为转变为积极行为。对于消极的课堂行为，教师难以直接将其转变为中性行为，有时，适当惩罚消极行为也是必要的，但不可采用讽刺挖苦、威胁、隔离、剥夺、奚落或体罚等惩罚手段。

②行为矫正。行为矫正是用条件反射的原理来强化学生以良好的行为取代其不良行为的一种方法。具体步骤有：a.确定需要矫正的问题；b.制订矫正问题行为的具体目标；c.选择适当的强化物与合理安排强化时间；d.排除维持或强化问题行为的刺激；e.以良好行为逐渐取代或消除问题行为。

行为矫正必须以师生的密切配合为前提。如果学生不了解行为矫正的目标，便无法与教师合作；如果教师所运用的强化物不符合学生的需要，则其强化效果不佳，学生容易半途而废；如果教师忽视不良刺激的排除就会冲淡良好刺激的作用，影响行为矫正的效果。

据研究，行为矫正对于复杂问题行为的改变，特别是那些由于内在刺激引起的问题行为的矫正效果并不显著。因为复杂的问题行为常常受多种因素的影响，单纯用改变外部行为的办法是很难奏效的。

③心理辅导。心理辅导不像行为矫正那样完全以改变外部行为表现为目标，而是通过改变学生的认知、信念、价值观念和道德观念来改变学生的外部行为的一种方法。

心理辅导是一种合作式、民主式地协助学生解决问题的过程,与传统意义上的教育的含义不同。它更强调协助正常人的教育与发展,也不同于单纯重视矫治的心理治疗。

马斯洛(Abraham H. Maslow)等人本主义心理学家认为,个人问题行为往往起因于外界因素对自我实现的阻挠以及个人缺乏正确的自我评价。因此,心理辅导的主要任务是:第一,帮助学生正确认识和评价自我,确立良好的自我意识。第二,帮助学生正确选择行为方向,确立合适的目标。第三,帮助学生正确认识环境,增强社会适应能力和提高社会技能。第四,帮助学生发挥个人潜能,排除实现理想抱负的障碍,过有意义的健康愉快的生活。

心理辅导的成败取决于师生间认知距离的缩短和情感隔阂的消除。教师应该对学生充满信心,诚恳待人,给学生以必要的支持。还要尊重学生的感受与体验,能从学生的看法与感受出发去处理问题,从而调动学生的积极性,使课堂成为发展学生潜能的良好场所。

(八)课堂教学管理的反馈与矫正

1. 对一个或几个单元教学结果的反馈矫正

(1)单元教学目标和达标试题

我国广大教师历来重视及时了解各阶段的教学效果并采取相应的矫正措施,过去有月考、期中考、期终考,考后要进行教学质量分析,要提出改进教学的措施。近几年推行目标教学以后,许多省、市都编制了各科各册单元的教学目标达标检测试题,如果教师善于运用这些检测来了解教学效果,并及时采取有效的矫正措施,是可以普遍提高教学质量的。

(2)形成性测试题的错误用法

值得引起我们注意的一种错误做法,就是有一部分教师不了解布卢姆"掌握性学习"的精神实质和我国"目标教学"形式性试题编制者的意图,只把这些精心编制的试题当作一本习题来使用。教完课后让学生做相应章节的测试题,做完题后教师当堂订正答案,就算完成这个课题的教学任务。教师既不反馈每个学生的学习效果,不对学习结果进行系统的质量分析,也不采取矫正措施,使得具有现代教学质量管理思想的一些措施被淹没,发挥不了提高教学质量的作用。

2. 对课堂各环节教学结果的反馈矫正

教师要对教和学进行有效的调控,就必须自始至终抓好课堂的教学反馈,并采取相应的矫正措施。一节课反馈的信息很多,教师不可能全都顾及,但应有意识地回收以下几方面的信息。

(1)回收学生学习积极主动性的信息

教师对教学活动的控制,首先是调控几十名学生,不仅要调控学生的认知活动,而且要调控学生的情意活动。要通过学生的情意活动,激发学生去进行自我调控,去完成认知任务。因此,教师在整个教学控制中,始终要关注每个学生的学习积极主动性是否调动起来了。如果发现多数学生不专心学习,那就要从教学本身找原因,并采取相应的矫正措施;如果发现个别学生不专心学习,那就应摸清情况采取个别矫正措施。

(2)回收学生学习新知识前认知准备状态的信息

在每节课上,讲新课之前教师一般都会安排复习提问的环节。这个环节的主要任务是复习旧知识,为学生学习新知识做认知方面的准备。了解学生对学过的知识的掌握情况、有多少人做好必需的认知准备,是否需要安排复习过渡,复习提问针对哪部分学生,所有这些问题都应通过回收信息才能做出判断,并采取有针对性的措施。

(3)教新课时边教边回收学生是否听懂、练会的信息

语文教师教学生怎样分段、怎样概括段意、怎样归纳文章的中心思想;数学和理化教师结合一个实例介绍一个概念、推出一条定理;外语教师结合几个典型句介绍一条语法规则。怎样让学生真正懂、真正会运用呢?许多优秀教师的有效策略是边教边回收学生(全班每一个学生)不解之处,有针对性地再做进一步讲解或操练。只有这样,教学才能有针对性,才能符合学生的实际、有实效。

教师要让学生学懂学会,首先就要知道学生还有什么地方不懂不会,还有哪些学生不懂不会。怎样才能知道学生还有什么地方不会呢?可以有各种各样的方法,教师常用的方法有:一是让学生先自学教材提出问题,然后再组织讨论和教师讲解。二是在分析、推导的关键处要真心实意地安排一个让学生提问或发表不同意见的反馈环节。三是采用"大声想"技术,回收学生思考过程的信息。"大声想"意思是当学生对提供给他们的某些情境做出反应,或回答对他们提出的问题时,我们要求学生大声地说出闪现在他们脑海中的每一个念头。收集教学结果的信息,主要是了解中后进生是否会了。如果他们会做了,那说明中上水平的学生也不会有问题了。如果后进生做错了,这就提供了他们还不会做的信息。他们为什么会做错,是怎样想的,还需要进一步分析。教学中不要怕学生出错,从反馈矫正过程来说,学生课上暴露出错误是件好事,它告诉老师,这正是要教师帮助的地方。如何帮助?简单地订正,只告诉学生应该怎样做不能真正地解决问题,学生不一定明白。只有暴露出学生是怎么想的,什么地方想错了,教师才能有的放矢地教会学生怎样分析、怎样思考、怎样正确解题。四是新课授完后或新课的某一教学任务结束时当堂检测并反馈。教师通常会出几道题让学生练一练,有时是做课本上的巩固练习题,有时是做目标教学练习册上的题,有时是做教师自己出的题。这种练习,既是对新课的巩固,又是教师和学生对教学结果的一次重

要反馈。有些对教学抓得特别实在的教师,既把这种练习当作巩固和运用新知识的训练,也把它作为一次教学是否达到目标的重要反馈。学生做完练习后,教师除了引导学生订正以外,还要收集一下教与学的效果。最常用的反馈方法就是请做对了的同学举一下手,同时也请做错了的同学举一下手,并请他们说一说错在什么地方。如果错的人多,教师再进行补充讲解;如果错的是个别学生,教师将根据具体情况决定是当时矫正或课后再矫正。

讲新课时和讲新课后的教学反馈,需要强调两点:第一,反馈的面要尽量宽一些;第二,反馈之后一定要有相应的矫正。

3.对一个课题教学结果的反馈矫正

新的一节课要对上一节课的教学结果进行反馈和矫正,把课与课之间作为一个连续的调控过程。这种调控一般运用于两方面:一是对上一节课的课外练习或课堂练习进行讲评,如有必要,再用一定的时间补充讲解和练习;二是根据上节课的学习结果确定下节课的教学内容和训练重点。这种课与课之间的反馈矫正,如果运用得好,可以大大提高课堂教学质量。

三、课堂教学管理的要求

一节好课必须做到"目的明确,要求适当,重点突出,安排紧凑,方法灵活,学得主动"。这是课堂教学的根本要求。具体而言,通常一节好课有以下几个方面的要求。

(一)教学性要求

第一,明确确定整节课及其各组成部分的教学任务,还要确定一节具体的课在许多课的总的体系中的地位。

第二,根据本门学科课程标准的要求和本节课的目的,考虑学生的训练水平,来确定课的最优的内容;预测在整节课上以及课的个别阶段上学生掌握科学知识水平和形成技能、技巧的程度。

第三,选择教学、激发和检查的最合理的方法、方式和手段,使这些方法、方式和手段在课的每一阶段上能达到最优的效果。这种选择要保证学生的认识积极性,要使课堂上的各种集体活动形式跟学生的独立活动结合起来。

第四,在课堂上有顺利地进行教学,除了要遵守教学应遵守的各项原则和条件,还需实现学科间的联系。

(二)教育性要求

第一,提出课的教育性任务,保证其思想政治方向性、共产主义思想性和党性。

第二,在所获得的科学知识的基础上形成学生的辩证唯物主义世界观及高尚的道德品质和审美趣味,保证教学与生活、与共产主义建设实践的密切关系。

第三,形成和发展学生的认识兴趣和学习认识活动的正面动机,形成学生独立掌握知识的技能和技巧,保证知识的迁移,发展学生的创造性和提高创造积极性。

第四,全面研究和考核学生的发展水平和心理特点(思维类型、记忆力、注意力、情绪状态、想象力等等)。

第五,教师要具有教育机智,能在特定教育情境下,根据学生活动的敏感性做出灵活而合理的处理。

(三)组织性要求

第一,要有一个在课题规划的基础上经过周密考虑而制订的课时计划。

第二,上课要有组织上的精确性(如适时的开端、最大限度地利用课堂的每一分钟、教学的最优速度、逻辑的条理性和完整性、学生在整节课中的纪律等)。

第三,准备并合理使用各种教学手段,包括教学的技术手段在内。完成上述要求才能取得好的上课的效果。教师应当清楚地了解这些要求,并且在备课和上课时保证完成这些要求(见表7-4)。

表7-4 课堂管理技能训练评价单

教学内容: 执教者:

	评价指标	赋值	得分
1	课堂运行的基本情况	10	
2	课堂的秩序控制	15	
3	课堂的运行和设计的一致性	10	
4	教师对课堂意外情况的预见和处理情况	15	
5	教师对不同层次的学生的听课把握处理	15	
6	教师是否有作业与辅导方面的安排	10	
7	教师的课堂设计的合理性	15	
8	教师教学的教育性	10	
	合计	100	
简评			

评价人:

年　月　日

第八章

课堂教学艺术论

当前,世界范围内的教学改革不断趋于科学化、个性化和信息化。在我国,基础教育阶段的教学活动也越来越重视开启学生的智力和培养学生的核心素养;同时,课堂教学的艺术性也逐渐受到更为广泛的关注。在现代教育中,课堂教学不仅是一种创造性的劳动,更是一门培养人的艺术。课堂教学艺术是教学技能成熟和发展的目的和归宿,是教师长期教学经验的积累,综合素质和教学修养的不断提升,在熟练运用和综合驾驭各种教学技术的基础上,创造性和艺术化地进行课堂教学时所达到的一种具有较高审美和个人风格的教学境界。

第一节 课堂教学艺术概述

课堂教学艺术作为一个较新的领域,部分教师对它的认识还不充分。很多教师在职业活动中没有完全建立起"艺术"的理念,也很难将教学工作与艺术进行联系。因此,本节通过对课堂教学艺术思想的简要梳理,以及对课堂教学艺术内涵、特点、功能等方面的探讨,帮助读者形成初步认识课堂教学艺术,促进读者在教育教学中树立起"艺术"的思想观念。

一、关于课堂教学艺术思想的历史回顾

关于教学是一门艺术的认识,追溯历史,中外古今早已有之,可谓源远流长。翻开外国教育家、思想家的著作,许多地方都有教学艺术思想的闪光。300多年前,捷克教

育家夸美纽斯在《大教学论》的开篇即提到:"把一切事物教给全部人类的全部艺术。"[①]明确提出了教学论是一门艺术的著名论断。第斯多惠认为教学的艺术不在于传授的本领,而在于关于激励、唤醒、鼓舞。爱因斯坦在谈到教师的修养时,提出三条基本要求:一是"德",即崇高的思想品德;二是"才",即知识渊博;三是"术",即高超的教学艺术技艺。苏霍姆林斯基认为"教学和教育过程有三个源泉:科学、技艺和艺术"。

在我国,有关教学艺术的思想和实践更早。早在春秋时代,伟大教育家孔子就施行启发式教学,而启发式教学就体现着高超的教学艺术。孟子继承和发挥了孔子的教育思想,提出"教亦多术矣"。(《孟子·告子下》)这里的"术"也包含着教学艺术的意思。《礼记·学记》中"善歌者使人继其声;善教者使人继其志"所指的"善教者",显然具有像"使人继其声"的"善歌者"一样的高超艺术。此外,《礼记·学记》中对教师的语言,也有独到的论述,提出"约而达,微而臧,罕譬而喻"的见解,即教师的语言要简明扼要,小处见大,精选比喻却使人清楚明了。到了近代,我国许多教育家,思想家也都提出过有关教学艺术的思想。例如:近代的俞子夷先生,就提出"教学法"一方面要把科学做基础,一方面又不能不用艺术做方法的观点。此外,现代的蔡元培、陶行知、叶圣陶等,都在其教育教学论著中提出过教学艺术的思想观点。

回顾历史,古今中外的教育家都曾从不同角度、不同侧面论述了教学艺术问题。他们或直接提出教学就是艺术的论断;或间接论述教学艺术的运用表现;或从理论高度概括;或从教学实践引发。总之,他们都认为教学离不开艺术,都认为只有讲究教学艺术的教学,才能取得最佳教学效果。但是,时至今日,人类对教学艺术的研究探讨,还显得异常薄弱,对教学艺术的认识和掌握还是初步的。

二、什么是课堂教学艺术

通过上述对课堂教学艺术是一门艺术的认识与论证,我们再来认识什么是课堂教学艺术,课堂教学艺术的本质是什么?目前尚无统一的定义,人们对此有多种不同的理解,归纳起来大致有以下七种观点。

(一)技巧说

这种观点把教学技巧看作是教学艺术的本质。如关魁霞认为所谓教学艺术就是培养人的才能取得最佳效果的一整套娴熟的教学技能技巧。

(二)审美说

这种观点把教学的审美性看作是教学艺术的本质。如有的研究者把教学艺术定

[①] 夸美纽斯.大教学论[M].傅任敢,译.北京:人民教育出版社,1984:1.

义为遵循美的规律、贯彻美的原则而进行的创造性教学。

(三)表演说

这种观点把教学艺术看作是一种表演艺术。如罗伯特·特拉弗斯(Robert Travers)认为教学是一种独具特色的表演艺术,它区别于其他任何表演艺术,这是由教师与那些观看表演的人的关系所决定的。

(四)创造说

这种观点把教学工作的创造性特征看作是教学艺术的本质。如褚蝶花等人认为,教学艺术就是教师在课堂上遵照教学法则和美学尺度的要求,灵活运用语言、表情、动作、心理活动、图像组织、调控等手段,充分发挥教学情感的功能,为取得最佳教学效果而施行的一套独具风格的创造性教学活动。[1]

(五)规律说

这种观点把依据教学的固有规律并结合自己的发挥、创造,灵活运用教学方法来组织教学看作是教学艺术的本质。如张翔认为毫无疑问,教学的合规律是教学艺术的必要前提,教学的合个性是教学艺术的灵魂和源泉。教学艺术是合规律性与合个性的统一。所以,每一个教师不仅应该使他的教学科学化,还应该使他的教学个性化。其结果,便会形成富有艺术魅力的教学。

(六)激励说

这种观点把教学艺术的激励功能看作是教学艺术的本质。第斯多惠认为教学的艺术不在于传授的本领,而在于善于激励、唤醒、鼓舞。苏霍姆林斯基也认为我这样来理解教育的艺术,教育者同自己的教育对象的每一次接触都能激发他的心灵的热情,这件工作做得愈细致,愈有感情,从孩子心灵深处涌出的力量便愈大,他们便在愈大的范围内复现教师自身的形象。

(七)乐学说

这种观点把教学的效果——使学生会学、善学、乐学看作是教学艺术的本质。如有的研究者认为:快乐教育是教育艺术的真髓。快乐教育技巧达到炉火纯青的水平,则必达到教育艺术大师的水平。

以上诸说都有其合理的一面,应予以肯定,但又都不太全面,没有真正触及教学艺

---

[1] 褚蝶花,黄丽芳,朱丽娜.教育管理与教学艺术[M].北京:中国原子能出版社,2017:1.

术的本质，有的是课堂教学艺术的外部特征，如教学技能技巧的娴熟运用，表演艺术的形象逼真；有的只涉及教学艺术的部分方面，如教学艺术的创造性、审美性、激励功能等。

我们认为课堂教学作为一种艺术，是一门综合艺术，其中既包括运用教学方法的技能技巧，也包括遵循艺术的一般审美性原则进行的审美教育活动，还包括体现教师个性而独具特色的艺术创造性活动。它是教师达到最佳教学效果的知识、方法、技能和创造能力的综合表现，也是教师运用教育学、心理学、哲学、社会学、美学、艺术及语言艺术的体现。一方面表现在教师不仅传授知识，又能通过自己的语言艺术和激情，激发学生的求知欲、学习兴趣和思维的积极性，把形与理、知与情结合起来，使学生的知识、能力、情感、意志与思想品德得到和谐发展。另一方面，表现在教师运用教学方法的灵活性和创造性上。教师在对教材的深刻领会和对学生观察了解的基础上，运用教学机智，灵活选择不同的教学形式、方法，形成不同的教学风格，全面地顺利地实现教学的多方面目的。鉴于此，笔者认为所谓课堂教学艺术，是教师遵循教学规律和艺术审美原则，为取得当时条件下最优化的教学效果，综合运用一系列的教学手段、方法与技巧而进行的卓有成效的创造性教学实践活动，是一种达到娴熟精湛境界、巧妙获得创造性教育成效的技艺。课堂教学艺术的内容包括：①能运用自如地驾驭整个教育活动过程，使它臻于和谐、完善；②能得心应手地运用各种教育方法和技巧；③能恰到好处地配合使用语言手势和情感；④能巧妙地运用教学机智处理教育过程中的突发、偶然事件；⑤善于用自己的心灵去感化学生的心灵。课堂教学艺术来源于教师个人长期的实践经验，反映了他对教育的深切理解和掌握。

三、课堂教学艺术的特点与功能

（一）课堂教学艺术的特点

课堂教学艺术的特点是指教学艺术区别于教学科学的特殊性质，是课堂教学艺术的本质在各个具体方面的表现。

1.形象性

与教学科学相比，教学艺术更具有形象性特点。教学科学主要是运用严密的逻辑来达到教学目的，教学艺术则主要运用生动、鲜明、具体的形象来达到教学目的。在教学过程中，教师要对教材进行加工，要想把抽象的理论形象化，变为学生易于接受的知识，就要借助语言、表情、动作、直观实物、绘画及音响等手段，对讲授内容进行形象描绘。这是学生理解、接受知识的首要条件。

有的学者把教学的形象性称为教学的表演性。教学中的表演,是教师一切外显行为的综合表演,它包括教师的衣着打扮、表情态度、身姿动作、实验操作、口语板书等因素。其中,教师语言的形象性最为重要。教师借助形象化语言,通过比喻、类比的处理,就会使学生立得要领,顿开塞,透彻理解。教学实践表明,越是抽象的概念,讲授中越需要形象性的描述,只有这样,才能使学生真正了解其内涵。

2. 感性

教学艺术还具有感性特点。如果说科学的教学主要运用理性,以理服人的话,那么,艺术的教学则主要运用情感,以情感人。教学不单纯是传递知识信息的认识活动,而且包含着人与人之间的情感交流。这种情感交流水乳交融地渗透和贯穿于传授知识的全过程。例如创设情感性教学情境和气氛,使学生之间以及学生与教师之间感情融洽和谐,就容易产生共鸣。其中,教师的教态和班风对此起着重要的作用。教师表现出热情、乐观、和善、满面春风的教态与表现出冷漠、忧郁、严厉、满面愁云的教态相比,教学效果是不一样的,团结和睦、协作上进的班风也有利于情感性教学的进行。再者,语文、历史、地理、外语、政治等学科中包含着丰富的情感内容,如对这些情感进行恰当的挖掘与转化,能够对学生起到强烈的感染、激发作用。况且,学生本身存在着各种情感潜势,这种潜势在外界刺激下就会引发出来。

一些艺术性教学水平高的教师都表现出情感性教态,创设情感性教学情境,挖掘教学内容中的情感因素,置学生于一种情感激发、陶冶的气氛中,使其为之所感,为之所动,特级教师于漪教学的成功,就在于她总是把自己的情感融于讲授的教材之中,以自己对教材的深刻理解和炽热的情感去教书育人。在教朱自清的《春》(部编版初中语文七年级上册)一文时,她的描述,把学生思绪带进了繁花似锦、春色满园的大自然之中,使学生顿感心旷神怡。而在教散文《周总理,您在哪里?》(原苏教版初中语文七年级下册)一文时,学生是热泪盈眶,全场皆悲。可以肯定,如果没有师生感情上的交流与撞击,不可能取得这样的教学效果。

3. 创造性

创造性是一切艺术的生命,也是教学艺术的突出特点。没有创造,就没有教学艺术。克莱德·E.柯伦认为达到了某些要求的创造性工作便是艺术。我国教育家苏灵扬认为教师之所以被称为艺术家,是因为教师的劳动本身就是创作,而且比艺术家的创作更富有创造性。教学艺术特别要求具有求异性和独创性。在教学实践中,一般教师的教学,多是大同小异,没有什么特色;而具有教学艺术素养的教师的教学,则是小同而大异,具有自己独特的风格。我们经常可以看到,同样的一个学科,同样的一节课(或同样的教学内容),不同的教师却表现出不同的艺术风格。有的教师精雕细刻,让课堂教学内容与情感丝丝入扣;有的教师大刀阔斧,紧紧抓住重点难点,使疑难问题迎刃而解;有的教师善于归纳推理,用逻辑本身的魅力把孩子们吸引过去;有的教师运用直观、形象的优势,使学生在课堂上感到轻松愉快,充满学习的乐趣。它们就像教学百花园中的奇花异草,千姿百态,各具特色。

教学艺术中的创造性,除了具有"求异性"和"独创性"以外,还要具有应变性。应变性是指教师对事先未估计到的偶发情况善于及时、巧妙、灵活地加以处理,从而收到意外好的教学效果的教学艺术操作。"应变"是教师一切创造中最复杂的创造之一,是一切教学智慧和机智的艺术结晶。它限地、限时、限情境地要求撞击教师创造性灵感的火花。课堂上的偶发情况相当多,再有预见性的教师,也不可能全部预料和防止这些情况的发生。例如,学生突然提出一个怪问题;学生发言不朝教师预期和引导方向走;调皮学生有意捣乱;因某些干扰而拖了课,应讲的内容未讲完;等等。教师无法完全回避这些偶发的情况,要让课堂教学顺利进行,必须面对它,给予及时处理。而怎么既及时又巧妙、灵活地处理它而且又能获得出乎预料的比原来预期还要好的效果,这就要求教师不仅要有高度的艺术修养,还要具备创造性的"发散""换元""转向""择优"思维的品质。正因为"应变"的创造难度大,所以,是否具有"应变"的创造才华,也常是区别平庸的"教书匠"与创造性教师的重要尺度。

4.审美性

审美性是教学艺术最突出的特点,这是由教学艺术的本质所决定的。教学艺术的审美性表现在教学设计的美、教学过程的美、教学语言的美、教态的美、板书的美等方面。教学设计的美表现为教学计划、方案新颖,别具一格而又具体可行,富有成效;教学过程的美表现为整个教学过程自然流畅,起(开始)能引人兴趣,承(上下衔接)能环环紧扣,别具匠心,转(转化)能自然畅达,波澜起伏,引人入胜,合(结尾)能令人顿开茅塞、豁然开朗,或者余味无穷,发人深思;教学语言的美表现为生动形象,言简意赅,精确明快,富有情感;教态的美表现为衣着打扮美观大方,仪态端庄,态度真诚、热情,举止潇洒、自然等;板书的美表现为布局设计比例协调,对比鲜明,有系统而又重难点突出,书写规范而漂亮等。在此,必须明确教学艺术的审美性就在于"效益"与审美的结合,并且,这种结合有着特殊的约束条件。也就是说,在教学艺术中,审美仅仅是手段,是从属于教学效益,并以教学效益为取舍标准的。在实际教学中,不讲提高教学质量,增进教学效率的所谓"美",是流于形式的花架子,毫无生命力,因而,根本就无存在的必要。由此可见,只有当"美"能发挥更大的教学效益时,才能称得上是真正的教学艺术。

5.即兴性

所谓即兴,就是随兴而发。即兴的课堂教学艺术意味着教师未有事先的周密准备和预演,完全在当下的教学感受基础上所进行的教学创作和展现。在这一点上,课堂教学艺术的发生显然不同于一般的艺术实践。比如表演艺术,演员在观众面前的最终表现,虽然不排除偶尔的即兴发挥,但从整体上讲,是事先多次推敲、排练的结果。教师不是演员,他们通过决策和设计形成的教案也不是剧本,而学生也不是目标自由的教学欣赏者,各种因素综合决定了教师在课堂中的任何表现都具有基于师生现场互动的生成性。教师可以预先设计出一种欲在未来教学中实现的奇思妙想,却无法设计、也无法预知学生未来的课堂反应,他不能不顾及学生的感受而独立展开自己的奇思妙想,果真如此,课堂教学艺术也就成为一种完全不可能实现的艺术。课堂教学艺术毕竟是教育行为艺术,备课阶段,教师教的行为尚未发生,无论其中渗入了多少艺术的想象,也只能是未来教学艺术实践的基础性条件,而非教学艺术本身。[1]

(二)课堂教学艺术的功能

课堂教学艺术的功能是指教学艺术在教学活动中的各种作用,是教学艺术存在并得以发展和研究的内在依据。从课堂教学艺术的本质、特点来看,课堂教学艺术对学生的发展和教学过程的推进具有全面的作用。它既可以使学生成为理想人才,同时它也可以助长教师的职业情趣。

首先,从对学生而言:

(1)课堂教学艺术可以培养学生的审美能力。审美性是理想人才的特点之一,它有丰富的内涵。马克思认为,社会的进步就是人类对美的追求的结晶,是人的本质力量的对象的具体化。简言之,美是一种和谐、一种发展、一种创造。理想人才就需要在不同时间、不同场合体现"和谐美""发展美""创造美"。这些美的内容与品质就需要在教学中及早地培养、丰富。

(2)课堂教学艺术可以提高学生认识美的水平。艺术化的教学是对造就人类社会所有美的时空的浓缩,是各种美的内容形象生动的描述性呈现。这里有北京猿人粗糙的石器,也有现代科学技术结晶的人工智能;有"远上白云间"的黄河,也有"千里莺啼绿映红"的江南秀色……教学内容静态美的动态复现会使学生受到极大的感染和教育,使他们真正理解自然美、社会美、科学美的内涵。美的体验能唤起学生更大的学习热情,使他们树立正确的价值观和人生观。通过艺术化的教学,学生认识美的水平会有一定程度的提高。

(3)课堂教学艺术可以为学生提供审美的方法。教学艺术通过对学生各种官能兴奋性的调动,使学生进入高效的学习状态。学习行为所产生的认知结果和情感结果使学生逐渐形成了符合自己逻辑水平和价值观念的审美标准,这是他们进行审美判断的

---

[1]刘庆昌.关于教学艺术的基本理论判断[J].四川师范大学学报(社会科学版),2020(4):88.

依据。教师在教学中的立美、审美表现是学生学习的一个内容。掌握了教学艺术的教师,其教学是多种模式的立体统一,将产生很大的影响力作用于学生。这种教师往往是学生崇拜的对象,他们说话、写字的方式,分析问题、处理问题的方法都能引起学生模仿的意向和行动。

(4)课堂教学艺术可以培养学生创造美的能力。美的事物引起人们的喜悦,虽然离不开一定的感性形式,但是美的根源并不在感性形式本身,而是由于在这些感性形式中包含人的一种最珍贵的特性——自由创造。教师对教学艺术随心所欲地创造,一方面使学生逐渐认识美的本质,产生创造美的动机,另一方面使人们创造美的能力得到了发展。也就是说,教学艺术对学生产生的影响是对教师行为方式的习得和创造性培养结果的反映。

(5)课堂教学艺术可以培养学生积极的情感。情感是一切人类行为较高层次的动力源。列宁说,"没有'人的情感',就从来没有也不可能有人对真理的追求。"情感性是理想人才之所以成为理想人才的一个重要动因,也是他们进一步发展的内部驱动力。教师必须把创造积极情感背景作为重要的原则,用健康的思想感情造就一代理想人才。

(6)课堂教学艺术可以培养学生的创造能力。一个成熟的个体,无论是作为某一知识领域中的学生,还是作为一个会思索的成人,都经常会发现,自己处在必须独立解决问题的位置上。如果没有创造性,个性就不能得到发展。教育应培养出具有自动更新自己知识结构,不断超越自己的能力的学生。创造性人才是现代社会强烈的要求。教学艺术可以迎合这一要求,因为,"创造是教学艺术的生命,是教学艺术的本质属性之一。"

课堂教学艺术中的创造性具有"求异""独创""应激"的因子。教师以独特的风格、创造性的个性,创设意境,开拓学生思路;面对随机事件,能灵活机智地创造出多种方案,并迅速进行优选,可以"化险为夷",甚至可以"锦上添花"。教师艺术创作的对象是活生生的人,创作本身就是对学生身心的培养和发展。在创造性教学气氛中学生感到的是"新""奇",学习兴趣、动机可以得到充分的激发,这种求"新"猎"奇"的心理定式会促使创造性品质的发展。

其次,从教师自身而言:

(1)课堂教学艺术是一种结果,也是一种手段。教师可以在结果的追求中,感受到事业的崇高,在手段的运用中,体会到生活的乐趣。追求结果的教学艺术和运用手段的教学艺术是个体教师一般要经历的两个阶段,前一个阶段是后一个阶段的基础。在这两个阶段中,教师要努力体现教学艺术的特点,科学性和创造性结合而成的灵活性、经验积累与理论素养融合而成的机智性、一般技能与个性风格匹配而成的个人独特性、情感投入与行为表现结合而成的审美性是教学艺术的基本特点。教师努力去理解、掌握这些特点,在它们被个体内化到逐步见之于教学行为的过程中,教师会感到教学是一种艺术享受,它充满了欢乐。教学艺术助长教师情趣功能产生效应时,教师会自觉地在实践中把握这些特点,创造出符合这些特点的教学行为。

(2)课堂教学艺术的掌握能够增加教师的工作乐趣。兴趣是能量的调节者,它的加入便发动了储存在内心的力量。教师有了较高的职业道德品质,加上对教学艺术强烈的兴趣,无论付出什么代价,都不会产生抱怨情绪。对教学艺术的向往会使教师在课堂教学中不断地追求美感。

(3)课堂教学艺术的运用会使教师感受到一种职业美。在教学艺术的运用中,教师把自己的德、识、才、学、知、情、意、行统统融入自己所创造的教学美中去,使教学达到最佳的教学境界。在教学美的创造过程中,教师会感受到一种职业美,一种幸福感,因为人的较高层次的需要在他们那里得到了满足。由于在教学中体会到了乐趣,教师便对自己所从事的工作充满信心,教师主导创造的教学美会使他们受到强烈的艺术感染。无论在创造教学美的过程中,还是在收获教学美的结果中,教学艺术对教师的情趣都有一定的助长作用。

(4)教学中的创造行为使教师感受到自身的价值。艺术化的教学要求教师坚持"教必有法"的原则性和"教无定法"的灵活性的统一,在广泛吸收、借鉴已经积累、形成的方法的基础上,善于进行艺术性的再创造、再加工。教师不能执于一策,囿于一方,要综合使用各种方法,并以高效为标准匹配各种方法,不同的方法组合会产生不同的结果;教师要因时因地因人进行创造性的发挥,以富有个性特色的、常变常新的方法完成教学任务。有效教学的目的是让学生知道如何运用其认知能力,简言之,有效的教师培养富有独立精神的学习者。"独立精神"最主要的成分是创造性。教学艺术是实现这种目的的最佳选择,创造性人才的培养离不开创造性教学。创造是人的本质力量的体现,有无穷的乐趣;而机械劳动只能使人感到枯燥无味。好的教学一定使教师产生更大的创造欲望,真正会体会到"教师是太阳底下最崇高的职业"。教学艺术助长教师情趣功能在创造性教学中表现得更加突出。

四、课堂教学艺术的行为载体

一般而言,课堂教学艺术的行为载体有教学设计、教学表达、教学组织和教学应对等,其中,教学设计发生在课堂教学之前,其他教学行为存在于课堂之中。在一定的条件下,这些教学行为是可以艺术化的,从而它自身也成为教学艺术的载体。[1]

---

[1] 刘庆昌.重新审视"教学艺术"问题[J].课程·教材·教法,2020(8):49.

(一)教学设计的艺术化

课堂教学艺术虽然具有即兴性的特征,但也并不意味着教学设计不能进入课堂教学艺术的范畴。一切现场的行为虽无法做精确的预先设计,却可以做预先想象。而可以发生的预先想象,恰恰可以让内含技术理性的教学设计拥有与艺术结缘的踏板。教学设计在目前已经开始替代备课成为新的教学工作概念,其旨趣在于寻找和构建学生学习的条件,在一定程度上远不及传统的备课思维更容易与艺术相通。虽然有人表示教学的技术化存在一定的风险,但我们也不必因此而过分担心教学设计的泛滥。一名合格的教师,其教育者角色会帮助他把技术取向思维置于教育精神的引领之下。因此,教学设计因作为设计者的教师之心灵诗意和精神自由,是完全可以具有艺术品格的。此种品格能够让不同的教师在不同的程度上抵御未来课堂生活中的机械与呆板,也能够让他们在不同程度上实践"教有法而无定法"。

(二)教学表达的艺术化

对于教学来说,表达是最为基本的行为。最有力的论据莫过于"教"就其本义来说为"上所施下所效"。这里的"施"就是各种以传授为目的的表达行为的总称,在操作的意义上会表现为口头告知、形体示范等,也可以说是广义的语言表达行为。我们可以把教学的历史简单地划分为无文字和有文字两个阶段,其中无文字的阶段自然相对原始一些。在相对原始的无文字阶段,教,由动机变为现实,是必须要借助语言来表达想教的内容的。如果是动作技能类的内容,教者可以借助形体语言;如果是故事或观念之类的内容,教者就必须借助口头语言。社会发展到今天,教学被赋予了更多的职能,教学的内容也因此更加丰富,以传授教学内容为旨归的教学表达自然也不再局限于形体语言和口头语言。但无论发生怎样的变化,教与表达的不可分离是永远不变的。在强调学生学习自主的教育改革中,教师教学表达的时间客观上被大幅度压缩,但没有教师教学表达的教学必将不再是教学。因此,现代教师应该在教学表达艺术化上投入创造力,以使学生能在有限而宝贵的课堂教学中能够从教师的教学表达中获得最为精要的知识、方法和价值信息。

(三)教学组织的艺术化

在课堂教学艺术的领域,教学组织的艺术化也是较为重要的。缺乏组织的教学过程,则会导致教学生活的失序和影响教学目标的实现。从另一方面讲,虽然艺术化的教学表达自身无须教师的刻意,便能够自动发挥教学组织的功效,但几乎没有一个教师能够完全借助教学表达有效完成教学任务。进而言之,他们均会在不同程度上进行有意识的教学组织。卓越者和平凡者的差异,主要在于各自教学组织行为的艺术化程度。具有艺术性的教学组织能在一定程度上促进教师有效完成教学任务;但不具艺术性的教学组织,必然有教师威权的参与,学生既可能因被压服而投入学习,也可能因此与教师发生不同方式和程度的对抗。因此,教学组织也应是课堂教学艺术的重要载体之一。

(四)教学应对的艺术化

教学应对,是一个相对较新的教学术语,它特指教师在课堂生活中对偶发事件的处理。需要注意的是,这里的"对偶发事件的处理"并非传统意义上教学过程中的"对偶发事件的处理"。传统意义上教学过程中的"偶发事件"主要指向影响课堂秩序的课堂突发情况,基本上可以归于课堂组织和管理范畴。但我们的教育发展至今天,这种理解已不能完全适应当前的教育教学实际。一方面,强调学生在课堂学习中的自主性,必然会让他们的思维更加具有个人化色彩,进而在知识、思维、价值等问题上表现出个性;另一方面,信息来源的丰富、多元,也使教师在备课过程中难以预计未来课堂中的学生反应、在课堂教学中难以控制现场的学生反应。目前的"偶发事件"不仅影响课堂的外在秩序,而且因其与知识、思维及价值相关,则偶发事件很可能会影响教学的内在节奏。因此,这里所指的教学应对既有传统意义上的教学过程中"对偶发事件的处理"的内容,更有对超越组织、管理范畴的教学内容领域的偶发事件处理的意义。它需要教师具有知识运用的能力和思维运用的机智。这种与不同事件处理相匹配的不同性质的机智,可使教学应对上升至艺术的层面。[1]

第二节 课堂教学艺术的表征形式

课堂教学艺术,是以美学为基础,使教学过程成为一个集审美、感情激励和性情陶冶于一体的综合过程。它要求教师要具备一定的审美观念、审美情趣和审美能力。由此,课堂教学艺术也具有了自己的表征形式。一般而言,课堂教学艺术的表征形式主要包括课堂教学风格、教学机智、教学幽默、教学意境、教学节奏等。它们共同构成了课堂教学艺术的完整形态。

---

[1] 刘庆昌.重新审视"教学艺术"问题[J].课程·教材·教法,2020(8):49-50.

一、课堂教学风格——课堂教学艺术的成熟标志

(一)教学风格的概念

关于教学风格,目前在理论界并无一个完全统一的定义。诸多研究者和教育工作者对教学风格的概念提出了自己的观点。

有研究认为教学风格是与教学方法、教学策略相联系的,具有独特性和稳定性的特点;有研究认为教学风格是与艺术技巧相联系的,应属于一种艺术技巧;有研究认为教学风格是教学艺术个性化的稳定状态之标志;有研究认为教学风格是教师以深厚的知识为基础,在长期教学艺术实践中,创造性地运用教学方法、技能技巧而形成高度成熟的、稳定的教学艺术个性化之标志。[1]还有研究者认为,教学风格是教师在长期教学实践中探索、学习、创新形成的,富有成效的一贯的教学观念、教学技巧和教学作风的独特结合和表现,是独具个性魅力、较为成熟的教学活动特征的综合。[2]此外,也有研究者从广义和狭义两个层面对教学风格做出了界定,从广义上讲,教师教学风格是教师教学艺术的风格,是指在教学过程中教师教学思想、教学艺术特点的综合;从狭义上讲,教学风格是指教师根据自己的个性特点经常采用的教学方法,或教学过程中所应用的教学策略。

综合上述对教学风格的不同解释,我们不难发现,虽然人们在文字表达上存在差异,如有的比较概括,有的比较具体;在强调构成教学风格因素上各有侧重,但仍不难找到它们的诸多共同点。仔细推敲起来,便会发现这些表述各异的教学风格的概念并无实质性的区别和分歧。因此,综上这些观点,我们认为所谓课堂教学风格是一个教师在他的教学艺术实践过程中体现的具有个人特点的风度和格调,是教师的教学个性、教学思想、教学方法、教学语言,教学风度等多种因素的综合表现。

(二)课堂教学风格的类型

我国的教育理论工作者对教学风格的分类进行了较为深入的探索,提出了各自的观点,因而课堂教学风格的类型也呈现出多种划分方式。如,有研究者将课堂教学风格分为科学型(或称理智型)、艺术型(或称情感型)和混合型;也有研究者将其分为理智型、情感型、幽默型和求美型;还有研究者将其分为情感型、智能型和混合型等。在此,我们简单介绍理智型、情感型课堂教学风格。

理智型教学风格的结构形式,一般是由"思维型"个性心理品质的教师在长期的教学艺术的主观追求与探索过程中,通过对自己在教学过程中所表现出来的理智型教学

---

[1] 刘合群.现代教学论新稿[M].武汉:武汉大学出版社,2004:302.
[2] 吴洪成.现代教学艺术的理论与实践[M].石家庄:河北人民出版社,2009:221.

个性化状态,理智型教学风格一般较多地出现在自然学科和高年级(初中以上)教学中。"理智型"个性心理品质一般是指在个性心理特征上具有下列特点的教师:知识的系统性强,概念理论知识在知识结构中占优势,长于理性分析,善于概括和推理,具有敏锐的观察力、言语表达逻辑性强,气质和性格特征上一般比较温和,感情内向,语音较低等。由此而形成的理智型教学个性的表现为:教学内容系统,层次清楚,善于诱导和点拨,重视质疑问难、讨论和练习等。

情感型教学风格的结构形式一般是由"艺术型"个性心理品质的教师在长期的教学艺术的主动追求和探索过程中,通过对自己在教学过程中所表现出来的情感型教学个性的自我扬弃,而逐渐达到稳定的情感型教学个性化状态,即形成情感型教学风格。从教学风格的外部构成因素来看,情感型教学风格一般较多地出现在文科和低年级(初中以下)的教学中。"情感型"个性心理品质一般是指在个性心理品质上具有下列特点的教师:知识结构具有相当的广度和深度,事实材料占的比例较大,感知能力比较细腻、准确,善于演绎和分析,思维敏捷而灵活,有较好的文学艺术修养,语言音色优美,性格比较开朗,感情外向等。由此而形成的情感型教学个性的表现为:讲课基本功扎实,重优美动听的朗读和生动风趣的讲解,教材内容的讲授富有形象性、渲染性,声情并茂,强调形象思维和美感训练等。

在现实生活中,大多数人属于"理智型"和"情感型"之间的"中间型"或"混合型"。无论哪一种类型,只要能取得好的教学效果,都是应当肯定的。

(三)课堂教学风格的形成和发展

课堂教学风格的形成是教师在长期的教学艺术实践中,不断学习、潜心探索、努力创新的结果。它不可能一蹴而就,而要经过长期、艰苦、曲折的历程。

课堂教学风格形成一般要经历四个阶段:模仿性教学阶段、独立性教学阶段、创造性教学阶段、独特艺术风格的教学阶段。

1.模仿性教学

开始从事教学工作的新教师,一般来说由于缺乏实际的教学经验和独立教学工作的能力,所以习惯或被迫模仿自己所敬佩的老师或周围同事的教学设计方式、方法,教学活动往往是从搬用或套用他人成功的教学经验开始。模仿教学的一个显著特征就是教师教学活动往往带有一些不成熟的他人教学风格的影子。教师的模仿性成分较多而缺乏个性。教学方法表现为单一性,教学活动还处于一种随众状态。在这一阶段,由于教师精力多集中在对教材处理、教法掌握的探索之中,他们对课堂教学艺术的要求与探索还仅仅处于萌芽和自发状态,或者说处于无意识或潜意识的层面。

新教师在教学工作开始阶段，积极的模仿是必要的，但教师自身不能消极地停留在这一水平上。应该随着教学实践的深入，伴随自己积极思考和周围的评价以及教学研究活动，不断吸收他人的成功经验，使得教师课堂教学的自立因素不断增强。这种教师对教学独立性的积极追求，使其课堂教学水平开始向高一层次发展。

2.独立性教学

伴随教学经验的积累，教师的课堂教学逐步由模仿教学进入到独立性工作阶段。独立性教学是教师教学艺术发展过程的关键阶段，它是教师形成教学艺术风格的前提条件。在这一阶段，教师能够独立地完成课堂教学中各个环节的任务，能够成功地把他人的教学经验吸收转化为适合自己特点的行为策略。针对教学内容和学生学习的特点，独立地设计课堂教学结构，善于处理教学的重点和难点，课堂教学开始呈现出鲜明的节奏。教师开始有意识地研究课堂教学的语言艺术性、教学组织的灵活性与技巧性，教学的情感意识和教学思维的敏捷性逐步增强。在独立性工作阶段，教师课堂教学的个性化特性开始显现。通过积极的观察与思考，能够将他人的优秀经验有机地吸收融入自己的教学风格与特征之中。

3.创造性教学

比较扎实的独立教学能力，使得教师教学的自信心增强，在教学实践中呈现出创造性劳动的意向和行为。创造性教学阶段，教师课堂教学的特点突出表现在教师对教学方法的改革与综合运用，自觉探索和研究课堂教学结构和方法的最优化，追求最佳的课堂教学效果；有意识、有针对性地研究课堂教学中学生学习的规律与心理活动特征，有效地利用直接或间接的教学信息反馈，以实现对反馈的优化控制；充分利用情感因素调动学生的情绪，使每个学生通过课堂教学活动得到最好的发展。随着创新与开拓意识的不断增强，教师课堂教学艺术水平也不断提高，教学艺术开始在课堂教学中真正发挥其功能效应。当教师教学艺术的独创性在课堂教学中呈现出稳定状态时，他的教学活动又进入到一个更高的层次。

4.独特艺术风格的教学

这个阶段，教师的教学艺术风格在课堂教学过程的各个环节都有着独特而稳定的表现，教师的课堂教学艺术呈现出浓厚的个性风格色彩。教师的课堂教学活动与学生学习的内在规律相吻合，教师在课堂教学中的艺术风格，能针对不同年级、不同水平的学生和教学环境，进入充分自由发挥的状态。教师对课堂教学艺术及其效应进入到自觉追求阶段，不断突破他人，也不断突破自己，课堂教学成为真正的艺术，从而由教学的"必然王国"迈入教学的"自由王国"。

二、课堂教学机智——课堂教学艺术的重要表现形式

(一)教学机智的概念

关于什么是课堂教学机智,国外教育家对教学机智的内涵进行了探讨,归纳起来大致有以下几种看法。

共鸣说:"即教学机智是情感的共鸣力。这个观点的主要代表是被称为'教育机智的天才'裴斯泰洛齐"。

陶冶说:"即教学机智是一种陶冶人格的心理能力。这个观点的代表是德国教育家赫尔巴特"。

演技说:"教学机智是教师说服力和表现力的'演技'。是苏联著名教育家马卡连柯的观点"。

应变说:"即教学机智是教学中教师的组织力和应变力。这个观点的主要代表是日本教育实践家斋藤喜博"。

国内学者对教学机智内涵的理解大体有两种观点:一是认为教学机智是"应变艺术",即随机应变的能力;二是认为教学机智是处理突发或偶然事件的能力。教学过程中会产生种种难以预料的偶发情况,需要教师做出机敏的判断和灵巧的处理,这种处理能力便是教学机智。

国内外教育学者对教学机智的各种理解,反映了教学机智的各个侧面,便于我们形象、直观地认识教学机智。

综上,我们认为课堂教学机智的本质:从词意上讲:"机"为机会、时机之意,"智"为智慧、智力之意,"机智"便是在机会或时机上表现出的智慧,意即"脑筋灵活,能够随机应变"。

从定义上看:课堂教学机智指在教学过程中面对千变万化的教学情境,迅速、敏捷、灵活、准确地做出判断、处理,保持课堂教学动态平衡的一种心理能力。这一定义还可以从心理本质上讲,教学机智是教师智能的灵活性与机敏性的统一,是一种"应急"的智力活动过程。它不仅是经验与智力的"合金",而且也是理论修养与实践经验的"合金"。从属性上讲,教学机智是教学艺术的重要标志,是教学艺术的一种表现形式。教师具备教学机智,灵活、创造地处理教学过程中的种种突发问题,使教学具有艺术魅力,取得良好的教学效果。从目的上讲,运用和发挥教学机智,是为保持课堂教学系统运行的动态平衡。课堂教学形成一个独立的系统,各要素在动态的时间、空间上运行着。当系统中出现不可控的偶发事件("内干扰")以及来自课堂教学系统之外的"外干扰"打破了教学过程的动态平衡时,就要求教师运用教学机智,针对偶然事件的

干扰,立即改变教学信息传递系统既定的传输的程序(教学计划、教案),重新拟订教学的传输程序,维持教学系统的动态平衡,保证教学过程的顺利进行。

(二)课堂教学机智的特点

运用和发挥教学机智过程中,往往会表现出以下特点。

1. 随机性

促使教学机智产生的情境是随机出现的,往往突然爆发。例如:课堂上学生突然提出一个自己未曾料到的问题;或者对某一问题学生作了反面理解;或者学生出风头尖声怪叫,刁难老师;或者教师在教室走动过程中表现出失态;或者某学生突然生病等等。对于这些情境,教师无法估计它在什么时候来临,很难事先做好具体应变的准备,往往靠"临场发挥",发挥随机应变的能力。

2. 直觉性

直觉性是教学机智的本质特征。由于教学机智多显示在突发的、随机的情境之中,对它所做出的反应的心理机制不是严密的逻辑思维,而是跳跃式的直观思维,靠对情境的直感,抓住突出特征,迅速判断。教学上的直觉是一种悟性,以理论修养和长期的教学实践为基础,它对在教学中发现问题、分析问题、解决问题有重要的作用。所以,现代教学论强调直觉思维的培养。

3. 敏捷性

当偶发事件突然出现时,若慢条斯理地琢磨、优柔寡断地决策,将会导致混乱的教学秩序。教师需要快速而敏捷地做出反应判断,及时采取措施,保持教学的动态平衡。例如:某小学举行数学观摩课,预备铃响过之后,全班学生一窝蜂涌进教室。一位男生不小心把一女生绊倒了。不料,这位女生耍起性子,躺在教室门口大哭大闹。同学们和几十位听课老师都很着急,但束手无策。如果教师对这种态势任其发展,必然会耽误教学时间。这时,任课老师捧着两大叠厚厚的作业本向教室走来了,当他看到这个情景时,吃了一惊,但立即镇定下来,机智、敏捷地做出反应,抓住这位女生爱乐于助人的品质平心静气地喊道:"小娟,快来帮忙啊,老师提不动作业了。"小娟听到这亲切的声音,望着老师那慈祥的目光,气消了一大半,便一骨碌爬起来,从老师手中接过作业本,慢慢走进教室,整齐地放在讲桌上,无声无息地回到自己的座位上。这样,一件棘手的突发事件顺利地得到了解决,保证了上课的顺利进行。可见,具备教学机智、机敏的反应在处理偶发事件中具有重要的作用。

4.准确性

应变不仅要快,而且需要准确。反应敏捷,而做出反应"文不对题"也不行。这个"题"便是课堂教学的目标。做出的反应需要有利于教学的教育性的贯彻,有利于学生身心的健康发展、有利于教学计划的完成,总之,须围绕课堂教学目标,保障课堂教学有秩序地进行。

5.巧妙性

巧妙性是教学机智的生命力。教学机智具有巧妙性才能体现出它的艺术性。教学中,教师的反应不仅要求快而准,而且还要求应变策略做到掌握分寸,方法得当,做到适时、适情、适度、巧中见奇,奇中生效。例如:爱因斯坦在一次讲课中,被学生问及了一些属于物理学中的一般而难以记忆的知识问题,而恰好他又记不住这些具体知识。这种情况,可能会使人感到尴尬和不可思议。而爱因斯坦则机智而巧妙地做了回答,他详细告诉学生查阅什么书便可知道这些知识,并且指出人类应记忆两种东西,一是现成的、具体的知识,二是找知识的地方,某些知识只需记住它们在什么地方可以找到便可以了。这种回答,不仅告诉了学生答案,而且还抓住时机教授给了学生学习的方法,具有很强的灵活性和巧妙性,是一种真正的教学艺术。

三、课堂教学幽默——课堂教学艺术的特殊形式

课堂教学幽默是一种使教学活动在意外的倒错或矛盾中表现出某种教学意图,并使学生获得轻松愉快、典雅含蓄的笑声的一种操作机智。是教师在组织教学、传授知识时所表现出来的一种机敏、风趣和巧智。

课堂教学幽默是课堂教学艺术的一种特殊表现形式,具有很高的教学审美趣味。在课堂教学活动中教师的言谈、神态、举止均可表现出幽默感。有幽默活动的参与,无疑会为教学增添艺术的、美感的趣意,而且还会自然起到开拓学生思维的敏捷性和批判力、启发学生善于发现事物矛盾所在的能力。

(一)教学幽默的功能

1.能协调师生关系,缩小心理上的距离

具体地说,它可以有效地打破新教师与学生之间的陌生感,消除师生之间的隔阂、误会,缩小心理上的距离等。例如美国一位中学教师与新同学见面时这样自我介绍:"同学们,先自我介绍一下。我叫德克,听到我的名字,如果你们以为我是从得克萨斯州来的,可就错了,我来自路易斯安那州。我父亲给我起过露易斯的名字,可我把它改了。因为我发现叫露易斯被人认为有女人气,可我是堂堂的男教师,干脆改成德克,这

个名字使人想到象征智慧与胆量的得克萨斯州。"这段自我介绍很有幽默感,引得学生大笑,缩短了师生的心理距离。又如有一位教师在课堂上批评错了一位学生,引起了这位学生的不满和其他学生的不平,为消除这一失误的影响,他幽默地说:"同学们,谁都不是圣人,教师也会出错。在我上小学时,有一次老师错批评了我,我当时气坏了,很想上去揍老师一拳。但愿我刚才批评错了的同学不会产生我那样的想法,因为我相信他比我有宽容心。"这段话使那位学生转怒为喜,其他学生也为教师的风度和态度所感染,会意地笑了。从而消除了师生间的心理隔阂。

2. 能引发学习兴趣,增强学习动机

教学幽默在本质上具有趣味性,它与学生的学习兴趣紧密相连。这一功能既可用于讲新课的开始,也可用于教学过程之中,例如,一位教师在讲解具体与抽象这一对哲学概念时,为了提高学生的学习兴趣,增强学习动机,在开讲前先讲了一个幽默的故事:有一位大学哲学系的学生回到乡村的老家度假,一家人很高兴,摆了一桌筵席,席上有一只又肥又大的烧鸡。大学生问他的妹妹:"桌上有几只鸡?"妹妹回答说:"当然是一只了,这还用问吗?""错了,不是一只,而是两只。""啊?为什么?"大学生解释说:"这桌上有两只鸡,一只是我们看见的具体的鸡,还有一只是我们看不见的抽象的鸡。"听了这话,他妹妹忙说:"噢,我明白了,那么,哥哥,我们吃这只具体的鸡,你一个人吃那只抽象的鸡怎么样?"这下使大学生有口难言了。这个故事引得学生也乐了,教师接着导入新学习内容:"这位大学生并没有真正把握具体与抽象的实质和关系,才闹了笑话。为了不使我们闹那样的笑话,下面我们学习关于具体与抽象的知识。"这样教学,激发了学生的兴趣,推动了学习的进行。

3. 能消除教学疲劳,振奋精神

教学是一项身心高度紧张的活动,课中出现疲劳是正常现象。如果适当运用教学幽默引起欢乐和愉悦,则能消除疲劳,使师生在整堂课中保持较好的精神状态。教育心理学研究表明,儿童的生理、心理特点决定着6~7岁儿童的注意力一般只持续集中10~15分钟;10岁左右儿童的注意力一般可持续集中20~25分钟;在组织得好的教学中,小学四、五年级的学生至多可以连续保持注意力35分钟左右。这样看,课堂上总会有一定时间是注意力不集中的。教学幽默可以帮助学生消除注意力的疲劳,延长注意力的时间,使学生整堂课都精力充沛,全神贯注。

4. 有助于培养学生乐观的人生观和开朗的个性

当学生学习困难和生活烦恼时,有针对性地使用教学幽默,可以帮助学生重新认识人生,改变看法,战胜困难,摆脱烦恼。在这方面,格言、警句、名人名言、小故事等具有特殊的功效。例如,有位学生因家庭矛盾心情很痛苦,对人生也很悲观。一位教师得知后,结合教学内容,在适当时机引用了马克·吐温的一段富有哲理的名言:"生活是由幸福和痛苦组成的一串念珠。痛苦对于人来说,何尝不是一笔精神财富,一帆风顺的人常常是浅薄的,因为思考的机会太少了。"把痛苦幽默地看成是人生的好事,表现出对痛苦的轻蔑与超脱。几天后,这位学生找到教师交心,改变了自己的心境和看法。

(二)教学幽默的类型

根据幽默在教学中发挥的不同作用,可以把教学幽默的类型分为:启发认知型、改善气氛型和批评教育型。

启发认知型。此类幽默的重点在于用生动风趣的语言把深奥难懂的知识变得具体形象,浅显易懂。使学生进入最佳心理状态,富有创造性地理解知识,使知识有效地内化到学生的认识结构之中。启发认知型幽默的适用范围主要限于知识的讲解,一般在备课时就被设计在教案中,成为知识讲授的有机组成部分。例如,一位化学教师在课堂上描述说:"构成人体的水,足以装满一只容量为45升的水桶;人体的脂肪,可以制造7条肥皂;人体中的碳,可以制造9000支铅笔;人体中的磷,可制2200根火柴;人体中的铁,可造2根铁钉;人体中的石灰可足够刷两个鸡棚;还有少量的镁和硫……"

这类幽默是课前设计好的。因此,教师有充分的时间进行精心的准备。教师可以创造出或者挑选出与所讲知识有关的幽默题材。教师具有较大的选择余地。

改善气氛型。当课堂气氛过于活跃,学生静不下心来;或者死气沉沉,催人欲睡;或者剑拔弩张,紧张尴尬之时,就可以用这类幽默进行调节、改善。例如,有位教师见有学生听课时伏在课桌上打瞌睡,于是放下书本,自己故意打了个哈欠,揉揉眼说:"春风吹得人陶醉,难把躺椅搬教室啊!"在笑声中学生们立刻打起了精神。

课堂气氛是动态的,随着师生的情绪变化而改变。教师不可能预先设计好改善气氛型幽默,它要求教师密切注意学生的课堂上的一举一动,感情变化,具有高度控制、调节气氛的意识。能够随机应变,想象力丰富,言语表达准确、适宜的能力。

批评教育型。这类幽默主要用于在公共场合中,学生不经意犯下的错误。教师没充分时间给学生详细分析错误的原因。在这种情况下,直接而明确的批评难以让学生明白错误,甚至可能使学生误解,感到委屈。这种不良影响还可能传播给其他学生。幽默式的批评可以在不伤害学生的自尊时,使学生意识到自己做错了事,从而迅速改正。对于调皮学生无事生非的恶作剧,故意刁难,幽默式批评更能起到妙不可言的效果。不仅能使调皮学生自讨没趣,还会使他不得不佩服教师的聪明才智。比如,教师走进教室准备上课时,发现教学挂图或小黑板被人倒挂在黑板上。试比较一下,教师见状动怒,非要找出捣乱学生不可;教师不声不响,主动把教学挂图或者小黑板挂正;教师想出幽默的方法来解决,哪种方式的效果更好?既能纠正错误,又能使学生意识到错误,今后不再重犯。

有位地理教师见状,说道:"看来同学们都准备好了功课。能够识别倒挂的地图!好,现在我们请几位同学指出一些城市的位置。"结果一连数位学生都不能正确回答。正当全班学生个个都感到十分紧张时,地理教师又开腔了:"看来地图还得挂正才行啊。"接着,将地图重新挂正。学生们都大松一口气。于是都认真地听教师讲课了。

批评教育型幽默的最大特点是即时性或者叫时机性。能够抓住时机,利用敏锐的思维,迅速地组织材料,创造出幽默。要求教师不但拥有广博的知识,创造性思维,娴熟的口语表达,更要拥有急中生智的能力。幽默教学的分类只是相对而言。事实上,每一种幽默都兼有其他类型的作用。启发认识型可以调节课堂气氛;改善气氛型可以暗含批评,启迪智慧;批评教育型可以促思维、调节课堂气氛。这种分类只不过是根据教学的不同情况而人为所分的。在实际操作时,课堂上出现了不同的情况,要求达到的目的就会不相同,幽默的着重点就会不一样。

(三)实施教学幽默应注意的原则

教学幽默在教学中的表现形式是多样的。如情节幽默、动作幽默、表情幽默、语言幽默和板书幽默等等。它们在教学中都可起到异曲同工的作用。不过,在运用时必须遵循一定的法则。

1."庄"与"谐"辩证统一

"庄"指庄重、严肃、健康;"谐"指诙谐、有趣、逗人发笑。"庄"与"谐"的辩证统一实际上就是思想性与趣味性的统一。没有"庄","谐"就会失去健康、优美的品质;没有"谐","庄"就缺乏生动有趣的表现形式。教学是具有积极教育价值的引导活动,思想性是它的灵魂,诙谐幽默决不能脱离思想性。

2.内容与形式辩证统一

内容指教学内容,形式则指幽默的表达形式。幽默的表达形式不能脱离教材,不是用一大堆笑话专门引导学生发笑,而是必须与教学的内容和谐一致。根据教学内容的性质和需要,巧妙地创作和使用教学幽默,使教学幽默有助于学生加深和拓宽对教学内容的理解。

3.教学幽默的水平要与学生的接受水平相一致

在国外,对儿童幽默的接受力和幽默感的发展问题已有值得重视的研究。了解儿童对幽默的理解能力和接受能力,有助于指导教学幽默的创作与使用,特别是在幼儿教学和小学低年级教学中更有直接的指导意义。教学幽默只有被理解和接受,才会发挥作用。

4.教学幽默要做到适当、适时

适当表现在质与量两个方面:质就是教学幽默不是低级趣味的,而是具有较高审美价值和教育价值的。量就是要注意频率,如果一堂课幽默不断,笑声不绝,不仅会使学生生理与心理疲劳,而且会冲淡教学内容与目标,喧宾夺主,影响正常的教学。此外,教学幽默还要适时,应教学所需。一是学生心理所需,即在学生心理疲劳、注意力集中不起来时,及时给予教学幽默;二是教学内容所需,即在教学内容包括有幽默素材或可以用以进行教学幽默创造时,及时创造和使用教学幽默。

四、课堂教学意境——课堂教学艺术目的氛围形式

意境是我国文艺学、艺术学、美学中一个特有的重要范畴,通常指文学艺术作品通过形象描述表现出来的境界和情调。参照这一看法,可以认为,教学意境主要是指教学艺术的形式、内容与主体的人格达到完善的统一和表现的程度。对于这一定义,需要把握如下几点。

第一,教学意境是教学艺术达到的高潮或表现的高水平。在教学意境中,艺术的主体能获得一种人生的高峰体验。

第二,教学意境因主体的境界水平高低、形式与内容统一的水平高低而呈现出不同的层次或程度,也即教学意境有高低之分。

第三,教学意境除高低之分外,还有类型之分,这是由于教学艺术主体的人格不同、艺术表现风格不同而造成的。教学意境的类型大致有以下几种。

(一)立体型意境

人们在看戏、看电影时,会被剧情吸引并沉浸其中,是因为戏、电影等动用了一切艺术手法,使剧中的人物、环境、情节都站立起来,达到了特有的立体感的艺术效果,教学艺术也可达到这种意境。特级教师于漪在教《春》等课文时,都曾创造出很美的立体型意境。研究者曾评论,在《春》的讲解中,于漪调动了学生所有的感觉器官:心想、耳听、口说、手写,促使学生开展积极思维,引起种种联想,使平面的文字描写,都直立地展现在学生面前,使人神往,使人陶醉。

(二)共鸣型意境

这种意境包含教师与学生的充分的配合默契,教的过程与学的过程的完全融合,教师的认识、情感与个性同学生的认识、情感与个性的和谐一致等等。有许多教学艺术家都擅长创造这种类型的意境。例如,特级教师斯霞以母爱为基础的教学艺术,使

师生的情感达到了"同化为一"的境界,学生把她当成自己的伙伴、知心朋友,而她与学生相处焕发出童心,同化为他们中的一员,这种教师同化学生,学生同化老师的境界,就是共鸣型的意境。

(三)精秀型意境

这种意境指教学从设计到实施,从开头到结尾,从教学语言到教学活动,都表现出精巧秀美、丝丝入扣、天衣无缝、珠联璧合的一种境界。这种意境的创造,特级教师钱梦龙则很擅长,例如他对"自读课""教读课""练习课"三种课型的精心设计和创造,可以说都达到了精致秀美的境界。他自己曾经把自己的教学意境概括为"碧波深处有珍奇",这正是说的一种精秀之美。

五、课堂教学节奏——课堂教学艺术的动律

课堂教学艺术是有节奏的。如有的老师教学紧扣学生心弦,时而紧张,时而轻松,时而巧设悬念,时而启发顿悟;有的老师教学轻松自如,层次分明,抑扬顿挫,引人入胜……

课堂教学节奏,就是教学过程中,教师经过组织洗练再创造出的教学艺术的动律。通俗地说,即教学过程中各种可比成分连续不断地具有一定规律性的教学变化形式。这些可比成分主要有教学的速度、密度、力度、难度、强度、重点度和激情度等。教学节奏就是通过这些对比成分合规律地穿插复沓、交替呈现来表达教师的审美态度、审美情感、审美理想和教学内容的重点。

教学节奏能赋予教学艺术特有的艺术魅力。教师在教学中借用重复、突转、含蓄、强弱、曲折、缓急、转折、中断、间歇、复沓、交替、明暗、动静、变换等艺术手法,形成起伏有致、张弛交错的教学节奏,能使师生双方情感发展波澜起伏、此消彼长,构成了教学艺术之内在动律,使教学产生一种韵律之美、流动之美,具有勾魂摄魄、撼人心弦的艺术魅力,达到教学审美心理共鸣。

教学节奏有助于学生生理、心理健康,有利于学生身心发展。心理学研究表明:节律性活动是人体的一种基本的和普通的生物学现象,从个别细胞到器官到组织以至个别的行为,到处都存在生命的节律,例如皮层细胞的a波,每秒8~13次;心跳与脉搏,每分钟70~80次;从进食到饥饿,每4~6小时循环一次;觉醒与睡眠,每24小时一个周期等。人的大脑工作也是由神经兴奋与抑制两种活动交替进行,违背上述节律,就会使得生理节律与环境节律之间相位发生急剧的偏移,由此造成生理疲劳、失眠、运动功能失调等各种生理、心理障碍,影响身体健康和心理健康。合理的教学节奏,使学生学习

的外部教学环境的节律与学生心理节律的相位尽可能一致,节拍尽可能达到和谐,这样便可以减少学生生理、心理疲劳,有利于青少年学生的心理健康,有利于提高教学效率。在教学过程中,教师如何形成具有艺术魅力、有助于学生健康发展的教学节奏呢?

(一)根据所教学科的性质、特点和具体教学内容来确定相应的教学节奏

教学节奏的形式是为教学内容服务的,离开具体教学内容来奢谈节奏是形式主义,节奏总是与具体内容相适应的。如自然界的潮汐是由星球的引力和地球的自转所引起,工人搬货打号子是由物质的重量而产生,舞台上演员的动作是由人物内心生活的潜台词而引起。教学节奏也同样是为了鲜明生动地表达有关教学主题和内容的。不同的教学内容,可以采取不同的教学节奏,如有的教学内容可采取活泼、欢快、轻松的教学节奏,有的则采用端庄、严肃、紧凑的教学节奏。在具体教学过程中,教师可借用重复、突转、含蓄、强弱、曲折、缓急、转折、中断、间歇、复沓、交替、明暗、动静、变换等艺术手法来形成相应的教学节奏。

如有位老师在教《记金华的双龙洞》(部编版小学语文四年级下册)一课时,便根据课文中记述游者的足迹等内容,采取起伏有致的教学节奏,层层推进。她分四层设计了若干问题,每个层次既重点突出,又注意层次与层次之间合理的过渡。学生细读课文,明确了"泉流"是贯穿全文的线索后,教学节奏稍微松弛,她又立即强化教学节奏,使学生大脑又进入紧张状态:"让我们随着作者游览的足迹去观赏沿途风光。"这样一张一弛、一紧一松地往前推,学生的思维也不断地得到调动,学起来兴味甚浓。这位老师就是采取张弛交错的教学节奏来组织教学,吸引学生,直到课结束时,学生的学习兴趣犹存。

(二)根据教学时间来形成教学节奏

一节课基本上可以分成导课、授课、结课三个部分。这三个部分不应一个基调,相同节拍,而应该在力度、速度、密度以及激情度等方面有所侧重,有所区别。要确定教学高潮在哪一部分合适,每一部分都要形成相应的教学节奏,并与整体教学节奏相协调,使整个教学节奏井然有序,错落有致,这样才能体现出部分教学节奏功能之和大于整体教学节奏之功能。

(三)应用教学语言来调整教学节奏

如果教师在课堂上始终用一个调子一种声音进行讲授,学生会感到索然无味,昏昏欲睡。因此教师的教学语言,要做到抑扬顿挫,有教学节奏感。速度要有变化,对于学生难以理解的以及重要的教学内容,速度要慢,反之,则要适当加快;响度也要有变

化,需要强调的或者较重要的教学内容,响度可略大,其他内容,响度可略小,具体到每一句话,也要根据具体情况,在表达意义上起主要作用的词可说得更重更响亮一些,以引起学生的注意。停顿是教学语言中增强教学节奏感的重要一环,停顿分自然停顿、逻辑停顿和情感停顿。自然停顿是指教师表达一个相对完整的意思后的停顿。逻辑停顿是指教师根据表达内容的需要做出的停顿。感情停顿是为了表达感情的需要做出的停顿。这三种停顿有时相互联系的,教师教学可根据具体情况而停顿。语调是语间的高低、强弱、快慢、升降、重音、停顿等综合作用的结果,教师语调富于变化,易于形成教学节奏。此外,教师还可以借助眼神、表情、举止等身势语言配合口头语言来形成教学节奏。如教师口头语言低沉缓慢时,神情亦要庄重严肃,动作亦要静止少动。反之,教师口头语言欢快轻松时,神情亦要愉快乐观,动作亦要轻盈活泼。两者相互促进,相得益彰。

(四)根据学生的年龄特点和心理特征来形成教学节奏

如小学生自控能力差,注意力集中时间较短,长时间单调的学习易厌倦、疲劳,故必须根据小学生年龄特点,教学节奏做到鲜明活泼,进程变化快,有一定的跳跃变化,适当的紧张,适当增加教学密度,而不是始终保持慢拍子。有的老师在小学一年级进行调整教学节奏的实验,实验结果表明:合适的教学节奏有利于提高教学效益,有益于学生身心发展。实验老师对教学程度作了适当的改进,将一堂课大致分为以下几个阶段:

(1)始动阶段。5分钟以内,新的开始,复习过渡大量压缩,尽快地将学生注意力集中到学习新知识上来。

(2)新授阶段。15分钟左右,此阶段学生注意力最为集中,教者围绕教学目标,环环紧扣,抓住重点,突破难点,充分体现"两个为主"的思想,完成新授任务。

(3)调节阶段。5分钟左右,教师通过教学游戏、听音乐或做课中操,让学生进行调节休息,犹如一节乐曲中的"散板"或"缓板",与新授阶段的"快板"形成对照。

(4)反馈矫正阶段。15分钟左右,增加课堂练习的环节,注意练习内容的针对性、层次性,练习形式的多样性,并保证其有充分的时间,有效地进行教学信息的传输与反馈,当堂完成作业,不留课外作业。试验一学期,不仅学生语数文化测验均到优良级,而且学生普遍感到轻松愉快,促进了学生身心健康发展。学生各方面的才能也优于平行班级,该班被评为文明班级和红旗中队。教师还可以根据学生大脑分工特点来调整教学节奏。据现代生理学研究表明,大脑左半球和右半球各有不同的功能,大脑左半球以逻辑思维为主,大脑右半球以形象思维为主,在处理复杂问题时,大脑左半球、右半球必须分别向对侧半球交换信息,相互合作、比较、综合,获得更广泛的联系,使问题得到圆满解决。

如果教师教学时,习惯于让学生用一半大脑思维,久而久之,学生会感乏味的。如欣赏轻音乐时,反复聆听数十遍甚至数百遍,无论多么爱好音乐的人也会感到厌烦。同样,让一个人整天反复演算数学题,即使这个人数学才能再高,也会觉得无趣。特别是理科教师,如果一节课总是教公式、定理、定律,让学生进行抽象的逻辑思维,教学效果并不好。反之,如果老师教数学时,来点语文缩句训练,会使学生大脑左半球暂时松弛一下,是有利于学生学习的。因此,教师教抽象的公式、定理、定律的同时,穿插一些直观形象的实验,或风趣幽默的科学家轶闻、故事等,让学生大脑左半球、右半球交替思维,就能增强学生学习兴趣,提高教学效率。

第三节　课堂教学艺术的形成

对于教师而言,课堂教学的艺术并非与生俱来,课堂教学艺术需要在长期的教学实践中不断地积累而形成。教师只有在专业发展的过程中,重视教学技能与方法的训练,在教育教学中融入审美的理念,追求自身专业素养全面、和谐的发展,从而不断超越自我,实现教学艺术的形成与完善。

一、课堂教学艺术的掌握

课堂教学艺术的掌握就是教师在实践中,经过习得、探索、借鉴、修正、完善,形成创造性教学能力和方法的内显和外显行为。教学艺术掌握具有可能性,因为,掌握是运用的前提,不能掌握就不能运用,不能运用教学艺术就失去了存在的价值。教学艺术实际上是一种创造性的能力和方法,任何能力和方法都是可以被掌握的。教师教育素质在不断提高,教改、教研意识越来越强,教师之间的合作交流机会日益增多,这都有利于教师教学艺术的掌握。教学艺术掌握的内容指的是教师应该掌握教学艺术的哪些方面,它包括:掌握课程标准的学问、处理教材艺术、设计板书的艺术、选择最优教法的艺术、学会终身备课的学问、教学语言艺术、写"教学日记"的学问、把握学生心理和智力发展规律的艺术、在教学中发展学生智力的艺术、开辟第二课堂的艺术、进行个别辅导的艺术。教学艺术掌握有自觉掌握和自然掌握。当教师提高教学质量的愿望受到自身素质的限制时,就会产生一种焦虑,它和教师职业道德结合起来会形成教师追求教学艺术的自觉性。自觉掌握教学艺术的教师会学习优秀教师掌握教学艺术的方法、细则,对自己提出掌握的具体内容和标准。

掌握教学艺术的原则,是人们根据教学艺术论的基本原理所提出的,可以有效指导教师提升教学艺术,这一原则也强调了在教学艺术形成过程中教师应该遵守的一系列要求。

(一)立美和审美统一原则

所谓"立美",就是建立美的形式的实践过程,所谓"审美"就是认识美之所在或对美的形式的愉悦感受。教师教的活动应该是立美活动,学生的学习应该是审美活动,但实际教学中,立美和审美往往是交叉性的。在以教师立美为主导的教学活动中,学生在完成审美任务的同时,也要成为立美主体,他们立美主体性的发挥需要教师的激发和调动。学生在教师教学艺术课堂掌握中的配合作用、唤起作用、调节作用、鼓舞作用、检验作用是他们立美主体性的主要表现。教学中,教师既是"剧作者",又是"剧中人",他们在创造美的同时,欣赏自己创造的美。因此,教师立美也包容了立美主体的审美活动。

立美和审美统一原则有三个含义:第一,教师立美和审美的统一;第二,学生立美和审美的统一;第三,教师立美和学生审美的统一。教师尤其要重视学生主体的立美,在他们积极配合下,掌握教学艺术。

(二)借鉴与创造并重原则

借鉴与创造并重原则,指把吸收优秀教师的先进经验和教师自身在教学中的独创结合起来,形成具有个性风格的教学。借鉴指在拥有自己的观点和做法的同时,博采众长,吸收消化,为我所用。借鉴行为贯穿于教学艺术掌握的始终,它是教学艺术掌握的重要手段。创造性包括创造精神和创造能力两个含义。创造精神是教师产生教学艺术掌握行为的心理基础,教师在掌握、创造、表现教学艺术时必须有创造精神。"始于学步,终于创新"这个意义上的"创新"指创造能力,它是教师教学艺术掌握的目的之一,是教学艺术创造、表现的前提之一。因此,创造性也贯穿于教学艺术追求的始终。在教学艺术掌握中,教师要坚持借鉴和创新并重原则,以借鉴促创新,在创新中借鉴。

(三)知、情、意三位一体原则

知、情、意三位一体原则,指在教学艺术形成中,教师要把对教学科学、教学艺术规律的认识,对教育事业、对学生的感情和克服困难、不断拼搏的顽强意志结合起来,以实现对教学艺术的掌握和运用。深刻把握教学艺术理论。教学艺术理论提供了一套相对完备的方案体系,便于教师学习借鉴。同时,还提出了许多原则性要求,他们可以据此进行创造性的发挥,使教学艺术之"土壤"更加肥沃。较高的教育理论修养、渊博的专业知识和过硬的教师素质的合一是教学艺术的"土壤"。要使教学艺术"枝繁叶茂",就必须使其赖以生长的"土壤"更加肥沃。在教学艺术掌握中,教师应当把情感的培养放在重要地位。要认识到,教学艺术所创造的教学美是师生用深情厚谊交融而成的,教师要淡泊名利,把奉献放在首位,要培养爱憎分明的个性。教学艺术的掌握实非短期所能做到,它需要一个漫长曲折的过程。此外,教师的意志力是掌握教学艺术所必需的重要心理品质。

(四)分层分步原则

分层分步原则,指在教学艺术掌握中,教师根据自己的实际,制订近期、中期、长期奋斗目标,循序渐进,逐步掌握教学艺术。教师要在分化的基础上综合,即先分步掌握教学艺术不同方面的能力,对己之长采用大步子快速提高,对己之短采用小步子逐渐内化。在完成分化掌握任务之后,要综合贯通,学会用已有的各种素质服务于教学艺术的创造,使教学艺术达到真、善、美的统一。

(五)课内课外结合原则

课内课外结合原则,指教师在教学艺术掌握中,既要做到课堂上尝试、调整、改良教学技能、技巧,不断提高教学水平,又要重视课后练习、思考、理论学习,为教学艺术的形成创造条件。教师应充分利用课堂实践,反复练习、认真思考,使每一节课都有所进步。课后也是教学艺术掌握不可缺少的环节。教师要利用课余时间学好理论,练好教学艺术基本功,应写好"教学后记",它可以帮助教师明得失、解困惑、知学生、晓自己,以优化教学。

二、课堂教学艺术创造

教学艺术创造是教师在掌握教学艺术的基础上,在教学艺术表现动机的驱使下,努力实现教学艺术表现的具有个性特点的教学活动。教学艺术的创造活动就是教学艺术构思活动和教学艺术传达活动的统一。教学艺术构思是教学艺术传达的基础,它是教师进行艺术化教学的具体方案。教师要发挥想象能力使创造之前的教学艺术就成形于头脑中。教学艺术传达是实现教学艺术方案的环节,是教师灵活、自由地运用教学手段、方法表达教学艺术创造构思的外在行为。在教学艺术创造中,教师应坚持以下原则。

(一)从实际出发进行创造的原则

教师可以在自己教学艺术创造能力限度之内或在创造能力的"最近发展区"进行教学艺术创造。在教学艺术创造能力限度之内进行创造是对自己能力的发挥，在教学艺术创造能力的"最近发展区"进行创造是对自己能力的超常发挥，是一种发展。但超越艺术创造能力弹性限度的创造不可能实现教学艺术的成功表现。高起点的学生和低起点的学生对教师教学艺术的适应度是不一样的，教师应在了解学生的前提下，实施可接受性教学策略，达到教学的协调一致。不同的教学内容，应该有不同的教法，不分析教学内容特点的教学必然是失败的教学。

(二)以情感为基础进行创造的原则

兴趣是教学"最好的老师"，没有情感会失去教学兴趣，教师处于高情绪状态的讲述会激发起学生浓厚的认知兴趣，对教学过程充满理智感的把握是顺利完成教学的保证，教师高度的责任感、事业心本身对学生有一定的教育作用。因此，教师必须以情感为基础进行教学艺术的创造。

(三)以美为标准进行创造的原则

师生在教学中的和谐配合是美，教师深入挖掘教材内容，把它们内化成自己的教学机智后的外在表现是科学美的深化，教学机智的灵活运用是教学美的充分体现，最优化的教学给人以结果美的感受，学生在教师指导下学得愉快、轻松、高效，教师会从中体验到职业美。因此，美渗透在艺术化教学的各个环节，它是教学艺术的精髓，教师必须坚持以美为标准的原则。

(四)以功利为目标进行创造的原则

教学功利是师生双边教学活动效率的反映，是教学行为的最终目标，它体现在学生身心的发展变化上。教学艺术最基本的特点是实践性，这就决定了它必须以追求功利而不是以满足欣赏欲望为目的。教学艺术功利应当是最优化的，教学结果的最优化是衡量教学艺术创造成功与否的一个标准。

(五)以机智为特点进行创造的原则

艺术化水平比较高的教师会使教学达到出神入化的境界，这种境界是高度自由地驾驭各种教法的结果。教学机智是教师综合素质的反映，它以遵循教学规律，把握教学原则为基础。走进艺术化教学的课堂给人的第一印象就是灵活机智。

三、课堂教学艺术表现

教学艺术表现是创造成功的教学艺术形态。教学艺术是一个动态的过程,因此,教学艺术表现不是静态的、终结性的,它存在于教学艺术创造的过程当中。教学艺术创造既有成功的可能性,又有失败的可能性,成功的教学艺术创造就是教学艺术表现,失败的教学艺术创造属于一般教学行为。教学艺术掌握和教学艺术创造动机、兴趣是教学艺术表现的充分条件,它们是教学艺术创造成功的重要保证。已有教学艺术理论是对优秀教师教学艺术表现的概括和总结,教学艺术形成论就是让更多的教师有能力进行教学艺术表现,实现教学艺术的泛化。因此,成功的课堂教学艺术表现有以下特点。

(一)科学性和创造性结合而成的灵活性

遵循科学规律是办任何事情的基础,反之,一切行为都会失去信度。求异创新方成艺术。因此,创造性是教学艺术的心理前提,以科学性为基础,以创造性为前提的教学必然形成灵活性。

(二)经验积累与理论素养融合而成的机智性

如果说灵活性是艺术化教学活动的日常行为特征的话(也含有思维的灵活性),机智性则是处理突发事件的心理特征。教学机智的培养既要有丰富的教学实践经验,又必须以教育理论作为指导。经验论、唯理论都是片面的。

(三)一般技能与个性风格匹配而成的个人独特性

一般技能是教学活动的必要条件,艺术化的教学是一种创造过程,必须有主体主观因素的渗入,这就使教学艺术具有不同的表现风格。二者匹配结合就形成了教学艺术鲜明的个人独特性。

(四)情感投入与行为表现结合而成的审美性

教学要做到"动之以情、晓之以理、导之以行",教学艺术中的行为表现应以丰富的理论为指导,以渊博的知识和基本技能作为后盾。审美性就是情感投入与行为表现结合而成的产物。根据以上课堂教学艺术表现的灵活性、机智性、独特性、审美性,我们希望教师应该努力做到以下几点。

求"实"。要遵循教学的基本规律和教学最优化的原则,并结合自己的特点、学生的实际来进行教学。当教学的合规律性与合个性相统一,教学便能实现创造性、审美性,教师也可以成为受人钦佩的教学艺术家。

求"活"。注意运用各种教育教学手段、方法和技巧丰富课堂教学,提高教学质量与效益。课堂教学艺术是在科学地再现的求"活"中,师生对特定的教学内容进行"活"化,达到科学再现与艺术表现的完美统一。

求"美"。要注意对学生进行审美教育,培养他们积极向上的审美意识和情趣,使他们全面、和谐、健康地发展。课堂教学艺术就是通过诱发和增强学生的审美感以提高教学效果的手段,这种手段的运用能使学生在有益身心健康的积极愉快的求知气氛中,获得知识的营养和美的享受。

求"趣"。要想方设法激发学生的学习兴趣,让学生喜欢你所教的课程,变被动学习为主动学习。卢梭在其《爱弥儿》一书中说:"教育的艺术是使学生喜欢你所教的东西。""问题不在于教他各种学问,而在于培养他们爱好学问的兴趣,而且在这种兴趣充分增长起来的时候,教他们以研究学问的方法。"

求"新"。要注意在学习别人教学艺术的基础上,发挥自己的聪明才智,进行创新与发展,显现自己鲜明的教学个性。只有做到这一点,才称得上掌握教学艺术。创造是一切艺术的特质,没有创造也就无所谓艺术。这些创造,或表现为对常规的、传统的教学模式的突破而代之以各种革新;或表现对课堂结构的新颖而独到的设计;或表现为对学生积极向上的心理塑造;或表现为对教学内容的熟练把握和驾驭……总之,要充分显现自己独特的、新颖的、个性的东西。

求"效"。衡量教学最优化有两个标准,一是教学效果,二是时间消耗,即在规定时间内,取得一般教师所不能取得的教学效益。可见教学最优化的最后落脚点是效果与效益,课堂教学艺术更应如此。

参考文献

一、著作类

[1]Ellen Weber.怎样评价学生才有效——促进学习的多元化评价策略[M].陶志琼,译.北京:中国轻工业出版社,2016.

[2]W.JamesPopham.促进教学的课堂评价[M].国家基础教育课程改革"促进教师发展与学生成长的评价研究"项目组,译.北京:中国轻工业出版社,2003.

[3]D.P.奥苏伯尔,等.教育心理学——认知观点[M].余南星,宋钧,译.北京:人民教育出版社,1994.

[4]加里·D.鲍里奇.有效教学方法[M].易东平,译.南京:江苏教育出版社,2002.

[5]美国教育研究协会,美国心理协会,全美教育测量学会.教育与心理测试标准[M].燕娓琴,谢小庆,译.沈阳:沈阳出版社,2003.

[6]苏霍姆林斯基.教育的艺术[M].长沙:湖南教育出版社,1983.

[7]蔡伟,纪勇.语文案例教学论:课堂导入与收束[M].杭州:浙江大学出版社,2012.

[8]陈勇,梁玉敏,杨宏.中学语文教学论学程[M].北京:科学出版社,2016.

[9]褚蝶花,黄丽芳,朱丽娜.教育管理与教学艺术[M].北京:中国原子能出版社,2017.

[10]丁步洲.课堂教学策略与艺术[M].重庆:重庆大学出版社,2013.

[11]范红,刘识亭,王家伦.小学语文课程解析与教学技能提升[M].南京:东南大学出版社,2012.

[12]顾明远.中国教育大百科全书[M].上海:上海教育出版社,2012.

[13]郭芬云.课的导入与结束策略[M].北京:北京师范大学出版社,2010.

[14]韩承红.教师语言[M].北京:北京师范大学出版社,2013.

[15]胡庆芳.优化课堂教学:方法与实践[M].北京:中国人民大学出版社,2014.

[16]黄晓颖.对外汉语课堂教学艺术:来自教学实践的微技能探讨[M].北京:北京语言大学出版社,2008.

[17]姜曙光.教师掌控课堂的技巧[M].长春:东北师范大学出版社,2010.

[18]李红.教育心理学[M].武汉:武汉大学出版社,2007.

[19]李琴.教师如何让课堂更加生动有趣[M].长春:吉林大学出版社,2008.

[20]林崇德.21世纪学生发展核心素养研究[M].北京:北京师范大学出版社,2016.

[21]刘丕君.教育心理学(小学)[M].北京:中国经济出版社,2013.

[22]刘小云,李伟中.历史学专业师范生教学技能实训指导[M].成都:西南交通大学出版社,2016.

[23]罗明东,等.课堂教学技能——基础教育教学技能训练与测评[M].昆明:云南大学出版社,2012.

[24]皮连生.学与教的心理学(修订版)[M].上海:华东师范大学出版社,1999.

[25]王林,陈昌来.教师话语系统研究[M].上海:学林出版社,2017.

[26]魏恤民,吴美娟.初中历史教学关键问题指导[M].北京:高等教育出版社,2017.

[27]吴洪成.现代教学艺术的理论与实践[M].石家庄:河北人民出版社,2009.

[28]徐晓燕.小学语文教学探索与实践[M].成都:电子科技大学出版社,2015.

[29]许晓玲.课堂教学技能拓展[M].桂林:漓江出版社,2011.

[30]薛伟强,范红军,陈志刚,等.中学历史课程与教学概论[M].北京:北京师范大学出版社,2019.

[31]杨向东,黄小瑞.教育改革时代的学业测量与评价[C].上海:华东师范大学出版社,2013.

[32]杨云生.颠覆与重建 课堂文化建设的探索与实践[M].杭州:浙江大学出版社,2016.

[33]于友西,赵亚夫.中学历史教学法[M].4版.北京:高等教育出版社,2017.

[34]余文森.核心素养导向的课堂教学[M].上海:上海教育出版社,2017.

[35]俞国良,戴斌荣.基础心理学[M].武汉:武汉大学出版社,2007.

[36]张克.体态语与教育传播[M].武汉:华中师范大学出版社,2010.

[37]赵建红,吴湘云,陈映明.数学教学技能训练实证研究[M].昆明:云南大学出版社,2014.

[38]钟启泉,崔允漷.核心素养研究[M].上海:华东师范大学出版社,2018.

[39]周海银.教育教学知识与能力(小学)[M].5版.北京:中国经济出版社,2014.

二、论文

[1]陈霞.打造余音袅袅,言犹未尽语文课堂的策略——浅谈巧妙设计课堂结束语[J].才智,2020(10).

[2]陈晓松,赵书林.巧用"留白"艺术,优化语文教学评价[J].上海教育科研,2010(10).

[3]陈圆,汤惠芬.环环相扣 品味对话课堂艺术——赏析陈贤德执教"How do you feel?"有感[J].小学教学设计,2019(36).

[4]冯永华.视域融合下的慕课开发研究[D].开封:河南大学,2018.

[5]高惠玉.巧设过渡,打造优质的美术课堂——浅议小学中高年段美术课堂教学过渡艺术[J].科学咨询(教育科研),2020(28).

[6]高友润.学情分析不止在学"前"[J].人民教育,2020(C3).

[7]郭令吾.我国古代的问答法教学[J].人民教育,1983(12).

[8]郭晓明.从核心素养到课程的模式探讨——基于整体支配与部分渗透模式的比较[J].中国教育学刊,2016(11).

[9]胡蝶.寻找课眼——以小学数学《集合》两次教学设计的变化为例[J].上海教育科研,2016(8).

[10]黄三荣.探钱梦龙课堂艺术中的"隐身"法[J].福建教育学院学报,2015(11).

[11]黄伟,凌佳.焦点重聚与价值更新:课堂教学管理变革刍论[J].教育发展研究,2016(C2).

[12]李松林.论教师学科教材理解的范式转换[J].中国教育学刊,2014(1).

[13]李莹.追求"教学合一"的课堂教学管理研究[D].南京:南京师范大学,2016.

[14]刘强.中小学实验教学的新遵循——《关于加强和改进中小学实验教学的意见》解读[J].人民教育,2020(1).

[15]刘良华.什么是有效的讲授[J].人民教育,2014(8).

[16]刘庆昌.关于教学艺术的基本理论判断[J].四川师范大学学报(社会科学版),2020(4).

[17]刘庆昌.重新审视"教学艺术"问题[J].课程·教材·教法,2020(8).

[18]刘双燕.高中语文古诗词"文化浸润"教学策略论析[J].科学咨询(教育科研),2020(11).

[19]潘洪建.知识形式:基本意蕴、教育价值与教学策略[J].课程·教材·教法,2014(11).

[20]裴新宁.我们的"做中学"缺失了什么[J].人民教育,2016(17).

[21]钱春莱.体验探究 培养兴趣——小学探究型课程核心素养研究[J].现代基础教育研究,2016(22).

[22]全君君.语文课堂板书的留白艺术[J].文学教育(上),2011(8).

[23]沈小碚,袁玉芹.影响小学教师课堂提问效能的因素分析及其策略研究[J].课程·教材·教法,2013(8).

[24]孙建锋.一堂好课的艺术价值——李青霖老师《天净沙·秋》教学实录及赏析[J].语文教学通讯,2015(36).

[25]覃永辉,段雪峰,范大付.基于SQ3R阅读法的高等数学微课教学设计——以"函数的梯度的定义与几何、物理意义"为例[J].教育教学论坛,2019(24).

[26]田慧生.落实立德树人根本任务 全面深化课程教学改革[J].课程·教材·教法,2015(1).

[27]王海娥.请把实验课还给孩子[J].人民教育,2020(8).

[28]王英等.运用课堂演示实验,促进学生创新能力培养[J].力学与实践,2020(5).

[29]项平,顾敏毓.基于"科学认读"识字活动课的研究成效分析[J].上海教育科研,2015(3).

[30]刑红军,张抗抗.论物理思想的教育价值及其启示[J].教育科学研究,2016(8).

[31]徐海霞,黎明,李书明,李婷婷.新媒体环境下学习者情绪对认知影响的实证研究[J].上海教育科研,2019(1).

[32]徐希红.体态语言的奥妙——读《教师的体态语言》有感[J].人民教育,2011(20).

[33]张咏梅,孟庆茂.表现性评定及其相关问题[J].教育理论与实践,2002(7).

[34]郑金洲,吕洪波.教师应具备的七大素养[J].人民教育,2016(11).

[35]朱志平.中小学教师指令性课堂语言的危害及其对策[J].上海教育科研,2010(3).

[36]诸向阳.语文课堂教学的三重境界[J].语文教学通讯,2014(33).

[37] Kale U, Goh D. Teaching style, ICT experience and teachers' attitudes toward teaching with Web 2.0[J]. Education and Information Technologies, 2014, 19(1).

[38] Lin P C, Lu H K, Fan S M. Exploring the Impact of Perceived Teaching Style on Behavioral Intention toward Moodle Reading System[J]. International Journal of Emerging Technologies in Learning, 2014, 9(3).

三、网络资料

[1]中华人民共和国教育部.教育部关于印发《基础教育课程改革纲要(试行)》的通知[EB/OL].(2001-06-08)[2021-04-15].http://www.gov.cn/gongbao/content/2002/content_61386.htm.

[2]中华人民共和国教育部.中小学教学大纲为何改成课程标准?[EB/OL].(2001-10-24)[2021-04-15].http://old.moe.gov.cn/publicfiles/business/htmlfiles/moe/moe_183/200110/1717.html.

[3]中华人民共和国教育部.教育部教材局关于开展义务教育国家课程教材检查工作的通知[EB/OL].(2018-09-14)[2021-04-15].http://www.moe.gov.cn/s78/A26/tongzhi/201809/t20180918_349171.html.

[4]人民网.洋葱学院:"互联网+教育"精准扶贫可持续发展模式[EB/OL].(2020-10-27)[2021-04-15].http://rmfp.people.com.cn/n1/2020/1027/c433051-31907596.html.

[5]新华网.慕课能否"拯救"困境中的大学先修课(深观察)[EB/OL].(2015-12-03)[2021-04-15].http://www.xinhuanet.com/politics/2015/12/03/c_128492937.htm.

[6]中华人民共和国中央人民政府.教育部关于加强和改进中小学实验教学的意见[EB/OL].(2019-11-30)[2021-04-15].http://www.gov.cn/xinwen/2019-11/30/content_5457115.htm.

[7]中华人民共和国教育部.教育部关于印发《中小学综合实践活动课程指导纲要》的通知[EB/OL].(2017-09-27)[2021-04-15].http://www.moe.gov.cn/srcsite/A26/s8001/201710/t20171017_316616.html.